UMBANDA
PARA INICIANTES

A Umbanda é a religião em que a caridade se mistura ao amor

UMBANDA
PARA INICIANTES

Book Espírita Editora
2ª Edição
| Rio de Janeiro | 2023 |

OSMAR BARBOSA

BOOK ESPÍRITA EDITORA

ISBN: 978859262041-7

Capa
Marco Mancen

Projeto Gráfico e Diagramação
Marco Mancen

Revisão
Mauro Nogueira

Marketing e Comercial
Michelle Santos

Pedidos de Livros e Contato Editorial
comercial@bookespirita.com.br

Copyright © 2019 by
BOOK ESPÍRITA EDITORA
Região Oceânica, Niterói, Rio de Janeiro.

2ª edição
Prefixo Editorial: 92620
Impresso no Brasil

Todos os direitos reservados e protegidos pela Lei 9.610, de 19/02/1998. Nenhuma parte deste livro pode ser reproduzida ou transmitida por quaisquer formas ou meios eletrônicos ou mecânicos, incluindo fotocópia, gravação, digitação, entre outros, sem permissão expressa, por escrito, dos editores.

Outros livros psicografados por Osmar Barbosa

Cinco Dias no Umbral

Gitano – As Vidas do Cigano Rodrigo

O Guardião da Luz

Orai & Vigiai

Colônia Espiritual Amor e Caridade

Ondas da Vida

Antes que a Morte nos Separe

Além do Ser – A História de um Suicida

A Batalha dos Iluminados

Joana D'Arc – O Amor Venceu

Eu Sou Exu

500 Almas

Cinco Dias no Umbral – O Resgate

Entre nossas Vidas

O Amanhã nos Pertence

O Lado Azul da Vida

Mãe, Voltei!

Depois

O Lado Oculto da Vida

Entrevista com Espíritos – Os Bastidores do Centro Espírita

Colônia Espiritual Amor e Caridade – Dias de Luz

O Médico de Deus

Amigo Fiel

Impuros – A Legião de Exus

Vinde à Mim

Autismo – A escolha de Nicolas

Parafraseando Chico Xavier

Cinco Dias no Umbral – O Perdão

Acordei no Umbral

A Rosa do Cairo

Deixe-me Nascer

Obssessor

Regeneração – Uma Nova Era

Deametria – Hospital Espiritual Amor e Caridade

A Vida depois da Morte

Deametria – A Desobsessão Modernizada

O Suicídio de Ana

Cinco Dias no Umbral – O Limite

Guardião – Exu

Colônia Espiritual Laços Eternos

Despertando o Espiritual

Aconteceu no Umbral

Agradecimento

Agradeço primeiramente a Deus por ter me concedido esse verdadeiro privilégio de servir humildemente como um mero instrumento dos planos superiores.

Agradeço a Jesus Cristo, espírito modelo, por guiar, conduzir e inspirar meus passos nessa desafiadora jornada terrena.

Agradeço ainda pela oportunidade e por permitirem que essas humildes palavras, registradas neste livro, ajudem as pessoas a refletirem sobre suas atitudes, evoluindo.

Agradeço a minha família pela cumplicidade, compreensão e dedicação. Sem vocês ao meu lado, dando-me todo tipo de suporte, nada disso seria possível.

E agradeço a você, leitor amigo, que comprou este livro, e com a sua colaboração nos ajudará a levar a Doutrina Espírita e todos os seus benefícios e ensinamentos para mais e mais pessoas.

Obrigado.

A todos, os meus mais sinceros agradecimentos.

Osmar Barbosa

Coisas que você precisa saber

Você não está fazendo nada errado. Você está apenas conhecendo algo novo, uma nova vida religiosa.
A nossa religiosidade é garantida por lei.
Estamos em busca de um mundo melhor, mais fraterno, mais amigo com mais dignidade e amor.
Tenha orgulho de sua religião de Umbanda.
Conheça os orixás e seus fundamentos.
Conheça as ervas.
Tenha paciência e perseverança com o aprendizado.
Busque conhecimento em seus orientadores físicos e espirituais.
Não discuta religião sem fundamentos.
Não se torne um chato fanático religioso.
Axé.

Osmar Barbosa

Sumário

Prefácio..15
A história da Umbanda.............................19
O que é a Umbanda?................................29
O ritual..35
Os orixás..37
Conhecendo os orixás mais cultuados na Umbanda.........47
As linhas de trabalho da Umbanda.................119
Hierarquia na Umbanda..............................169
Pontos vibracionais do terreiro.....................172
Cumprimentos, posturas e vestuário...............175
Anjos da guarda......................................186
Fios de contas..189
Águas..192
Banhos...195
Defumação..203
Ervas...207
Velas...213
Fumo e bebida.......................................218
Pontos cantados.....................................222
Os pontos cantados e seus fundamentos........224

Pontos riscados..226

Pemba..229

Os atabaques...230

Cambono..232

Curimba ou atabaques (tambores)....................235

Pontos de energia da casa...............................236

O Conga (altar)..238

Cruzamento...241

Deitada..243

O Amaci...244

Orixá ancestral, o que é isso?.........................247

O que são oferendas e ebós?.........................251

As umbandas dentro da Umbanda..................255

Umbandista..277

Hino da Umbanda..278

Conheça um pouco mais de Osmar Barbosa em
www.osmarbarbosa.com.br

O autor cedeu os direitos autorais desta edição ao Instituto Teológico Aruanda do Caboclo Ventania.
Rua Rosalina Moraes, lote 20/21, quadra 64
Itaipu - Niterói, Rio de Janeiro.

Prefácio

Esse livro surgiu pela necessidade de materiais de estudo da Tenda Espírita Aruanda do Caboclo Ventania e do Instituto Teológico Aruanda do Caboclo Ventania. Eu me chamo Osmar Barbosa, sou sacerdote de Umbanda iniciado em 1990. Escritor, expositor e médium.

Um pouco de mim, e como me tornei umbandista.

Comecei a minha caminhada espiritual nos terreiros da Umbanda. Foi em 1987, quando minha mediunidade finalmente aflorou, foi nessa época que um dos meus mentores espirituais me aconselhou a procurar um terreiro de Umbanda para me desenvolver mais rapidamente. Todos sabem que a Umbanda é a porta do espiritismo e do espiritualismo para muita gente, e foi também "graças a Deus" para mim. Digo isso porque sou apaixonado pela nossa querida Umbanda.

Eu sempre fui médium. A minha mediunidade se expressa de quatro formas: desdobramento, vidência, psicografia e psicofonia. A psicofonia foi a que mais demorou a aflorar em mim, e foi nas giras de Umbanda que consegui me aproximar das entidades que estão ao meu lado até os dias de hoje, trabalhando na caridade. Foi assim que tudo começou:

Eu tinha meus vinte e sete anos de idade quando fui acolhido pelo seu Zé, que era o guia chefe do terreiro de minha primeira mãe de santo. Lembro-me dela com muita saudade.

Logo que cheguei ao terreiro, ele me disse que eu teria uma grande missão espiritual pela frente e que se sentia honrado em participar da minha iniciação na vida mediúnica. Logo nas primeiras giras, o meu caboclo se manifestou. Eu trabalho com o Caboclo Ventania, que é o guia chefe da minha coroa. Lembro-me, como se fosse hoje, a minha primeira incorporação. Todos os médiuns vieram me abraçar, pois amaram aquele caboclo de palavras firmes e gestos fortes. Após alguns anos, já incorporando e trabalhando todos os sábados nas giras que se realizavam naquele terreiro, mais uma vez por intercessão do meu mentor que disse que eu precisava da feitura de santo, para abrir a minha primeira casa espírita. Confesso que não estava nos meus planos mediúnicos naquela época ser um dirigente espiritual, ter toda essa responsabilidade. Eu estava tão feliz ali...

"Ordem dada, ordem executada"

Foi assim que tive minha feitura de santo realizada. Sou filho de Xangô, e minha querida mãe é a Oxum. Meu adjuntó, é o meu querido Orixá Ogum e meus ancestrais são Oxalá e Iemanjá.

A partir de então, abrimos o primeiro e único centro espírita que ao longo dos anos foi se transformando e hoje se chama Fraternidade Espírita Amor e Caridade.

A Fraternidade Espírita Amor e Caridade é uma casa universalista, porque é assim o espiritismo para mim. Embora sendo universalista, não realizamos sessões de Umbanda nas instalações da Fraternidade, porque a Fraternidade é na verdade um hospital espiritual onde realizamos mais de 2.500 mil atendimentos por mês e algumas centenas de cirurgias espirituais.

Muita coisa mudou desde a minha iniciação na Umbanda até os dias de hoje. Recentemente recebi a nobre missão de abrir um novo terreiro de Umbanda, que se chama Tenda Espírita Caboclo Ventania de Aruanda. Retorno assim, feliz da vida à minha querida Umbanda.

O Caboclo Ventania é o meu guia chefe, juntos temos trabalhado muito pelos assistidos que nos procuram na Fraternidade.

Quando eu recebi essa incumbência, vi a necessidade de formar médiuns para o trabalho do terreiro, já que a maioria dos médiuns que trabalham hoje conosco nunca frequentaram um terreiro de Umbanda e muito menos sabem o que é a Umbanda.

"Ordem dada, ordem executada"

Assim, adquirimos um imóvel e estamos muito próximos de cumprir as determinações do plano maior.

Não gosto de realizar nada sem estudo e humildade, assim decidimos que, enquanto o terreiro não fica pronto, vamos estudar e nos aprofundar nos ensinamentos dessa maravilhosa religião.

– Médiuns que não estudam, não servem aos bons espíritos – disse Ventania!

O livro a seguir é uma coletânea de ensinamentos de diversas casas espíritas e diversos autores, dirigentes e babalorixás, aos quais respeito e partilho das mesmas ideias. Debrucei-me sobre os preceitos, fundamentos e sacramentos da Umbanda, para passar para vocês tudo aquilo que aprendi e aprendo todos os dias com os guias que estão ao meu lado nessa nobre missão.

Umbanda é terreiro. Tudo o que escrevo e partilho nesse livro pode ser mudado pelo guia chefe de seu terreiro, pois como dito:

"Umbanda é terreiro"

Os maiores e melhores ensinamentos que podemos adquirir, ainda não estão escritos em nenhum livro, pois os melhores e maiores ensinamentos estão nas mensagens que são trazidas pelos nossos guias, dentro de uma boa gira de Umbanda.

"Respeito, simplicidade, amor e caridade, isso é para mim a Umbanda"

Partilho assim com todos vocês um pouco dos ensinamentos adquiridos durante todo esse tempo nessa querida religião, que carinhosamente chamamos de UMBANDA.

Axé.

Osmar Barbosa

"Só o estudo sistemático da religião afasta a ignorância espiritual."

Osmar Barbosa

A história da Umbanda

No final de 1908, Zélio Fernandino de Moraes, um jovem rapaz com 17 anos de idade, que se preparava para ingressar na carreira militar na Marinha, começou a sofrer estranhos "ataques". Sua família, conhecida e tradicional na cidade de Neves, estado do Rio de Janeiro, foi pega de surpresa pelos acontecimentos.

Esses "ataques" do rapaz eram caracterizados por posturas de um velho, falando coisas sem sentido e desconexas, como se fosse outra pessoa que havia vivido em outra época. Muitas vezes assumia uma forma que parecia a de um felino lépido e desembaraçado que mostrava conhecer muitas coisas da natureza.

Após examiná-lo durante vários dias, o médico da família recomendou que seria melhor encaminhá-lo a um padre, pois o médico (que era tio do paciente) disse que a loucura do rapaz não se enquadrava em nada que ele havia conhecido. Acreditava mesmo, é que o rapaz estava endemoniado.

Alguém da família sugeriu que "isso era coisa de espiritismo" e que era melhor levá-lo à Federação Espírita de Niterói, presidida na época por José de Souza. No dia 15 de novembro, o jovem Zélio foi convidado a participar da sessão, tomando um lugar à mesa.

Tomado por uma força estranha e alheia a sua vontade, e contrariando as normas que impediam o afastamento de qualquer dos componentes da mesa, Zélio levantou-se e disse: "Aqui está faltando uma flor". Saiu da sala indo ao jardim e voltando depois com uma flor, que colocou no centro da mesa. Essa atitude causou um enorme tumulto entre os presentes. Restabelecidos os trabalhos, manifestaram-se nos médiuns espíritos que se diziam pretos, escravos e índios.

UMBANDA PARA INICIANTES

O diretor dos trabalhos achou tudo aquilo um absurdo e advertiu-os com aspereza, citando o "seu atraso espiritual" e convidando-os a se retirarem.

Após esse incidente, novamente uma força estranha tomou o jovem Zélio e através dele falou:

– Por que repelem a presença desses espíritos, se nem sequer se dignaram a ouvir suas mensagens? Será por causa de suas origens sociais e da cor?

Seguiu-se um diálogo acalorado, e os responsáveis pela sessão procuravam doutrinar e afastar o espírito desconhecido, que desenvolvia uma argumentação segura.

Um médium vidente perguntou:

– Por que o irmão fala nestes termos, pretendendo que a direção aceite a manifestação de espíritos que, pelo grau de cultura que tiveram, quando encarnados, são claramente atrasados? Por que fala deste modo, se estou vendo que me dirijo neste momento a um jesuíta e a sua veste branca reflete uma aura de luz? E qual o seu nome, irmão?

– Se querem um nome, que seja este: sou o Caboclo das Sete Encruzilhadas, porque para mim não haverá caminhos fechados.

– O que você vê em mim, são restos de uma existência anterior. Fui padre e o meu nome era Gabriel Malagrida. Acusado de bruxaria fui sacrificado na fogueira da Inquisição em Lisboa, no ano de 1761. Mas em minha última existência física, Deus concedeu-me o privilégio de nascer como caboclo brasileiro.

Anunciou também o tipo de missão que trazia do Astral:

– Se julgam atrasados os espíritos de pretos e índios, devo dizer que amanhã (16 de novembro) estarei na casa de meu aparelho, às 20 horas, para dar início a um culto em que estes irmãos poderão dar suas mensagens e, assim, cumprir a missão que o plano espiritual lhes confiou. Será uma religião que falará aos humildes, simbolizando a igualdade que deve existir entre todos os irmãos, encarnados e desencarnados.

O vidente retrucou:

– Julga o irmão que alguém irá assistir a seu culto? – perguntou com ironia.

E o espírito já identificado disse:

– Cada colina de Niterói atuará como porta-voz, anunciando o culto que amanhã iniciarei.

Para finalizar o caboclo completou:

– Deus, em sua infinita bondade, estabeleceu na morte o grande nivelador universal, rico ou pobre, poderoso ou humilde, todos se tornariam iguais na morte, mas vocês, homens preconceituosos, não contentes em estabelecer diferenças entre os vivos, procuram levar essas mesmas diferenças até mesmo além da barreira da morte. Por que não podem vos visitar esses humildes trabalhadores do espaço, se apesar de não haverem sido pessoas socialmente importantes na Terra, também trazem importantes mensagens do além?

No dia seguinte, na casa da família Moraes, na rua Floriano Peixoto, número 30, ao se aproximar a hora marcada, 20 horas, lá já estavam reunidos os membros da Federação Espírita para comprovarem a veracidade do que fora declarado na véspera; estavam os parentes mais próximos, amigos, vizinhos e, do lado de fora, uma multidão de desconhecidos.

Às 20 horas, manifestou-se o Caboclo das Sete Encruzilhadas. Declarou que naquele momento se iniciava um novo culto, em que os espíritos de velhos africanos que haviam servido como escravos e que, desencarnados, não encontravam campo de atuação nos remanescentes das seitas negras, já deturpadas e dirigidas em sua totalidade para os trabalhos de feitiçaria, e os índios nativos de nossa terra poderiam trabalhar em benefício de seus irmãos encarnados, qualquer que fosse a cor, a raça, o credo e a condição social.

A prática da caridade, no sentido do amor fraterno, seria a característica principal deste culto, que teria por base o Evangelho de Jesus.

O caboclo estabeleceu as normas em que se processaria o culto. Sessões, assim seriam chamados os períodos de trabalho espiritual, diários, das 20:00 às 22:00 h; os participantes estariam uniformizados de branco e o atendimento seria gratuito. Após alguns anos deu, também, o nome do movimento religioso que se iniciava: UMBANDA – que quer dizer: Manifestação do Espírito para a Caridade.

A casa de trabalhos espirituais que ora se fundava recebeu o nome de Nossa Senhora da Piedade, porque assim como Maria acolheu o filho nos braços, também seriam acolhidos como filhos todos os que necessitassem de ajuda ou de conforto.

Ditadas as bases do culto, após responder em latim e alemão às perguntas dos sacerdotes ali presentes, o Caboclo das Sete Encruzilhadas passou à parte prática dos trabalhos.

O caboclo foi atender um paralítico, fazendo-o ficar curado. Passou a atender outras pessoas que haviam neste local, praticando suas curas.

Nesse mesmo dia incorporou um preto velho chamado Pai Antônio, aquele que, com fala mansa, foi confundido como loucura de seu aparelho e com palavras de muita sabedoria e humildade e com timidez aparente, recusava-se a sentar-se junto com os presentes à mesa dizendo as seguintes palavras:

– Nêgo num senta não meu sinhô, nêgo fica aqui mesmo. Isso é coisa de sinhô branco e nêgo deve arrespeitá.

Após insistência dos presentes fala:

– Num carece preocupá não. Nêgo fica no toco que é lugá di nego.

Assim, continuou dizendo outras palavras representando a sua humildade. Uma pessoa na reunião pergunta se ele sentia falta de alguma coisa que tinha deixado na terra e ele responde:

– Minha caximba. Nêgo qué o pito que deixou no toco. Manda mureque buscá.

Tal afirmativa deixou os presentes perplexos, os quais estavam presenciando a solicitação do primeiro elemento de trabalho para esta religião. Foi Pai Antônio também a primeira entidade a solicitar uma guia, até hoje usada pelos membros da tenda e carinhosamente chamada de Guia de Pai Antônio.

No dia seguinte, verdadeira romaria formou-se na rua Floriano Peixoto. Enfermos, cegos, vinham em busca de cura e ali a encontravam, em nome de Jesus. Médiuns, cuja manifestação mediúnica fora considerada loucura, deixaram os sanatórios e deram provas de suas qualidades excepcionais.

A partir daí o Caboclo das Sete Encruzilhadas começou a trabalhar incessantemente para o esclarecimento, difusão e sedimentação da religião de Umbanda. Além de Pai Antônio, tinha como auxiliar o Caboclo Orixá Malé (caboclo de Ogum), entidade com grande experiência no desmanche de trabalhos de baixa magia.

Em 1918, o Caboclo das Sete Encruzilhadas recebeu ordens do Astral Superior para fundar sete tendas para a propagação da Umbanda. As agremiações ganharam os seguintes nomes: Tenda Espírita Nossa Senhora da Guia; Tenda Espírita Nossa Senhora da Conceição; Tenda Espírita Santa Bárbara; Tenda Espírita São Pedro; Tenda Espírita Oxalá, Tenda Espírita São Jorge; e Tenda Espírita São Gerônimo.

UMBANDA PARA INICIANTES

Enquanto Zélio estava encarnado, foram fundadas mais de 10.000 tendas a partir das mencionadas.

Embora não seguindo a carreira militar para a qual se preparava, pois sua missão mediúnica não o permitiu, Zélio Fernandino de Moraes nunca fez da religião sua profissão. Trabalhava para o sustento de sua família e diversas vezes contribuiu financeiramente para manter os templos que o Caboclo das Sete Encruzilhadas fundou, além das pessoas que se hospedavam em sua casa para os tratamentos espirituais que, segundo o que dizem, parecia um albergue. Nunca aceitar ajuda monetária de ninguém era ordem do seu guia chefe, apesar de inúmeras vezes ter sido oferecido a ele. Ministros, industriais e militares que recorriam ao poder mediúnico de Zélio para a cura de parentes enfermos, vendo-os recuperados, procuravam retribuir o benefício através de presentes, ou preenchendo cheques vultosos.

– Não os aceite. Devolva-os! – ordenava sempre o Caboclo.

A respeito do uso do termo espírita e de nomes de santos católicos nas tendas fundadas, a causa deste nome é que naquela época não se podia registrar o nome Umbanda e, quanto aos nomes de santos, era uma maneira de estabelecer um ponto de referência para fiéis da religião católica que procuravam os préstimos da Umbanda. O ritual estabelecido pelo Caboclo das Sete Encruzilhadas era bem simples, com cânticos baixos e harmoniosos, vestimenta branca, proibição de sacrifícios de animais. Dispensou os atabaques e as palmas. Capacetes, espadas, cocares, vestimentas de cor, rendas e lamês não seriam aceitos. As guias usadas são apenas as que determinam a entidade que se manifesta. Os banhos de ervas, os amacis, a concentração nos ambientes vibratórios da natureza, a parte do ensinamento doutrinário, na base do Evangelho, constituiriam os principais elementos de preparação do médium.

O ritual sempre foi simples. Nunca foi permitido sacrifícios de animais. Não utilizavam atabaques ou qualquer outros objetos e adereços. Os atabaques começaram a ser usados com o passar do tempo por algumas das tendas fundadas pelo Caboclo das Sete Encruzilhadas, mas a Tenda Nossa Senhora da Piedade não utiliza em seu ritual até hoje.

Após 55 anos de atividades à frente da Tenda Espírita Nossa Senhora da Piedade (primeiro templo de Umbanda), Zélio entregou a direção dos trabalhos às suas filhas Zélia e Zilméa, continuando, ao lado de sua esposa Isabel, médium do Caboclo Roxo, a trabalhar na Cabana de Pai Antônio, em Boca do Mato, distrito de Cachoeiras de Macacu, RJ, dedicando a maior parte das horas de seu dia ao atendimento de portadores de enfermidades psíquicas e de todos os que o procuravam.

Em 1971, a senhora Lilia Ribeiro, diretora da TULEF (Tenda de Umbanda Luz, Esperança, Fraternidade, RJ) gravou uma mensagem do Caboclo das Sete Encruzilhadas que bem espelha a humildade e o alto grau de evolução desta entidade de muita luz. Ei-la:

"A Umbanda tem progredido e vai progredir. É preciso haver sinceridade, honestidade e eu previno sempre aos companheiros de muitos anos: a vil moeda vai prejudicar a Umbanda; médiuns que irão se vender e que serão, mais tarde, expulsos, como Jesus expulsou os vendilhões do templo. O perigo do médium homem é a consulente mulher; do médium mulher é o consulente homem. É preciso estar sempre de prevenção, porque os próprios obsessores que procuram atacar as nossas casas fazem com que toque alguma coisa no coração da mulher que fala ao pai de terreiro, como no coração do homem que fala à mãe de terreiro. É preciso haver muita moral para que a Umbanda progrida, seja forte e coesa. Umbanda é humildade, amor e caridade – esta é a nossa bandeira. Neste momento, meus irmãos, me rodeiam diversos espíritos que trabalham na Umbanda do Brasil: Ca-

UMBANDA PARA INICIANTES

boclos de Oxóssi, de Ogum, de Xangô. Eu, porém, sou da falange de Oxóssi, meu pai, e não vim por acaso, trouxe uma ordem, uma missão. Meus irmãos: sejam humildes, tenham amor no coração, amor de irmão para irmão, porque vossas mediunidades ficarão mais puras, servindo aos espíritos superiores que venham a baixar entre vós; é preciso que os aparelhos estejam sempre limpos, os instrumentos afinados com as virtudes que Jesus pregou aqui na Terra, para que tenhamos boas comunicações e proteção para aqueles que vêm em busca de socorro nas casas de Umbanda. Meus irmãos: meu aparelho já está velho, com 80 anos a fazer, mas começou antes dos 18. Posso dizer que o ajudei a casar, para que não estivesse a dar cabeçadas, para que fosse um médium aproveitável e que, pela sua mediunidade, eu pudesse implantar a nossa Umbanda. A maior parte dos que trabalham na Umbanda, se não passaram por esta Tenda, passaram pelas que saíram desta Casa. Tenho uma coisa a vos pedir: se Jesus veio ao planeta Terra na humildade de uma manjedoura, não foi por acaso. Assim o Pai determinou. Podia ter procurado a casa de um potentado da época, mas foi escolher aquela que havia de ser sua mãe, este espírito que viria traçar à humanidade os passos para obter paz, saúde e felicidade. Que o nascimento de Jesus, a humildade que Ele baixou à Terra, sirvam de exemplos, iluminando os vossos espíritos, tirando os escuros de maldade por pensamento ou práticas; que Deus perdoe as maldades que possam ter sido pensadas, para que a paz possa reinar em vossos corações e nos vossos lares. Fechai os olhos para a casa do vizinho; fechai a boca para não murmurar contra quem quer que seja; não julgueis para não serdes julgados; acreditai em Deus e a paz entrará em vosso lar. É dos Evangelhos. Eu, meus irmãos, como o menor espírito que baixou à Terra, mas amigo de todos, numa concentração perfeita dos companheiros que me rodeiam neste momento, peço que eles sintam a necessidade de cada um de vós e que, ao sairdes deste templo de caridade, encontreis os caminhos abertos, vossos enfermos melhorados e curados, e a saúde para sempre em vossa matéria. Com um voto de paz, saúde e felicidade, com humildade, amor e caridade, sou e sempre serei o humilde Caboclo das Sete Encruzilhadas."

Zélio Fernandino de Moraes dedicou 66 anos de sua vida à Umbanda, tendo retornado ao plano espiritual em 03 de outubro de 1975, com a certeza de missão cumprida. Seu trabalho e as diretrizes traçadas pelo Caboclo das Sete Encruzilhadas continuam em ação através de suas filhas Zélia e Zilméa de Moraes, que têm em seus corações um grande amor pela Umbanda, árvore frondosa que está sempre a dar frutos a quem souber e merecer colhê-los.

Minha singela homenagem a Zélio de Moraes e sua família.

"A umbanda é paz e amor, um mundo cheio de luz."

Trecho do hino da Umbanda

O que é a Umbanda?

Vejamos o que nos diz o Aurélio:

Verbete: umbanda

[Do quimb. umbanda, 'magia'.] S. m.

Bras. Forma cultual originada da assimilação de elementos religiosos afro-brasileiros pelo espiritismo brasileiro urbano; magia branca.

Bras., RJ. Folcl. Grão-sacerdote que invoca os espíritos e dirige as cerimônias de macumba. [Var.: embanda.]

Umbanda é religião!

Se dentro da Umbanda conseguimos nos religar com Deus, conseguimos tirar o véu que cobre nossa ignorância da presença de Deus em nosso íntimo, então podemos chamar nossa fé de religião. Como mais uma das formas de sentir Deus em nossa vida, a Umbanda cumpre a função religiosa se nos levar à reflexão sobre nossos atos, sobre a urgência de reformularmos nosso comportamento aproximando-o da prática do amor de Deus.

A Umbanda é uma religião lindíssima, e de grande fundamento, baseada no culto aos orixás e seus servidores: crianças, caboclos, pretos velhos e exus. Estes grupos de espíritos estão na Umbanda "organizados" em linhas: caboclos, pretos velhos, crianças e exus. Cada uma delas com funções, características e formas de trabalhar bem específicas, mas todas subordinadas as forças da natureza que os regem, os orixás.

Na verdade, a Umbanda é bela exatamente pelo fato de ser mista como os brasileiros, por isso é uma religião totalmente brasileira. Mas, torna-se imperioso, antes de nos ocuparmos da Anunciação da Umbanda no plano físico sob a forma de religião, expor sinteticamente um histórico sobre seus precedentes religiosos e culturais que precipitaram seu surgimento na primeira década do século XX. Em 1500, quando os portugueses avistaram o que para eles eram as Índias, mas na realidade era o Brasil, ao desembarcarem depararam-se com uma terra de belezas deslumbrantes, e já habitada por nativos. Os lusitanos, por imaginarem estar nas Índias, denominaram a estes aborígines de índios.

Os primeiros contatos entre os dois povos foram, na sua maioria, amistosos, pois os nativos identificaram-se com alguns símbolos que os estrangeiros apresentavam. Porém, o tempo e a convivência se encarregaram em mostrar aos habitantes de Pindorama (nome indígena do Brasil) que os homens brancos estavam ali por motivos pouco nobres.

O relacionamento, até então pacífico, começa a se desmoronar como um castelo de areia. São inescrupulosamente escravizados e forçados a trabalhar na novel lavoura. Reagem, resistem, e muitos são ceifados de suas vidas em nome da liberdade. Mais tarde, o escravizador faz desembarcar na Bahia os primeiros negros escravos que, sob a égide do chicote, são despejados também na lavoura. Como os índios, sofreram toda espécie de castigos físicos e morais, e até a subtração da própria vida.

Desta forma, índios e negros, unidos pela dor, pelo sofrimento e pela ânsia de liberdade, desencarnavam e encarnavam nas terras de Santa Cruz. Ora laborando no plano astral, ora como encarnados, estes espíritos lutavam incessantemente para humanizar o coração do homem branco, e fazer com que seus irmãos de raça se livrassem do rancor, do ódio, e do sofrimento que lhes eram infligidos.

Além disso, muitas das crianças índias e negras eram mortas, quando meninas (por não servirem para o trabalho pesado), quando doentes, através de torturas quando aprontavam suas "artes" e com isso perturbavam algum senhor. Algumas crianças brancas acabavam sendo mortas também, vítimas da revolta de alguns índios e negros.

Juntando-se então os espíritos infantis, os dos negros e dos índios, acabaram formando o que hoje chamamos de Trilogia Carmática da Umbanda. Assim, hoje vemos esses espíritos trabalhando para reconduzir os algozes de outrora ao caminho de Deus.

A igreja católica, preocupada com a expansão de seu domínio religioso, investiu covardemente para eliminar as religiosidades negra e indígena. Muitas comitivas sacerdotais foram enviadas, com o intuito "nobre" de "salvar" a alma dos nativos e dos africanos.

A necessidade de preservar a cultura e a religiosidade fez com que os negros associassem as imagens dos santos católicos aos seus orixás, como forma de burlar a opressão religiosa sofrida naquela época, e assim continuar a praticar e difundir o culto às forças da natureza. A esta associação, deu-se o nome de "Sincretismo religioso".

O Candomblé iorubá, ou jeje-nagô, como costuma ser designado, congregou, desde o início, aspectos culturais originários de diferentes cidades iorubanas, originando-se aqui diferentes ritos, ou Nações de Candomblé, predominando em cada nação tradições das cidades ou região que acabou lhe emprestando o nome: Queto, Ijexá, Efã. Esse Candomblé baiano, que proliferou por todo o Brasil, tem sua contrapartida em Pernambuco, onde é denominado Xangô, sendo a nação egbá sua principal manifestação, e no Rio Grande do Sul, onde é chamado batuque, com sua nação Oió-ijexá (Prandi, 1991). Outra variante iorubá, que está fortemente influenciada pela religião dos voduns daomeanos, é o tambor de mina nagô do Maranhão. Além dos candomblés iorubás, há os de origem bantu, especialmente os denominados candomblés angola e congo, e aqueles de origem marcadamente fon, como o jeje-mahim baiano e o jeje-daomeano do tambor de mina maranhense.

UMBANDA PARA INICIANTES

Os anos sucedem-se. Em 1888 é assinada a "Lei Áurea". O quadro social dos ex-escravos é de total miséria. São abandonados à própria sorte, sem um programa governamental de inserção social. Na parte religiosa seus cultos são quase que direcionados ao mal, a vingança e a desgraça do homem branco, reflexo do período escravocrata. No campo astral, os espíritos que tinham tido encarnação como índios mamelucos, cafuzos e negros, não tinham campo de atuação nos agrupamentos religiosos existentes. O catolicismo, religião de predominância, repudiava a comunicação com os mortos, e o espiritismo (kardecismo) estava preocupado apenas em reverenciar e aceitar como nobres as comunicações de espíritos com o rótulo de "doutores". Os Senhores da Luz (orixás), atentos ao cenário existente por ordens diretas do Cristo Planetário (Jesus), estruturaram aquela que seria uma Corrente Astral aberta a todos os espíritos de boa vontade, que quisessem praticar a caridade, independentemente das origens terrenas de suas encarnações, e que pudessem dar um freio ao radicalismo religioso existente no Brasil.

Começa a se plasmar, sob a forma de religião, a Corrente Astral de Umbanda, com sua hierarquia, bases, funções, atributos e finalidades. Enquanto isto, no plano terreno surge, no ano de 1904, o livro *Religiões do Rio*, elaborado por "João do Rio", pseudônimo de Paulo Barreto, membro emérito da Academia Brasileira de Letras. No livro, o autor faz um estudo sério e inequívoco das religiões e seitas existentes no Rio de Janeiro, àquela época capital federal e centro sociopolítico e cultural do Brasil. O escritor, no intuito de levar ao conhecimento da sociedade os vários segmentos de religiosidade que se desenvolviam no então Distrito Federal, percorreu igrejas, templos, terreiros de bruxaria, macumbas cariocas, sinagogas, entrevistando pessoas e testemunhando fatos. Não obstante tal obra ter sido pautada em profunda pesquisa, em nenhuma página desta respeitosa edição cita-se o vocábulo Umbanda, pois tal terminologia era desconhecida.

A formação histórica do Brasil incorporou a herança de três culturas: a africana, a indígena e a europeia. Este processo foi marcado por violências de todo o tipo, particularmente do colonizador em relação aos demais. A perseguição se deveu a preconceitos e a crença da elite brasileira numa suposta alienação provocada por estes cultos nas classes populares.

No início do século XX, o choque entre a cultura europeizada das elites e a cultura das classes populares urbanas provocou o surgimento de duas tendências religiosas na cidade do Rio de Janeiro. Na elite branca e na classe média vigorava o catolicismo; nos pobres das cidades (negros, brancos e mestiços) era grande a presença de rituais originários da África que, por força de sua natureza e das perseguições policiais, possuíam um caráter reservado.

Na segunda metade deste século, os cultos de origem africana passaram a ser frequentados por brancos e mulatos oriundos da classe média e algumas pessoas da própria elite. Isto contribuiu, sem dúvida, para o caráter aberto e legal que estes cultos vêm adquirindo nos últimos anos.

Esta mistura de raças e culturas foi responsável por um forte sincretismo religioso, unificando mitologias a partir de semelhanças existentes entre santos católicos e orixás africanos, dando origem ao umbandismo.

Ao contrário do Candomblé, a Umbanda possui grande flexibilidade ritual e doutrinária, o que a torna capaz de adotar novos elementos. Assim, o elemento negro trouxe o africanismo (nações); os índios trouxeram os elementos da pajelança; os europeus trouxeram o cristianismo e o espiritismo; e, posteriormente, os povos orientais acrescentaram um pouco de sua ritualística à Umbanda. Essas cinco fontes criaram o pentagrama umbandista.

Os seguidores da Umbanda verdadeira só praticam rituais de Magia Branca, ou seja, aqueles feitos para melhorar a vida de determinada pessoa, para praticar o bem, e nunca de prejudicar quem quer que seja.

UMBANDA PARA INICIANTES

A Umbanda acredita que os orixás não tiveram vida corpórea na Terra; mas são a representação da energia, força oriunda da natureza, e é tal força que auxilia os seres humanos nas dificuldades do dia a dia. Na Umbanda, os orixás também não incorporam (diferentemente do Candomblé). O que se vê é a manifestação dos falangeiros dos orixás, que são os guias ou entidades que trabalham sob ordens de um determinado Orixá. Cada pessoa recebe a influência de um Orixá, que será seu protetor por toda a vida.

Algumas casas de Umbanda homenageiam alguns orixás do Candomblé, como por exemplo: Oxumarê, Ossãe, Logum-Edé. Mas estes, na Umbanda, não incorporam e nem são orixás regentes de nenhum médium.

Nós temos os nossos guias de trabalho e entre eles existe aquele que é o responsável pela nossa vida espiritual e por isso é chamado de guia chefe, normalmente é um caboclo, mas pode ser em alguns casos um preto velho, um baiano, um marinheiro, um malandro, um cigano.

Aspectos dominantes do movimento umbandista

- Ritual, variando pela origem.
- Vestes, em geral brancas.
- Altar com imagens católicas, pretos velhos e caboclos.
- Sessões espíritas, formando agrupamentos em pé, em salões ou terreiro. Homens separados de mulheres.
- Desenvolvimento normal em corrente.
- Bases; africanismo, kardecismo, indianismo, catolicismo, orientalismo.
- Serviço social constante nos terreiros.
- Finalidade de cura material e espiritual.
- Magia branca.
- Batiza, consagra e casa.

O ritual

A Umbanda não tem, infelizmente, um órgão centralizador, que a nível nacional ou estadual, dite normas e conceitos sobre a religião ou possa coibir os abusos. Por isso cada terreiro segue um ritual próprio, ditado pelo guia chefe do terreiro, o que faz a diferenciação de ritual entre uma casa e outra. Entretanto, a base de todo terreiro tem que seguir o princípio básico do bom senso, da honestidade e do desinteresse material, além de pregar, é claro, o ritual básico transmitido através dos anos pelos praticantes.

O mais importante seria que todos pudessem encontrar em suas diferenças de culto o que seria o elo mais importante e a ele se unissem. Tal elo é a caridade!

Não importa se o atabaque toca, ou se o ritmo é de palmas, nem mesmo se não há som. O que importa é a honestidade e o amor com que nos entregamos a nossa religião.

"O importante é a caridade!"

"A Umbanda é preceito, fundamento e sacramento."

Osmar Barbosa

Os Orixás

Um pouco da história

Na aurora de sua civilização, o povo africano mais tarde conhecido pelo nome de iorubá, chamado de nagô no Brasil e lucumi em Cuba, acreditava que forças sobrenaturais impessoais, espíritos, ou entidades estavam presentes ou corporificados em objetos e forças da natureza. Tementes dos perigos da natureza que punham em risco constante a vida humana, perigos esses, que eles podiam controlar, assim, esses antigos africanos ofereciam sacrifícios para aplacar a fúria dessas forças, doando sua própria comida como tributo que selava um pacto de submissão e proteção e que sedimentava as relações de lealdade e filiação entre os homens e os espíritos da natureza.

Muitos desses espíritos da natureza passaram a ser cultuados como divindades, mais tarde designados como orixás, detentores do poder de governar aspectos do mundo natural, como o trovão, o raio e a fertilidade da terra, enquanto outros foram cultuados como guardiões de montanhas, cursos d'água, árvores e florestas. Cada rio, assim, tinha seu espírito próprio, com o qual se confundia, construindo-se em suas margens os locais de adoração, nada mais que o sítio onde eram deixadas as oferendas. Um rio pode correr calmamente pelas planícies ou precipita-se em quedas e corredeiras; pode oferecer calma travessia a vau, mas também se mostra pleno de traiçoeiras armadilhas; pode ser uma benfazeja fonte de alimentação piscosa, mas igualmente afogar em suas águas os que nelas se banham. Esses atributos dos rios, que os tornam ao mesmo tempo provedores e destruidores, passaram a ser também o de sua divindade guardiã. Como cada rio é diferente, seu espírito, sua alma, também tem características específicas. Muitos dos espíritos dos rios são homenageados até hoje, tanto na África, em território iorubá, como nas Américas, para onde o culto foi trazido pelos negros durante a escravidão e num curto período após a abolição, embora tenham, com o passar do tempo, se tornado independentes de sua base original na natureza.

O contato entre os povos africanos, tanto em razão de intercâmbio comercial quanto por causa das guerras e domínio de uns sobre outros, propiciou a incorporação pelos iorubás de divindades de povos vizinhos, como os voduns dos povos fons, chamados jejes no Brasil, entre os quais se destaca Nanã, antiga divindade da terra, e Oxumarê, divindade do arco-íris. O Deus da peste, que recebe os nomes de Omulu, Olu Odo, Obaluaê/Obaluayê, Ainon, Sakpatá e Xamponã ou Xapanã, resultou da fusão da devoção a inúmeros Deuses cultuados em territórios iorubá, fon e nupe. As transformações sofridas pelo Deus da varíola, até sua incorporação ao panteão contemporâneo dos orixás, mostra a importância das migrações e das guerras de dominação na vida desses povos africanos e seu papel na constituição de cultos e conformação de divindades.

O que é Orixá?

O planeta em que vivemos e todos os mundos dos planos materiais se mantêm vivos através do equilíbrio entre as energias da natureza. A harmonia planetária só é possível devido a um intrincado e imenso jogo energético entre os elementos químicos que constituem estes mundos e entre cada um dos seres vivos que habitam estes planetas.

Um dado característico do exercício da religião de Umbanda é o uso, como fonte de trabalho, destas energias. Vivendo no planeta Terra, o homem convive com leis desde sua origem e evolução, leis que mantêm a vitalidade, a criação e a transformação, dados essenciais à vida como a vemos desenvolver-se a cada segundo. Sem essa harmonia energética o planeta entraria no caos.

O fogo, o ar, a terra e a água são os elementos primordiais que, combinados, dão origem a tudo que nossos corpos físicos sentem, assim como também são constituintes destes corpos.

Acreditamos que esses elementos e suas ramificações são comandados e trabalhados por entidades espirituais que vão desde os elementais (espíritos em transição atuantes no grande laboratório planetário), até aos espíritos superiores que inspecionam, comandam e fornecem o fluido vital para o trabalho constante de CRIAR, MANTER e TRANSFORMAR a dinâmica evolutiva da vida no Planeta Terra.

A esses espíritos de alta força vibratória chamamos orixás, usando um vocábulo de origem iorubana. Na Umbanda são tidos como os maiores responsáveis pelo equilíbrio da natureza. São conhecidos em outras partes do mundo como "Ministros" ou "Devas", espíritos de alta vibração evolutiva que cooperam diretamente com Deus, fazendo com que suas Leis sejam cumpridas constantemente.

O uso de uma palavra que significa "dono da cabeça" (ORI-XÁ) mostra a relação existente entre o mundo e o indivíduo, entre o ambiente e os seres que nele habitam. Nossos corpos têm, em sua constituição, todos os elementos naturais em diferentes proporções. Além dos espíritos amigos que se empenham em nossa vigilância e auxílio morais, contamos com um espírito da natureza, um Orixá que cuida do equilíbrio energético, físico e emocional de nossos corpos físicos.

Nós, seres espirituais, manifestando-nos em corpos físicos, somos influenciados pela ação dessas energias desde o momento do nascimento. Quando nossa personalidade (a personagem desta existência) começa a ser definida, uma das energias elementais predomina – e é a que vai definir, de alguma forma, nosso "arquétipo".

Ao regente dessa energia predominante, definida no nosso nascimento, denominamos de nosso Orixá, "Chefe de Cabeça", "Pai ou Mãe de Cabeça", ou o nome esotérico "ELEDÁ". A forma como nosso corpo reage às diversas situações durante esta encarnação, tanto física quanto emocionalmente, está ligada ao "arquétipo", ou à personalidade e características emocionais que conhecemos através das lendas africanas sobre os orixás. Junto a essa energia predominante, duas outras se colocam como secundárias, que na Umbanda denominamos de "Juntós", corruptela de "Adjuntó", palavra latina que significa auxiliar, ou ainda, chamamos de "OSSI" e "OTUM", respectivamente na sua ordem de influência.

Quando um espírito vai encarnar, são consultados os futuros pais, durante o sono, quanto à concordância em gerar um filho, obedecendo-se à lei do livre arbítrio. Tendo os futuros pais concordado, começa o trabalho de plasmar a forma que esse espírito usará no veículo físico. Esta tarefa é entregue aos poderosos espíritos da natureza, sendo que um deles assume a responsabilidade dessa tarefa, fornecendo a essa forma as energias necessárias para que o feto se desenvolva, para que haja vida. A partir desse processo, o novo ser encarnado estará ligado diretamente àquela vibração original. Assim surge o ELEDÁ desse novo ser encarnado, que é a força energética primária e atuante do nascimento.

Após o nascimento, essa força energética vai promovendo o domínio gradativo da consciência da alma e da força do espírito sobre a forma material até que seja adquirida sua personalidade por meio da Lei do Livre Arbítrio. A partir daí, essa energia passa a atuar de forma mais discreta, obedecendo a esta lei, sustentando-lhe, contudo, a forma e energia material pela contínua manutenção e transformação, no sentido de manter-lhe a existência.

A cada reencarnação, de acordo com nossas necessidades evolutivas e carmas a serem cumpridos, somos responsáveis por diferentes corpos, e para cada um destes nossos corpos podemos contar com o auxílio de um espírito da natureza, um Orixá protetor. É normalmente quem se aproxima do médium quando estes invocam seu Eledá. Em todos os rituais de Umbanda, de modo especial nas Iniciações, a invocação dessa força é feita para todos os médiuns quando efetuam seus Assentamentos, meio de atração, para perto de si, da energia pura do seu ELEDÁ energético e das energias auxiliares, ou "OSSI" e "OTUM.

Eledá, **Ossi** e **Otum** formam a Tríade do Coronário do médium na Umbanda.

Afinidades. Os filhos de fé não recebem influências apenas de um ou dois orixás. Da mesma forma que nós não ficamos presos à educação e à orientação de um pai espiritual, não ficamos também sob a tutela de nosso Orixá de frente ou adjuntó.

Frequentemente recebemos influências de outros orixás (como se fossem professores, avós, tios, amigos mais próximos na vida material). O fato de recebermos estas influências não quer dizer que somos filhos ou afilhados desses orixás; trata-se apenas de uma afinidade espiritual.

Uma pessoa, às vezes, não se dá melhor com uma tia do que com uma mãe? Assim também é com os orixás. Podemos ser filhos de Ogum ou Oxum e receber mais influências de Xangô ou Iansã. Posso ser filho de Obaluaiê e não gostar de trabalhar com entidades que mais lhe dizem respeito (linha das almas), preferindo trabalhar com entidades de cachoeiras.

O importante é que nos momentos mais decisivos de nossas vidas, suas influências benéficas se façam presentes, quase sempre uma soma de valores e não apenas e individualmente, a característica de um único Orixá.

Os sete raios dos orixás

RAIO	ORIXÁS	REGÊNCIA
1	Oxalá	Regente do elemento ar
2	Iemanjá	Regente das águas salgadas
	Nanã	Regente das águas das chuvas
3	Ogum	Regente do fogo na forma intrínseca
	Ibeji	Regente do fogo como energia mágica
4	Oxóssi	Regente das matas (fauna e flora)
	Ossãe	Regente das folhas (ervas) medicinais

5	Xangô	Regente do fogo elétrico e energético
	Iansã	Regente do fogo psíquico
6	Oxum	Regente das águas doces
	Oxumarê	Regente das águas em evaporação
7	Obaluaiê	Regente do elemento terra

Estes são os raios dos orixás de Umbanda, comandantes das energias criadoras, mantenedoras e transformadoras dos elementos da natureza, tendo sob seus comandos legiões de espíritos de várias vibrações evolutivas dentro de seu raio. Eles realizam o milagre da vida e distribuem essa energia no corpo da magia, para os locais que delas necessitam, para ajuda e fortalecimento dos espíritos encarnados e desencarnados.

As Sete Linhas dos Trabalhadores Espirituais de Umbanda não devem ser confundidas com os Sete Raios de que estamos tratando, uma vez que estas linhas são dos regentes planetários das energias da natureza.

Todos os orixás ancestrais são subordinados à Cristo Jesus, que é o tutor máximo da Terra.

Os orixás, dentro do culto Umbandista, não são incorporados. O que se vê dentro dos vários terreiros, centros, tendas, são os falangeiros dos orixás, espíritos de grande luz que vêm trabalhar sob as ordens de um Orixá. Os falangeiros incorporam em seus cavalos (médiuns) e mostram sua presença e sua força em nome de um Orixá.

Orixás cultuados na Umbanda: Oxalá, Ibeiji, Obaluayê (Omulu), Ogum, Oxóssi, Xangô, Iansã, Iemanjá, Nanã, Oxum, Ossãe.

Outros orixás: Exu, Obá, Ewá, Logum-Edé, Iroko, Oxumarê, Tempo, Orumilá, Ifá, Osãe.

Atenção. Os orixás Exu, Obá, Ewá, Logum-Edé, Iroko, Ossãe, Oxumarê, Tempo, Orumilá, Ifá e Ibeiji não formam a Tríade do Coronário dos médiuns na Umbanda.

As sete linhas

Para entender um pouco mais a Umbanda devemos conhecer as linhas ou vibrações, como preferir. Uma linha, ou vibração, equivale a um grande exército de espíritos que rendem obediência a um "chefe". Este "chefe" representa para nós um Orixá e cabe a ele uma grande missão no espaço.

Vejamos quais são as Sete Linhas da Umbanda:

Linha de Oxalá (Ou Orixalá)

Linha do povo D'água (Iemanjá, Oxum e Iansã)

Linha de Xangô

Linha de Ogum

Linha de Oxóssi

Linha de Yori (Ibeiji)

Linha de Yorimá (Almas)

Estes nomes são sagrados e ancestrais e nomeiam os Sete Orixás Maiores da Umbanda. Estes orixás planetários são os sete espíritos mais elevados do planeta e nunca encarnaram aqui.

Os Orixás Maiores não incorporam, eles têm funções de governo planetário. Cada um deles estende suas vibrações e ordenações a mais sete entidades denominadas orixás Menores, e estas, cada uma, para mais sete inferiores e assim por diante.

- Linha de Oxalá

Essa linha representa o princípio, o incriado, o reflexo de Deus, o verbo solar. É a luz refletida que coordena as demais vibrações. As entidades dessa linha falam calmo, compassado e se expressam sempre com elevação. Seus pontos cantados são verdadeiras invocações de grande misticismo, dificilmente escutados hoje em dia, pois é raro assumirem uma "Chefia de Cabeça".

- Linha de Iemanjá

Essa linha é também conhecida como Povo d'Água. Iemanjá significa a energia geradora, a divina mãe do universo, o eterno feminino, a divina mãe na Umbanda. As entidades dessa linha gostam de trabalhar com água salgada ou do mar, fixando vibrações, de maneira serena. Seus pontos cantados têm um ritmo muito bonito, falando sempre no mar e em orixás da dita linha.

- Linha de Xangô

Xangô é o Orixá que coordena toda lei kármica, é o dirigente das almas, o Senhor da balança universal, que afere nosso estado espiritual. Resumindo, Xangô é o Orixá da Justiça. Seus pontos cantados são sérias invocações de imagens fortes e nos levam sempre aos seus sítios vibracionais como as montanhas, pedreiras e cachoeiras.

- Linha de Ogum

A vibração de Ogum é o fogo da salvação ou da glória, o mediador de choques consequentes do karma. É a linha das demandas da fé, das aflições, das lutas e batalhas da vida. É a divindade que, no sentido místico, protege os guerreiros. Os caboclos de Ogum gostam de andar de um lado para outro e falam de maneira forte, vibrante e em suas atitudes demonstram vivacidade. Suas preces cantadas traduzem invocações para a luta da fé, demandas, batalhas.

- Linha de Oxóssi

A vibração de Oxóssi significa ação envolvente ou circular dos viventes da Terra, ou seja, o caçador de almas, que atende na doutrina e na catequese. Suas entidades falam de maneira serena e seus passes são calmos, assim como seus conselhos e trabalhos. Seus pontos cantados traduzem beleza nas imagens e na música e geralmente são invocações às forças da espiritualidade e da natureza, principalmente as matas.

- Linha de Yori

Essas entidades, altamente evoluídas, externam pelos seus cavalos maneiras e vozes infantis de modo sereno, às vezes um pouco vivas. Quando no plano de protetores, gostam de sentar no chão e comer coisas doces, mas sem desmandos. Seus pontos cantados são melodias alegres e algumas vezes tristes, falando muito em papai e mamãe de céu e em mantos sagrados.

- Linha de Yorimá

Também chamada de Linha das Almas, essa linha é composta dos primeiros espíritos que foram ordenados a combater o mal em todas as suas manifestações. São os Orixás Velhos, verdadeiros magos que, velando suas formas kármicas, revestem-se das roupagens de pretos velhos ensinando e praticando as verdadeiras "mirongas". Eles são a doutrina, a filosofia, o mestrado da magia, em fundamentos e ensinamentos. Geralmente gostam de trabalhar e consultar sentados, fumando cachimbo, sempre numa ação de fixação e eliminação através de sua fumaça.

Seus fluidos são fortes, porque fazem questão de "pegar bem" o aparelho e o cansam muito, principalmente pela parte dos membros inferiores, conservando-o sempre curvo. Falam compassado e pensam bem no que dizem. Raríssimos os que assumem a Chefia de Cabeça, mas são os auxiliares dos outros "guias", o seu braço direito. Os pontos cantados nos revelam uma melodia tristonha e um ritmo mais compassado, dolente, melancólico, traduzindo verdadeiras preces de humildade.

"Orixás são forças divinas, raios de luz que iluminam todos os lugares."

Osmar Barbosa

Conhecendo os Orixás mais cultuados na Umbanda

Oxalá

Orixá masculino, de origem iorubá, (nagô) bastante cultuado no Brasil, onde costuma ser considerado a divindade mais importante do panteão africano. Na África é cultuado com o nome de Obatalá. Quando porém os negros vieram para cá, como mão de obra escrava na agricultura, trouxeram consigo, além do nome do Orixá, uma outra forma de a ele se referirem; Orixalá, que significa "Orixá dos orixás". Numa versão contraída, o nome que se acabou popularizando é OXALÁ.

Esta relação de importância advém de a organização de divindades africanas ser uma maneira simbólica de se codificar as regras do comportamento. Nos preceitos, estão todas as matrizes básicas da organização familiar e tribal, das atitudes possíveis, dos diversos caminhos para uma mesma questão. Para um mesmo problema, orixás diferentes propõem respostas diferentes – e raramente há um acordo social no sentido de estabelecer uma das saídas como correta e a outra não. A *jurisprudência* africana nesse sentido prefere conviver com os opostos, estabelecendo, no máximo, que, perante um impasse, *Ogum faz isso, Iansã faz aquilo*, por exemplo.

Assim, Oxalá não tem mais poderes que os outros, nem é hierarquicamente superior, mas merece o respeito de todos por representar o patriarca, o chefe da família. Cada membro da família tem suas funções e o direito de se inter-relacionar de igual para igual com todos os outros membros, o que as lendas dos orixás confirmam através da independência que cada um mantém em relação aos outros. Oxalá, porém, é o que traz consigo a memória de outros tempos, as soluções já encontradas no passado para casos semelhantes, merecendo, portanto, o respeito de todos numa sociedade que cultuava ativamente seus ancestrais. Ele representa o conhecimento empírico, neste caso, colocado acima do conhecimento especializado que cada Orixá pode apresentar: Ossãe, a liturgia; Oxóssi, a caça; Ogum, a metalurgia; Oxum, a maternidade; Iemanjá, a educação; Omulu, a medicina – e assim por diante.

Se, por este lado, Oxalá merece mais destaque, considerá-lo superior aos outros (*o que não está implícito como poder, mas sim merecimento de respeito ao título de Orixalá*) veio da colonização europeia. Os jesuítas tentavam introduzir os negros nos cultos católicos, passo considerado decisivo para os mentores e ideólogos que tentavam adaptá-los à sociedade onde eram obrigados a viver, baseada em códigos a eles completamente estranhos. A repressão pura e simples era muito eficiente nestes casos, mas não bastava. Eram constantes as revoltas. Em alguns casos, perceberam que o sincretismo era a melhor saída, e tentaram convencer os negros de que seus orixás também tinham espaço na cultura branca, que as entidades eram praticamente as mesmas, apenas com outros nomes.

Alguns escravos acreditaram neles. Outros se aproveitaram da quase obrigatoriedade da prática dos cultos católicos, para, ao realizá-los, efetivarem verdadeiros cultos de Umbanda, apenas mascarados pela religião oficial do colonizador. Esclarecida esta questão, não negamos as funções únicas e importantíssimas de Oxalá perante a mitologia iorubá.

É o princípio gerador em potencial, o responsável pela existência de todos os seres do céu e da Terra. É o que permite a concepção no sentido masculino do termo. Sua cor é o branco, porque ela é a soma de todas as cores.

Por causa de Oxalá, a cor branca está associada ao Candomblé e aos cultos afro-brasileiros em geral, e não importa qual o santo cultuado num terreiro, nem o Orixá de cabeça de cada filho de santo, é comum que se vistam de branco, prestando homenagem ao pai de todos os orixás e dos seres humanos.

Se essa mesma gostar e quiser usar roupas com as cores do seu *ELEDÁ* (primeiro Orixá de cabeça) e dos seus *ADJUNTÓ* (adjutores auxiliares do Orixá de cabeça) não terá problema algum, apenas dependendo da orientação da cúpula espiritual dirigente do terreiro.

Segundo as lendas, Oxalá é o pai de todos os orixás, excetuando-se *Logunedé*, que é filho de Oxóssi e Oxum, e Iemanjá, que tem uma filiação controvertida, sendo mais citados *Odudua* e *Olokum* como seus pais, mas efetivamente Oxalá nunca foi apontado como seu pai.

Seu campo de atuação preferencial é a religiosidade dos seres, aos quais ele envia o tempo todo suas vibrações estimuladoras da fé individual e suas irradiações geradoras de sentimentos de religiosidade.

Fé! Eis o que melhor define o Orixá Oxalá. Sim, amamos irmãos na fé em Oxalá. O nosso amado Pai da Umbanda é o Orixá irradiador da fé em nível planetário e multidimensional.

Oxalá é sinônimo de fé. Ele é o Trono da Fé que, assentado na Coroa Divina, irradia a fé em todos os sentidos e a todos os seres.

Orixá associado à criação do mundo e da espécie humana. No Candomblé, apresenta-se de duas maneiras: moço – chamado Oxaguian, e velho – chamado Oxalufan. O símbolo do primeiro é uma idá (espada), o do segundo é uma espécie de cajado em metal, chamado ôpá xôrô. A cor de Oxaguian é o branco levemente mesclado com azul, de Oxalufan é somente branco. O dia consagrado para ambos é a sexta-feira. Oxalá é considerado e cultuado como o maior e mais respeitado de todos os orixás do Panteão Africano. É calmo, sereno, pacificador, é o criador, portanto respeitado por todos os orixás e todas as nações.

A vibração de Oxalá habita em cada um de nós e em toda parte de nosso corpo, porém velada pela nossa imperfeição, pelo nosso grau de evolução. É o Cristo interior, e, ao mesmo tempo, cósmico e universal; o que jamais deixou sem resposta ou sem consolo um só coração humano, cujo apelo chegasse até ele. O que procura, no seio da humanidade, homens capazes de ouvir a voz da sabedoria e que possam responder-lhe, quando pedir mensageiros para transmitir ao seu rebanho: "Estou aqui; enviai-me".

Oxalá é Jesus?

A imagem de Jesus Cristo é figura obrigatoriamente em lugar de honra em todos os centros, terreiros ou tendas de Umbanda, em local elevado, geralmente destacada com iluminação intencionalmente preparada, de modo a conformar uma espécie de aura de luz difusa à sua volta. Homenageia-se Oxalá na representação daquele que foi o "filho dileto de Deus entre os homens"; entretanto, permanece, no íntimo desse sincretismo, a herança da tradição africana: "Jesus foi um enviado; foi carne, nasceu, viveu e morreu entre os homens"; Oxalá coexistiu com a formação do mundo; **Oxalá já era antes de que Jesus o fosse**.

Oxalá, assim como Jesus, proporciona aos filhos a melhor forma de praticar a caridade, isto é, dando com a direita para, com a esquerda, receberem na eternidade e assim poderem trilhar o caminho da luz que os conduzirá ao seu Divino Mestre.

Características. Cor: branca. Fio de contas: brancas e leitosas, firmas brancas. Ervas: tapete de Oxalá, saião, colônia, manjericão branco, folha de algodoeiro, sândalo, malva, alfazema. Símbolo: estrela de cinco pontas. Pontos da natureza: praias desertas, colinas descampadas, campos, montanhas. Flores: lírios brancos e todas as flores que forem dessa cor, rosas sempre sem espinho. Essências: aloés, almíscar, lírio, benjoim, flores do campo, flores de laranjeira. Pedras: diamante, cristal de rocha e pérolas brancas. Metal: prata, platina e ouro branco. Planeta: Sol. Dias da semana: todos os dias, especialmente sexta-feira. Elemento: ar. Chacra: coronário. Saudação: Exê Eupê Babá ou Epá Babá. Bebida: água mineral, vinho branco doce ou vinho tinto doce. Dia de comemoração: 25 de dezembro.

Atribuições. As atribuições de Oxalá são as de não deixar um só ser sem o amparo religioso dos mistérios da fé. Mas nem sempre o ser absorve suas irradiações quando está com a mente voltada para o materialismo desenfreado dos espíritos encarnados.

Características dos filhos de Oxalá

Os filhos de Oxalá são pessoas tranquilas, com tendência à calma, até nos momentos mais difíceis; conseguem o respeito mesmo sem que se esforcem objetivamente para obtê-lo. São amáveis e pensativos, mas nunca de maneira subserviente. Às vezes chegam a ser autoritários, mas isso acontece com os que têm orixás guerreiros ou autoritários como adjutores (*adjuntós*).

São muito dedicados, caprichosos, mantendo tudo sempre bonito, limpo, com beleza e carinho. Respeitam a todos, mas exigem ser respeitados.

Sabem argumentar bem, tendo uma queda para trabalhos que impliquem em organização.

Gostam de centralizar tudo em torno de si mesmos. São reservados, mas raramente orgulhosos.

Seu defeito mais comum é a teimosia, principalmente quando têm certeza de suas convicções; será difícil convencê-los de que estão errados ou que existem outros caminhos para a resolução de um problema.

No Oxalá mais velho (Oxalufan) a tendência se traduz em ranzinzice e intolerância, enquanto o Oxalá novo (Oxaguian) tem um certo furor pelo debate e pela argumentação.

Para Oxalá, a ideia e o verbo são sempre mais importantes que a ação, não sendo raro encontrá-los em carreiras em que a linguagem (escrita ou falada) seja o ponto fundamental.

Fisicamente, os filhos de Oxalá tendem a apresentar um porte majestoso ou no mínimo digno, principalmente na maneira de andar e não na constituição física; não é alto e magro como o filho de Ogum nem tão compacto e forte como os filhos de Xangô. Às vezes, porém, essa maneira de caminhar e se postar dá lugar a alguém com tendência a ficar curvado, como se o peso de toda uma longa vida caísse sobre seus ombros, mesmo em se tratando de alguém muito jovem.

Para que o filho de Oxalá tenha uma vida melhor, deve procurar despertar em seu interior a alegria pelas coisas que o cercam e tentar ceder à sua natural teimosia.

Lendas de Oxalá

Aproximava-se o dia em que seria realizada, no reino de Oyó, a época das comemorações em homenagem a Xangô, Rei de Oyó, à qual todos os orixás foram convidados, inclusive Oxalufan. Antes de rumar a Oyó, Oxalufan consultou seu babalaô a fim de saber como seria a jornada, e o babalaô lhe disse:

– Leve três mudas de roupas brancas, pois Exu irá dificultar seus caminhos.

Oxalufan partiu sozinho. O adivinho aconselhou-o então a levar consigo três panos brancos, limo da costa e sabão da costa, assim como a aceitar e fazer tudo que lhe pedissem no caminho e não reclamar de nada, acontecesse o que acontecesse. Seria uma forma de não perder a vida.

Caminhando pela mata encontrou Exu tentando levantar um tonel de dendê às costas e pediu-lhe ajuda. Oxalufan prontamente lhe ajudou, mas Exu, propositalmente, derramou o dendê sobre Oxalufan e saiu. Oxalufan banhou-se no rio, trocou de roupa e continuou sua jornada. Mais adiante encontrou-se novamente com Exu, que desta vez tentava erguer um saco de carvão às costas e pediu a Oxalufan que lhe auxiliasse. Novamente Oxalufan lhe ajudou e Exu repetiu o feito derramando o carvão sobre Oxalufan. Banhando-se no rio e trocando de roupa, Oxalufan prosseguiu sua jornada a Oyó. Próximo já a Oyó, encontrou com Exu novamente tentando erguer um tonel de melado e a estória se repetiu. Nos campos de Oyó, Oxalufan encontrou com um cavalo fugitivo dos estábulos de Xangô e resolveu devolver ao dono. Antes de chegar à cidade, foi abordado pelos guardas, que o julgaram culpado pelo furto.

Maltrataram e prenderam Oxalufan. Ele, sempre calado, deixou-se levar prisioneiro. Mas, por estar um inocente no cárcere, em terras do Senhor da Justiça, Oyó viveu por longos sete anos a mais profunda seca. As mulheres tornaram-se estéreis e muitas doenças assolaram o reino. Desesperado, Xangô resolveu consultar um babalaô para saber o que acontecia e o babalaô lhe disse:

– A vida está aprisionada em seus calabouços, um velho sofria injustamente como prisioneiro, pagando por um crime que não cometera.

Com essa resposta, Xangô foi até a prisão e lá encontrou Oxalufan todo sujo e maltratado. Imediatamente o levou ao palácio e lá chamou todos os orixás, e cada um carregava um pote com água da mina. Um a um os orixás iam derrubando suas águas em Oxalufan para lavá-lo. O rei de Oyó mandou seus súditos vestirem-se de branco e que todos permanecessem em silêncio, pois era preciso, respeitosamente, pedir perdão a Oxalufan. Xangô vestiu-se também de branco e nas suas costas carregou o velho rei. Levou-o para as festas em sua homenagem, e todo o povo saudava Oxalufan, e todo o povo saudava Xangô.

Lenda da Criação

Oxalá, "O Grande Orixá" ou "O Rei do Pano Branco". Foi o primeiro a ser criado por Olorum, o Deus Supremo. Tinha um caráter bastante obstinado e independente.

Oxalá foi encarregado por Olorum de criar o mundo com o poder de sugerir (àbà) e o de realizar (àse). Para cumprir sua missão, antes da partida, Olorum entregou-lhe o "saco da criação". O poder que lhe fora confiado não o dispensava entretanto de submeter-se a certas regras e de respeitar diversas obrigações como os outros orixás. Uma história de Ifá nos conta como. Em razão de seu caráter altivo, ele se recusou fazer alguns sacrifícios e oferendas a Exu, antes de iniciar sua viagem para criar o mundo.

Oxalá se pôs a caminho apoiado num grande cajado de estanho, seu òpá osorò ou opaxorô, cajado para fazer cerimônias. No momento de ultrapassar a porta do Além, encontrou Exu, que, entre as suas múltiplas obrigações, tinha a de fiscalizar as comunicações entre os dois mundos. Exu, descontente com a recusa do Grande Orixá em fazer as oferendas prescritas, vingou-se fazendo-o sentir uma sede intensa. Oxalá, para matar sua sede, não teve outro recurso senão furar com seu opaxorô a casca do tronco de um dendezeiro. Um líquido refrescante dele escorreu: era o vinho de palma. Ele bebeu-o ávida e abundantemente. Ficou bêbado, não sabia mais onde estava e caiu adormecido. Veio então Odudua, criado por Olorum depois de Oxalá e o maior rival deste. Vendo o Grande Orixá adormecido, roubou-lhe o "saco da criação", dirigiu-se à presença de Olorum para mostrar-lhe seu achado e lhe contar em que estado se encontrava Oxalá. Olorum exclamou:

– Se ele está neste estado, vá você, Odudua! Vá criar o mundo!

Odudua saiu assim do Além e encontrou diante de si uma extensão ilimitada de água. Deixou cair a substância marrom contida no "saco da criação". Era terra. Formou-se, então, um montículo que ultrapassou a superfície das águas. Aí, ele colocou uma galinha cujos pés tinham cinco garras. Esta começou a arranhar e a espalhar a terra sobre a superfície das águas.

Onde ciscava, cobria as águas, e a terra ia se alargando cada vez mais, o que em iorubá se diz ilè nfè, expressão que deu origem ao nome da cidade de Ilê Ifé. Odudua aí se estabeleceu, seguido pelos outros orixás, e tornou-se assim o rei da terra.

Quando Oxalá acordou não mais encontrou ao seu lado o "saco da criação". Despeitado, voltou a Olorum. Este, como castigo pela sua embriaguez, proibiu o Grande Orixá, assim como os outros de sua família, os orixás Funfun, ou "orixás brancos", a beber vinho de palma e mesmo usar azeite de dendê. Confiou-lhe, entretanto, como consolo, a tarefa de modelar no barro o corpo dos seres humanos, aos quais ele, Olorum, insuflaria a vida.

Por essa razão, Oxalá também é chamado de Alamorere, o "proprietário da boa argila".

Pôs-se a modelar o corpo dos homens, mas não levava muito a sério a proibição de beber vinho de palma e, nos dias em que se excedia, os homens saiam de suas mãos contrafeitos, deformados, capengas, corcundas. Alguns, retirados do forno antes da hora, saíam malcozidos e suas cores tornavam-se tristemente pálidas: eram os albinos. Todas as pessoas que entram nessas tristes categorias são-lhe consagradas e tornam-se adoradoras de Oxalá.

Como Oxalá se tornou o Pai da criação

Iemanjá, a filha de Olokum, foi escolhida por Olorum para ser a mãe dos orixás. Como ela era muito bonita, todos a queriam para esposa; então, o pai foi perguntar a Orumilá com quem ela deveria casar. Orumilá mandou que ele entregasse um cajado de madeira a cada pretendente; depois, eles deveriam passar a noite dormindo sobre uma pedra, segurando o cajado para que ninguém pudesse pegá-lo. Na manhã seguinte, o homem cujo cajado estivesse florido seria o escolhido por Orumilá para marido de Iemanjá. Os candidatos assim fizeram; no dia seguinte, o cajado de Oxalá estava coberto de flores brancas, e assim ele se tornou Pai dos Orixás.

Como Oxalá aprendeu a produzir a cor branca

Certa vez, quando os orixás estavam reunidos, Oxalá deu um tapa em Exu e o jogou no chão deixando-o todo machucado; mas, no mesmo instante, Exu se levantou, já curado. Então Oxalá bateu em sua cabeça e Exu ficou anão; mas se sacudiu e voltou ao normal. Depois Oxalá sacudiu a cabeça de Exu e ela ficou enorme; mas Exu esfregou a cabeça com as mãos e ela ficou normal. A luta continuou até que Exu tirou da própria cabeça uma cabacinha; dela saiu uma fumaça branca que tirou as cores de Oxalá. Oxalá se esfregou, como Exu fizera, mas não voltou ao normal; então, tirou da cabeça o próprio axé e soprou-o sobre Exu, que ficou dócil e lhe entregou a cabaça que Oxalá usa para fazer os brancos.

Yemanjá

Deusa da nação de Egbé, nação iorubá onde existe o rio Yemojá (Yemanjá). No Brasil, rainha das águas e mares. Orixá muito respeitada e cultuada é tida como mãe de quase todos os orixás iorubanos, enquanto a maternidade dos orixás daomeanos é atribuída a Nanã. Por isso, a ela também pertence a fecundidade. É protetora dos pescadores e jangadeiros.

Comparada com as outras divindades do panteão africano, Yemanjá é uma figura extremamente simples. Ela é uma das figuras mais conhecidas nos cultos brasileiros, com o nome sempre bem divulgado pela imprensa, pois suas festas anuais sempre movimentam um grande número de iniciados e simpatizantes, tanto da Umbanda como do Candomblé.

Pelo sincretismo, porém, muita água rolou. Os jesuítas portugueses, tentando forçar a aculturação dos africanos e a aceitação, por parte deles, dos rituais e mitos católicos, procuraram fazer *casamentos* entre santos cristãos e orixás africanos, buscando pontos em comum nos mitos. Para Yemanjá foi reservado o lugar de Nossa Senhora, sendo, então, artificialmente *mais importante* que as outras divindades femininas, o que foi assimilado em parte por muitos ramos da Umbanda.

Mesmo assim, não se nega o fato de sua popularidade ser imensa, não só por tudo isso, mas pelo caráter de tolerância, aceitação e carinho. É uma das rainhas das águas, sendo as duas salgadas: as águas provocadas pelo choro da mãe que sofre pela vida de seus filhos, que os vê se afastarem de seu abrigo, tomando rumos independentes; e o mar, sua morada, local onde costuma receber os presentes e oferendas dos devotos.

São extremamente concorridas suas festas. É tradicional no Rio de Janeiro, em Santos (litoral de São Paulo) e nas praias de Porto Alegre a oferta ao mar de presentes a este Orixá, atirados à morada da deusa, tanto na data específica de suas festas, como na passagem do ano. São comuns no réveillon as tendas de Umbanda na praia, onde acontecem rituais, e iniciados incorporam caboclos e pretos velhos, atendendo a qualquer pessoa que se interessar.

Apesar dos preceitos tradicionais relacionarem tanto Oxum como Yemanjá à função da maternidade, pode se estabelecer uma boa distinção entre esses conceitos. As duas orixás não rivalizam (Yemanjá praticamente não rivaliza com ninguém, enquanto Oxum é famosa por suas pendências amorosas que a colocaram contra Iansã e Obá). Cada uma domina a maternidade num momento diferente.

A majestade dos mares, senhora dos oceanos, sereia sagrada, Yemanjá é a rainha das águas salgadas, regente absoluta dos lares, protetora da família. Chamada também de Deusa das Pérolas, é aquela que apara a cabeça dos bebês no momento de nascimento.

Numa casa de santo, Yemanjá atua dando sentido ao grupo, à comunidade ali reunida e transformando essa convivência num ato familiar; criando raízes e dependência; proporcionando sentimento de irmão para irmão em pessoas que há bem pouco tempo não se conheciam; proporcionando também o sentimento de pai para filho ou de mãe para filho e vice-versa, nos casos de relacionamento dos babalorixás (pais no santo) ou ialorixás (mães no santo) com os filhos no santo. A necessidade de saber se aqueles a que amamos estão bem, a dor pela preocupação, é uma regência de Yemanjá, que não vai deixar morrer dentro de nós o sentido de amor ao próximo, principalmente em se tratando de um filho, filha, pai, mãe, outro parente ou amigo muito querido. É a preocupação e o desejo de ver aquele que amamos a salvo, sem problemas, é a manutenção da harmonia do lar.

É ela que proporcionará boa pesca nos mares, regendo os seres aquáticos e provendo o alimento vindo do seu reino. É ela quem controla as marés, é a praia em ressaca, é a onda do mar, é o maremoto. Protege a vida marinha. Junta-se ao Orixá Oxalá, complementando-o como o Princípio Gerador Feminino.

Características. Cor: cristal (em algumas casas branco, azul claro, também verde claro e rosa claro). Fios de contas e missangas de cristal e firmas de cristal. Ervas: colônia, pata de vaca, abedê, jarrinha, golfo, rama de leite, aguapé, lágrima de Nossa Senhora, jasmim, malva branca, rosa branca. Símbolo: lua minguante, ondas, peixe. Ponto da natureza: mar. Flores: rosas brancas, palmas, angélicas, orquídeas, crisântemos. Essência: jasmim, rosa branca, orquídea, crisântemo. Pedras: água marinha, pérola, lápis-lazúli, calcedônia, turquesa. Metal: Prata. Planeta: lua. Dia da semana: sábado. Elemento: água. Chacra: frontal. Saudação: Odô iyá, Odô Ciaba. Bebida: água mineral ou champanhe. Comida: peixe, camarão, canjica, arroz, manjar; mamão. Dia de comemoração: 15 de agosto (em algumas casas, 2 de fevereiro, em 8 de dezembro).

Atribuições. Essa força da natureza também tem papel muito importante em nossas vidas, pois é ela que rege nossos lares, nossas casas. É ela que dá o sentido da família às pessoas que vivem debaixo de um mesmo teto. Ela é a geradora do sentimento de amor ao seu ente querido, que vai dar sentido e personalidade ao grupo formado por pai, mãe e filhos tornando-os coesos. Rege as uniões, os aniversários, as festas de casamento, todas as comemorações familiares. É o sentido da união por laços consanguíneos ou não.

As características dos filhos de Yemanjá

Pelo fato de Yemanjá ser a criação, sua filha normalmente tem um tipo muito maternal. Aquela que transmite a todos a bondade, confiança, grande conselheira. É mãe. Sempre tem os braços abertos para acolher junto de si todos aqueles que a procuram. A porta de sua casa sempre está aberta para todos, e gosta de tutelar pessoas. Tipo a grande mãe. Aquela mulher amorosa que sempre junta os filhos dos outros com os seus. O homem filho de Yemanjá carrega o mesmo temperamento: é o protetor. Cuida de seus tutelados com muito amor. Geralmente é calmo e tranquilo, exceto quando se sente ameaçado na perda de seus filhos, isto porque não divide isto com ninguém. É sempre discreto e de muito bom gosto. Veste-se com muito capricho. É franco e não admite a mentira. Normalmente fica zangado quando ofendido e quem tem como adjuntó o Orixá Ogum torna-se muito agressivo e radical. Diferente é quando o adjuntó é Oxóssi, aí sim, é pessoa calma, tranquila, e sempre reage com muita tolerância.

O maior defeito do filho de Yemanjá é o ciúme. É extremamente ciumento com tudo que é seu, principalmente das coisas que estão sob sua guarda. Gostam de viver num ambiente confortável e, mesmo quando pobres, pode-se notar uma certa sofisticação em suas casas se comparadas com as demais da comunidade de que fazem parte. Apreciam o luxo, as joias caras e os tecidos vistosos e bons perfumes. Entretanto, não possuem a mesma vaidade coquete de Oxum, sempre apresentando uma idade maior, mais responsáveis e decididos do que os filhos da Oxum. A força e a determinação fazem parte de suas características básicas, assim como o sentido de amizade, sempre cercada de algum formalismo. Apesar do gosto pelo luxo, não são pessoas ambiciosas nem obcecadas pela própria carreira, detendo-se mais no dia a dia, sem grandes planos para atividades a longo prazo. Pela importância que dá a retidão e à hierarquia, Yemanjá não tolera mentira e a traição. Assim sendo, seus filhos demoram a confiar em alguém e, quando finalmente passam a aceitar uma pessoa no seu verdadeiro círculo de amigos, deixam de ter restrições, aceitando-a completamente e defendendo-a, seja nos erros como nos acertos, tendo grande capacidade de perdoar as pequenas falhas humanas. Não esquecem uma ofensa ou traição, sendo raramente esta mágoa esquecida. Um filho de Yemanjá pode tornar-se rancoroso, remoendo questões antigas por anos e anos sem esquecê-las jamais. Fisicamente, existe uma tendência para a formação de uma figura cheia de corpo, um olhar calmo, dotado de irresistível fascínio (o canto da sereia). Enquanto os filhos de Oxum são diplomatas e sinuosos, os de Yemanjá se mostram mais diretos. São capazes de fazer chantagens emocionais, mas nunca diabólicas. A força e a determinação fazem parte de seus caracteres básicos, assim como o sentido da amizade e do companheirismo.

São pessoas que não gostam de viver sozinhas, sentem falta da tribo, inconsciente ancestral, e costumam, por isso, casar ou associar-se cedo. Não apreciam as viagens, detestam os hotéis, preferindo casas onde rapidamente possam repetir os mecanismos e os quase ritos que fazem do cotidiano.

Todos esses dados nos apresentam uma figura um pouco rígida, refratária a mudanças, apreciadora do cotidiano. Ao mesmo tempo, indicam alguém doce, carinhoso, sentimentalmente envolvente e com grande capacidade de empatia com os problemas e sentimentos dos outros. Mas nem tudo são qualidades em Yemanjá, como em nenhum Orixá. Seu caráter pode levar o filho desse Orixá a ter uma tendência a tentar concertar a vida dos que o cercam – o destino de todos estaria sob sua responsabilidade. Gostam de testar as pessoas.

Lendas de Yemanjá

Yemanjá teve muitos problemas com os filhos. Ossãe, o mago, saiu de casa muito jovem e foi viver na mata virgem estudando as plantas. Contra os conselhos da mãe, Oxóssi bebeu uma poção dada por Ossãe e, enfeitiçado, foi viver com ele no mato. Passado o efeito da poção, ele voltou para casa, mas Yemanjá, irritada, expulsou-o. Então Ogum a censurou por tratar mal o irmão. Desesperada por estar em conflito com os três filhos, Yemanjá chorou tanto que se derreteu e formou um rio que correu para o mar.

Yemanjá foi casada com Okere. Como o marido a maltratava, ela resolveu fugir para a casa do pai Olokum. Okere mandou um exército atrás dela, mas, quando estava sendo alcançada, Yemanjá se transformou num rio para correr mais depressa. Mais adiante, Okere a alcançou e pediu que voltasse; como Yemanjá não atendeu, ele se transformou numa montanha, barrando sua passagem. Então Yemanjá pediu ajuda a Xangô; o Orixá do fogo juntou muitas nuvens e, com um raio, provocou uma grande chuva, que encheu o rio; com outro raio, partiu a montanha em duas e Yemanjá pôde correr para o mar.

Exu, seu filho, se encantou por sua beleza e tomou-a a força, tentando violentá-la. Uma grande luta se deu, e bravamente Yemanjá resistiu à violência do filho que, na luta, dilacerou os seios da mãe. Enlouquecido e arrependido pelo que fez, Exu "saiu no mundo" desaparecendo no horizonte. Caída ao chão, Yemanjá, entre a dor, a vergonha, a tristeza e a pena que teve pela atitude do filho, pediu socorro ao pai Olokum e ao criador Olorum. E, dos seus seios dilacerados, a água, salgada como a lágrima, foi saindo dando origem aos mares. Exu, pela atitude má, foi banido para sempre da mesa dos orixás, tendo como incumbência eterna ser o guardião, não podendo juntar-se aos outros na corte.

Por isso, Yemanjá é representada na imagem com grandes seios, simbolizando a maternidade e a fecundidade.

Nanã

A mais velha divindade do panteão é associada às águas paradas, à lama dos pântanos, ao lodo do fundo dos rios e dos mares. O único Orixá que não reconheceu a soberania de Ogum por ser o dono dos metais. É reverenciada tanto como divindade da vida quanto da morte. Seu símbolo é o Íbíri – um feixe de ramos de folha de palmeira com a ponta curvada e enfeitado com búzios.

Nanã é a chuva e a garoa. O banho de chuva é uma lavagem do

corpo no seu elemento, uma limpeza de grande força, uma homenagem a este Grande Orixá.

Nanã Buruquê representa a junção daquilo que foi criado por Deus. Ela é o ponto de contato da terra com as águas, a separação entre o que já existia, a água da terra por mando de Deus, sendo portanto também sua criação simultânea a da criação do mundo.

Com a junção da água e a terra surgiu o barro.

O barro com o sopro divino representa movimento.

O movimento adquire estrutura.

Do movimento e estrutura surgiu a criação, o homem.

Portanto, para alguns, Nanã é a divindade suprema que junto com Olorum (Deus) fez parte da criação, sendo ela responsável pelo elemento barro, que deu forma ao primeiro homem e a todos os seres viventes da Terra, da continuação da existência humana e também da morte, passando por uma transmutação para que se transforme continuamente e nada se perca.

Esta é uma figura muito controvertida do panteão africano. Ora perigosa e vingativa, ora praticamente desprovida de seus maiores poderes, relegada a um segundo plano amargo e sofrido, principalmente ressentido.

Orixá que também rege a justiça, Nanã não tolera traição, indiscrição ou roubo. Por ser Orixá muito discreto e gostar de se esconder, suas filhas podem ter um caráter completamente diferente do dela. Por exemplo, ninguém desconfiará que uma dengosa e vaidosa aparente filha de Oxum seria uma filha de Nanã "escondida".

Nanã faz o caminho inverso da mãe da água doce. É ela quem reconduz ao terreno do astral, às almas dos que Oxum colocou no mundo real. É a deusa do reino da morte, sua guardiã, quem possibilita o acesso a esse território do desconhecido.

A senhora do reino da morte é, como elemento, a terra fofa, que recebe os cadáveres, os acalenta e esquenta, numa repetição do ventre, da vida intrauterina. É, por isso, cercada de muitos mistérios no culto e tratada pelos praticantes da Umbanda e do Candomblé com menos familiaridade que os orixás mais extrovertidos como Ogum e Xangô, por exemplo.

Muitos são portanto os mistérios que Nanã esconde, pois nela entram os mortos e através dela são modificados para poderem nascer novamente. Só através da morte é que poderá acontecer para cada um a nova encarnação, para novo nascimento, a vivência de um novo destino – e a responsável por esse período é justamente Nanã. Ela é considerada pelas comunidades da Umbanda e do Candomblé uma figura austera, justiceira e absolutamente incapaz de uma brincadeira ou então de alguma forma de explosão emocional. Por isso está sempre presente como testemunha fidedigna das lendas. Jurar por Nanã, por parte de alguém do culto, implica um compromisso muito sério e inquebrantável, pois o Orixá exige de seus filhos de santo, e de quem a invoca em geral, sempre a mesma relação austera que mantém com o mundo.

Nanã forma par com Obaluaiê. E enquanto ela atua na decantação emocional e no adormecimento do espírito que irá encarnar, ele atua na passagem do plano espiritual para o material (encarnação), envolve-o em uma irradiação especial que reduz o corpo energético ao tamanho do feto já formado dentro do útero materno onde está sendo gerado, ao qual já está ligado desde que ocorreu a fecundação.

Este mistério divino que reduz o espírito, é regido por nosso amado Pai Obaluaiê, que é o "Senhor das Passagens" de um plano para outro.

Já nossa amada mãe Nanã, envolve o espírito que irá reencarnar em uma irradiação única, que dilui todos os acúmulos energéticos, assim como adormece sua memória, preparando-o para uma nova vida na carne, onde não se lembrará de nada do que já vivenciou. É por isso que Nanã é associada à senilidade, à velhice, que é quando a pessoa começa a se esquecer de muitas coisas que vivenciou na sua vida carnal.

Portanto, um dos campos de atuação de Nanã é a "memória" dos seres. E, se Oxóssi aguça o raciocínio, ela adormece os conhecimentos do espírito para que eles não interfiram com o destino traçado para toda uma encarnação.

Em outra linha da vida, ela é encontrada na menopausa. No início desta linha está Oxum estimulando a sexualidade feminina; no meio está Yemanjá, estimulando a maternidade; e no fim está Nanã, paralisando tanto a sexualidade quanto a geração de filhos.

Esta Grande Orixá, mãe e avó, é protetora dos homens e criaturas idosas, padroeira da família, tem o domínio sobre as enchentes, as chuvas, bem como o lodo produzido por essas águas.

Quando dança no Candomblé, ela faz com os braços como se estivesse embalando uma criança.

Sua festa é realizada próximo do dia de Santana, e a cerimônia se chama Dança dos Pratos.

Origem: Nanã é um Orixá feminino de origem daomeana que foi incorporado há séculos pela mitologia iorubá, quando o povo nagô conquistou o povo do Daomé (atual Republica do Benin), assimilando sua cultura e incorporando alguns orixás dos dominados à sua mitologia já estabelecida.

Resumindo esse processo cultural, Oxalá (mito iorubá ou nagô) continua sendo o pai de quase todos os orixás. Iemanjá (mito igualmente iorubá) é a mãe de seus filhos (nagô), e Nanã (mito jeje) assume a figura de mãe dos filhos daomeanos, nunca se questionando a paternidade de Oxalá sobre estes também, paternidade que não é original da criação das primeiras lendas do Daomé, quando Oxalá obviamente não existia. Os mitos daomeanos eram mais antigos que os nagôs (vinham de uma cultura ancestral que se mostra anterior à descoberta do fogo). Tentou-se, então, acertar essa cronologia com a colocação de Nanã e o nascimento de seus filhos como fatos anteriores ao encontro de Oxalá e Iemanjá.

É neste contexto, a primeira esposa de Oxalá, tendo com ele três filhos: Iroko (ou Tempo), Omulu (ou Obaluaiê) e Oxumarê.

Características. Cor: roxa ou lilás (em algumas casas branco e azul). Fio de contas: contas, firmas e miçangas de cristal lilás. Ervas: manjericão roxo, colônia, ipê roxo, folha da quaresma, erva de passarinho, dama da noite, canela de velho, salsa da praia, manacá (em algumas casas assa peixe, cipreste, erva macaé, dália vermelho escura, folha de berinjela, folha de limoeiro, manacá, rosa vermelho escura, tradescância). Símbolo: chuva. Pontos da natureza: lagos, águas profundas, lama, cemitérios, pântanos. Flores: todas as roxas. Essências: lírio, orquídea, limão, narciso, dália. Pedras: ametista, cacoxenita, tanzanita. Metais: latão ou níquel. Planetas: Lua e Mercúrio. Dia da Semana: sábado (em algumas casas, segunda). Elemento: água. Chacra: frontal e cervical. Saudação: Saluba Nanã. Bebida: champanhe. Comidas: feijão preto com purê de batata doce, aberum, mungunzá. Sincretismo: Nossa Senhora de Sant'Ana. Dia de comemoração: 26 de junho. Qualidades: Ologbo, Borokun, Biodun, Asainán, Elegbe, Susure.

Atribuições. A Orixá Nanã rege sobre a maturidade e seu campo preferencial de atuação é o racional dos seres. Atua decantando os seres emocionados e preparando-os para uma nova "vida", já mais equilibrada.

As características dos filhos de Nanã

Uma pessoa que tenha Nanã como Orixá de cabeça, pode levar em conta principalmente a figura da avó: carinhosa às vezes até em excesso, levando o conceito de mãe ao exagero, mas também ranzinza, preocupada com detalhes, com forte tendência a sair censurando os outros. Não tem muito senso de humor, o que a faz valorizar demais pequenos incidentes e transformar pequenos problemas em grandes dramas. Ao mesmo tempo, tem uma grande capacidade de compreensão do ser humano, como se fosse muito mais velha do que sua própria existência. Por causa desse fator, o perdão aos que erram e o consolo para quem está sofrendo é uma habilidade natural. Nanã, através de seus filhos de santo, vive voltada para a comunidade, sempre tentando realizar as vontades e necessidades dos outros.

Às vezes, porém, exige atenção e respeito que julga devido, mas não obtido dos que a cercam. Não consegue entender como as pessoas cometem certos enganos triviais, como optam por certas saídas que para um filho de Nanã são evidentemente inadequadas. É o tipo de pessoa que não consegue compreender direito as opiniões alheias, nem aceitar que nem todos pensem da mesma forma que ela.

Suas reações bem equilibradas e a pertinência das decisões, mantém-nas sempre no caminho da sabedoria e da justiça.

Todos esses dados indicam também serem os filhos de Nanã um pouco mais conservadores que o restante da sociedade, desejarem a volta de situações do passado, modos de vida que já se foram. Querem um mundo previsível, estável ou até voltando para trás: são aqueles que reclamam das viagens espaciais, dos novos costumes, da nova moralidade.

Quanto a dados físicos, são pessoas que envelhecem rapidamente, aparentando mais idade do que realmente têm.

Os filhos de Nanã são calmos e benevolentes, agindo sempre com dignidade e gentileza. São pessoas lentas no exercício de seus afazeres, julgando haver tempo para tudo, como se o dia fosse durar uma eternidade. Muito afeiçoadas às crianças, educam-nas com ternura e excesso de mansidão, possuindo tendência a se comportar com a indulgência das avós. Suas reações bem equilibradas e a pertinência de suas decisões mantêm-nas sempre no caminho da sabedoria e da justiça, com segurança e majestade.

O tipo psicológico dos filhos de Nanã é introvertido e calmo. Seu temperamento é severo e austero. Rabugento, é mais temido do que amado. Pouco feminina, não tem maiores atrativos e é muito afastada da sexualidade. Por medo de amar, de ser abandonada e sofrer, ela dedica sua vida ao trabalho, à vocação, à ambição social.

Lendas de Nanã

Como Nanã ajudou na criação do homem

Dizem que quando Olorum encarregou Oxalá de fazer o mundo e modelar o ser humano, o Orixá tentou vários caminhos. Tentou fazer o homem do ar, como ele. Não deu certo, pois o homem logo se desvaneceu. Tentou fazer de pau, mas a criatura ficou dura. Da pedra, mas a tentativa foi ainda pior. Fez de fogo e o homem se consumiu. Tentou azeite, água e até vinho de palma, e nada. Foi então que Nanã veio em seu socorro e deu a Oxalá a lama, o barro do fundo da lagoa onde morava ela, a lama sob as águas, que é Nanã. Oxalá criou o homem, o modelou no barro. Com o sopro de Olorum, ele caminhou. Com a ajuda dos orixás povoou a Terra. Mas tem um dia que o homem tem que morrer. O seu corpo tem que voltar à terra, voltar à natureza de Nanã. Nanã deu a matéria no começo, mas quer de volta no final tudo o que é seu.

Oxum

Nome de um rio em Oxogbô, região da Nigéria, em Ijexá. É considerado a morada mítica da Orixá. Apesar de ser comum a associação entre rios e orixás femininos da mitologia africana, Oxum é destacada como a dona da água doce e, por extensão, de todos os rios. Portanto, seu elemento é a água em discreto movimento nos rios, a água semiparada das lagoas não pantanosas, pois as predominantemente lodosas são destinadas à Nanã e, principalmente, as cachoeiras são de Oxum, onde costumam ser-lhe entregues as comidas rituais votivas e presentes de seus filhos de santo.

UMBANDA PARA INICIANTES

Oxum domina os rios e as cachoeiras, imagens cristalinas de sua influência: atrás de uma superfície aparentemente calma podem existir fortes correntes e cavernas profundas.

Oxum é conhecida por sua delicadeza. As lendas adornam-na com ricas vestes e objetos de uso pessoal Orixá feminino. Sua imagem é quase sempre associada a maternidade, sendo comum ser invocada com a expressão "Mamãe Oxum". Gosta de usar colares, joias, tudo relacionado à vaidade, perfumes.

Filha predileta de Oxalá e Yemanjá. Nos mitos, ela foi casada com Oxóssi, a quem engana, com Xangô, com Ogum, de quem sofria maus tratos, e Xangô a salva.

Seduz Obaluaiê, que fica perdidamente apaixonado, obtendo dele, assim, que afaste a peste do reino de Xangô. Mas Oxum é considerada unanimemente uma das esposas de Xangô e rival de Iansã e Obá.

Segunda mulher de Xangô, deusa do ouro (na África seu metal era o cobre), riqueza e do amor, foi rainha em Oyó, sendo a sua preferida pela jovialidade e beleza.

À Oxum pertence o ventre da mulher e ao mesmo tempo controla a fecundidade, por isso as crianças lhe pertencem. A maternidade é sua grande força, tanto que quando uma mulher tem dificuldade para engravidar, é à Oxum que se pede ajuda. Oxum é essencialmente Orixá das mulheres, preside a menstruação, a gravidez e o parto. Desempenha importante função nos ritos de iniciação, que são a gestação e o nascimento. Orixá da maternidade, ama as crianças, protege a vida e tem funções de cura.

Oxum mostrou que a menstruação, em vez de constituir motivo de vergonha e de inferioridade nas mulheres, pelo contrário, proclama a realidade do poder feminino, a possibilidade de gerar filhos.

Fecundidade e fertilidade são, por extensão, abundância e fartura e, num sentido mais amplo, a fertilidade irá atuar no campo das ideias, despertando a criatividade do ser humano, que possibilitará o seu desenvolvimento. Oxum é Orixá da riqueza – dona do ouro, fruto das entranhas da terra. É alegre, risonha, cheia de dengos, inteligente, mulher-menina que brinca de boneca, e mulher-sábia, generosa e compassiva, nunca se enfurecendo. Elegante, cheia de joias, é a rainha que nada recusa, tudo dá. Tem o título de Iyalodê entre os povos iorubá: aquela que comanda as mulheres na cidade, arbitra litígios e é responsável pela boa ordem na feira.

Oxum tem ligado a ela o conceito de fertilidade, e é a ela que se dirigem as mulheres que querem engravidar, sendo sua a responsabilidade de zelar pelos fetos em gestação até o momento do parto, quando Iemanjá ampara a cabeça da criança e a entrega aos seus pais e mães de cabeça. Oxum continua ainda zelando pelas crianças recém-nascidas até que aprendam a falar.

É Orixá do amor, Oxum é doçura sedutora. Todos querem obter seus favores, provar do seu mel, seu encanto e para tanto lhe agradam oferecendo perfumes e belos artefatos, tudo para satisfazer sua vaidade. Na mitologia dos orixás, ela se apresenta com características específicas, que a tornam bastante popular nos cultos de origem negra e também nas manifestações artísticas sobre essa religiosidade. Orixá da beleza, usa toda sua astúcia e charme extraordinários para conquistar os prazeres da vida e realizar proezas diversas. Amante da fortuna, do esplendor e do poder, Oxum não mede esforços para alcançar seus objetivos, ainda que através de atos extremos contra quem está em seu caminho. Ela lança mão de seu dom sedutor para satisfazer a ambição de ser a mais rica e a mais reverenciada. Seu maior desejo, no entanto é ser amada, o que a faz correr grandes riscos, assumindo tarefas difíceis pelo bem da coletividade. Em suas aventuras, este Orixá é tanto uma brava guerreira, pronta para qualquer confronto, como a frágil e sensual ninfa amorosa. Determinação, malícia para ludibriar os inimigos, ternura para com seus queridos, Oxum é, sobretudo, a deusa do amor.

UMBANDA PARA INICIANTES

O Orixá amante ataca as concorrentes, para que não roubem sua cena, pois ela deve ser a única capaz de centralizar as atenções. Na arte da sedução não pode haver ninguém superior a Oxum. No entanto, ela se entrega por completo quando perdidamente apaixonada, afinal o romantismo é outra marca sua. Da África tribal à sociedade urbana brasileira, a musa que dança nos terreiros com espelho em punho para refletir sua beleza estonteante é tão amada quanto a divina mãe que concede a valiosa fertilidade e se doa por seus filhos. Por todos seus atributos, a belíssima Oxum não poderia ser menos admirada e amada. Não por acaso, a cor dela é o reluzente amarelo ouro, pois como cantou Caetano Veloso, "gente é pra brilhar", mas Oxum é o próprio brilho em Orixá.

A face de Oxum é esperada ansiosamente por sua mãe, que para engravidar leva ebó (oferenda) ao rio. E tal desespero não é o de Iemanjá ao ver sua filhinha sangrar logo após nascer? Para curá-la, a mãe mobiliza Ogum, que recorre ao curandeiro Ossãe, afinal, a primeira e tão querida filha de Iemanjá não podia morrer. Filha mimada, Oxum é guardada por Orumilá, que a cria.

Nanã é a matriarca velha, ranzinza, avó que já teve o poder sobre a família e o perdeu, sentindo-se relegada a um segundo plano. Iemanjá é a mulher adulta e madura, na sua plenitude. É a mãe das lendas, mas nelas seus filhos são sempre adultos. Apesar de não ter a idade de Oxalá (sendo a segunda esposa do Orixá da criação, e a primeira é a idosa Nanã), não é jovem. É a que tenta manter o clã unido, a que arbitra desavenças entre personalidades contrastantes, é a que chora, pois os filhos adultos já saem debaixo de sua asa e correm os mundos, afastando-se da unidade familiar básica.

Para Oxum, então, foi reservado o posto da jovem mãe, da mulher que ainda tem algo de adolescente, coquete, maliciosa, ao mesmo tempo em que é cheia de paixão e busca objetivamente o prazer. Sua responsabilidade em ser mãe se restringe às crianças e bebês. Começa antes, até, na própria fecundação, na gênese do novo ser, mas não no seu desenvolvimento como adulto. Oxum também tem como um de seus domínios a atividade sexual e a sensualidade em si, sendo considerada pelas lendas uma das figuras físicas mais belas do panteão místico iorubano.

Sua busca de prazer implica sexo e também ausência de conflitos abertos – é dos poucos orixás iorubás que absolutamente não gosta da guerra.

Tudo que sai da boca dos filhos da Oxum deve ser levado em conta, pois eles têm o poder da palavra, ensinando feitiços ou revelando presságios.

Desempenha importante papel no jogo de búzios, pois é a ela que são formuladas as perguntas que Exu responde.

No Candomblé, quando Oxum dança, ela traz na mão uma espada e um espelho, revelando-se em sua condição de guerreira da sedução. Ela se banha no rio, penteia seus cabelos, põe suas joias e pulseiras, tudo isso num movimento lânguido e provocante.

Características. Cor: azul (em algumas casas, amarelo). Fios de conta: cristal azul (em algumas casas, amarelo). Ervas: colônia, macaçá, oriri, santa Luzia, pripepê, pingo d'água, agrião, dinheiro em penca, manjericão branco, calêndula, narciso; vassourinha, erva de santa Luzia e jasmim (estas últimas três não servem para banhos) (em algumas casas, erva cidreira, gengibre, camomila, arnica, trevo, azedo ou grande, chuva de ouro, manjericona, erva sta. Maria). Símbolo: coração ou cachoeira. Pontos da natureza: cachoeira e rios (calmos). Flores: lírio, rosa amarela. Essência: lírio, rosa. Pedras: topázio (amarelo e azul). Metal: ouro. Planetas: Vênus. Dia da semana: sábado. Elemento: água. Chacras: umbilical (frontal). Saudação: ai-ie-iô (ou ora ieiêô). Bebida: champanhe. Comida: omolocum, ipeté, quindim (em algumas casas, banana frita, moqueca de peixe e pirão feito com a cabeça do peixe). Dia de comemoração: 8 de dezembro. Sincretismo: Nossa Senhora da Conceição, Nossa Senhora de Aparecida, Nossa Senhora de Fátima, Nossa Senhora de Lourdes, Nossa

Senhora das Cabeças, Nossa Senhora de Nazaré. Qualidades: Apará, Ijimum, Iápondá, Ifé, Abalu, Jumu, Oxogbo, Ajagura, Yeye Oga, Yeye Petu, Yeye Kare, Yeye Oke, Yeye Olokum, Yeye Merin, Yeye Àyálá, Yeye Lokun, Yeye Odo.

Atribuições. Ela estimula a união matrimonial e favorece a conquista da riqueza espiritual e a abundância material. Atua na vida dos seres estimulando em cada um os sentimentos de amor, fraternidade e união.

Características dos filhos de Oxum

Os filhos de Oxum amam espelhos, joias caras, ouro, são impecáveis no trajar e não se exibem publicamente sem primeiro cuidar da vestimenta, do cabelo e, as mulheres, da pintura.

As pessoas de Oxum são vaidosas, elegantes, sensuais, adoram perfumes, joias caras, roupas bonitas, tudo que se relaciona à beleza.

Talvez ninguém tenha sido tão feliz para definir a filha de Oxum como o pesquisador da religião africana, o francês Pierre Verger, que escreveu: "O arquétipo de Oxum é das mulheres graciosas e elegantes, com paixão pelas joias, perfumes e vestimentas caras, das mulheres que são símbolo do charme e da beleza. Voluptuosas e sensuais, porém mais reservadas que as de Iansã. Elas evitam chocar a opinião pública, à qual dão muita importância. Sob sua aparência graciosa e sedutora, escondem uma vontade muito forte e um grande desejo de ascensão social".

Os filhos de Oxum são mais discretos, pois, assim com apreciam o destaque social, temem os escândalos ou qualquer coisa que possa denegrir a imagem de inofensivos, bondosos, que constroem cautelosamente. A imagem doce, que esconde uma determinação forte e uma ambição bastante marcante.

Os filhos de Oxum têm tendência para engordar; gostam da vida social, das festas e dos prazeres em geral. Gostam de chamar a atenção do sexo oposto.

O sexo é importante para os filhos de Oxum. Eles tendem a ter uma vida sexual intensa e significativa, mas diferente dos filhos de Iansã ou Ogum. Representam sempre o tipo que atrai e que é sempre perseguido pelo sexo oposto. Apreciam o luxo e o conforto, são vaidosos, elegantes, sensuais e gostam de mudanças, podendo ser infiéis. Despertam ciúmes nas mulheres e se envolvem em intrigas.

Na verdade, os filhos de Oxum são narcisistas demais para gostarem muito de alguém que não eles próprios, mas sua facilidade para a doçura, sensualidade e carinho pode fazer com que pareçam os seres mais apaixonados e dedicados do mundo. São boas donas de casa e companheiras.

São muito sensíveis a qualquer emoção, calmos, tranquilos, emotivos, normalmente têm uma facilidade muito grande para o choro.

O arquétipo psicológico associado a Oxum se aproxima da imagem que se tem de um rio, das águas que são seu elemento; aparência da calma que pode esconder correntes, buracos no fundo, grutas, tudo que não é nem reto nem direto, mas pouco claro em termos de forma, cheio de meandros.

Faz parte do tipo uma certa preguiça coquete, uma ironia persistente, porém discreta e, na aparência, apenas inconsequente. Pode vir a ser interesseiro e indeciso, mas seu maior defeito é o ciúme. Um dos defeitos mais comuns associados à superficialidade de Oxum é compreensível como manifestação mais profunda: seus filhos tendem a ser fofoqueiros, mas não pelo mero prazer de falar e contar os segredos dos outros, mas porque essa é a única maneira de terem informações em troca.

É muito desconfiado e possuidor de grande intuição que muitas vezes é posta à serviço da astúcia, conseguindo tudo que quer com imaginação e intriga. Os filhos de Oxum preferem contornar habilmente um obstáculo a enfrentá-lo. Sua atitude lembra o movimento do rio quando a água contorna uma pedra muito grande que está em seu leito, em vez de chocar-se violentamente contra ela. Por isso mesmo são muito persistentes no que buscam, tendo objetivos fortemente delineados, chegando mesmo a ser incrivelmente teimosos e obstinados.

Entretanto, às vezes parecem esquecer um objetivo que antes era tão importante, não se importando mais com ele. Na realidade, estará agindo por outros caminhos, utilizando outras estratégias.

Oxum é assim: bateu, levou. Não tolera o que considera injusto e adora uma pirraça. Da beleza à destreza, da fragilidade à força, com toque feminino de bondade.

Lendas de Oxum

Como Oxum conseguiu participar das reuniões dos orixás masculinos

Logo que todos os orixás chegaram à Terra, organizavam reuniões das quais mulheres não podiam participar. Oxum, revoltada por não poder participar das reuniões e das deliberações, resolveu mostrar seu poder e sua importância tornando estéreis todas as mulheres, secando as fontes, tornando assim a terra improdutiva. Olorum foi procurado pelos orixás, que lhe explicaram que tudo ia mal na Terra, apesar de tudo que faziam e deliberavam nas reuniões. Olorum perguntou a eles se Oxum participava das reuniões. Foi quando os orixás lhe disseram que não. Explicou-lhes então que sem a presença de Oxum e do seu poder sobre a fecundidade, nada iria dar certo. Os orixás convidaram Oxum para participar de seus trabalhos e reuniões e, depois de muita insistência, Oxum resolve aceitar. Imediatamente as mulheres tornaram-se fecundas e todos os empreendimentos e projetos obtiveram resultados positivos. Oxum é chamada Iyalodê (Iyáláòde), título conferido à pessoa que ocupa o lugar mais importante entre as mulheres da cidade.

Como Oxum criou o Candomblé

Foi de Oxum a delicada missão dada por Olorum de religar o Orum (o céu) ao Aiê (a Terra) quando da separação destes pela displicência dos homens. Tamanho foi o aborrecimento dos orixás em não poder mais conviver com os humanos que Oxum veio ao Aiê para prepará-los para receber os deuses em seus corpos. Juntou as mulheres, banhou-as com ervas, raspou e adornou suas cabeças com pena de Ecodidé (um pássaro sagrado), enfeitou seus colos com fios de contas coloridas, seus pulsos com idés (pulseiras), enfim, as fez belas e prontas para receberem os orixás. E eles vieram. Dançaram e dançaram ao som dos atabaques e xequerês. Para alegria dos orixás e dos humanos estava inventado o Candomblé.

Oxum é destemida diante das dificuldades enfrentadas pelos seus

Ela usa sua sensualidade para salvar sua comunidade da morte. Dança com seus lenços e o mel, seduzindo Ogum até que ele volte a produzir os instrumentos para a agricultura. Assim, a cidade fica livre da fome e miséria.

Oxum enfrenta o perigo quando Olorum, Deus Supremo, ofendido pela rebeldia dos orixás, prende a chuva no Orum (céu), deixando que a seca e a fome se abatam sobre o Aiê. Transformada em pavão, Oxum voa até o deus maior levando um ebó para suplicar ajuda. No caminho, ela não hesita em repartir os ingredientes da oferenda com o velho Oxalufan e as crianças que encontra. Mesmo tornando-se abutre pelo calor do sol, que lhe queima enegrecendo suas penas, ela alcança a casa de Olorum, conseguindo seu objetivo pela comoção de Olorum.

Oxalá tem seu cajado jogado ao mar e a perna ferida por Iansã. Oxum vem para ajudar o velho, curando-o e recuperando seu pertence. Ela é adorada por Oxalá.

Com grande compaixão, Oxum intercede junto a Olorum para que ele ressuscite Obaluaiê, em troca do doce mel da bela Orixá.

Ela garante a vida alheia também ao acolher a princesa Ala, grávida, jogada ao rio por seu pai. Oxum cuida da recém-nascida, a querida Oiá.

A riqueza de Oxum

Com suas joias, espelhos e roupas finas, Oxum satisfaz seu gosto pelo luxo. Ambiciosa, ela é capaz de geniais estratégias para conseguir êxito na vida. Vai à frente da casa de Oxalá e lá começa a fazer escândalo, caluniando-o aos berros, até receber dele a fortuna desejada para então se calar. E assim Oxum torna-se "senhora de tanta riqueza como nenhuma outra Yabá (Orixá feminino) jamais o fora".

Os amores de Oxum

Oxum luta para conquistar o amor de Xangô e quando o consegue é capaz de gastar toda sua riqueza para manter seu amado.

Ela livra seu querido Oxóssi do perigo e entrega-lhe riqueza e poder para que se torne Alaketu, o rei da cidade de Ketu.

Oxum provoca disputa acirrada entre dois irmãos por seu amor: Xangô e Ogum, ambos guerreiros famosos e poderosos, o tipo preferido por ela. Xangô é seu marido, mas, independente disso, se um dos dois irmãos não a trata bem o outro se sente no direito de intervir e conquistá-la. Afinal, Oxum quer ser amada e todos sabem que ela deve ser tratada como uma rainha, ou seja, com roupas finas, joias e boa comida, tudo a seu gosto. A beleza é o maior trunfo do Orixá do amor. Como esposa de Xangô, ao lado de Obá e Oiá, Oxum é a preferida e está sempre atenta para manter-se a mais amada.

Ogum

Divindade masculina iorubá, figura que se repete em todas as formas mais conhecidas da mitologia universal. Ogum é o arquétipo do guerreiro. Bastante cultuado no Brasil, especialmente por ser associado à luta, à conquista, é a figura do astral que, depois de Exu, está mais próxima dos seres humanos. É sincretizado com São Jorge ou com Santo Antônio, tradicionais guerreiros dos mitos católicos, também lutadores, destemidos e cheios de iniciativa.

A relação de Ogum com os militares vem tanto do sincretismo, realizado com São Jorge, sempre associado às forças armadas, quanto da sua figura de comandante supremo iorubá. Dizem as lendas que se alguém, em meio a uma batalha, repetir determinadas palavras (que são do conhecimento apenas dos iniciados), Ogum aparece imediatamente em socorro daquele que o evocou. Porém, elas (as palavras) não podem ser usadas em outras circunstâncias, pois, tendo excitado a fúria por sangue do Orixá, detonaram um processo violento e incontrolável; se não encontrar inimigos diante de si após ter sido evocado, Ogum se lançará imediatamente contra quem o chamou.

É Orixá das contendas, Deus da guerra. Seu nome, traduzido para o português, significa luta, batalha, briga. É filho de Iemanjá e irmão mais velho de Exu e Oxóssi. Por este último nutre um enorme sentimento, um amor de irmão verdadeiro. Na verdade, foi Ogum quem deu as armas de caça a Oxóssi. O sangue que corre no nosso corpo é regido por Ogum. Considerado um Orixá impiedoso e cruel, temível guerreiro que brigava sem cessar contra os reinos vizinhos, ele até pode passar esta imagem, mas também sabe ser dócil e amável. É a vida em sua plenitude.

A violência e a energia porém não explicam Ogum totalmente. Ele não é o tipo austero, embora sério e dramático, nunca contidamente grave. Quando irado, é implacável, apaixonadamente destruidor e vingativo; quando apaixonado, sua sensualidade não se contenta em esperar nem aceita a rejeição. Ogum sempre ataca pela frente, de peito aberto, como o clássico guerreiro.

Ogum não era, segundo as lendas, figura que se preocupasse com a administração do reino de seu pai, Odudua. Ele não gostava de ficar quieto no palácio, dava voltas sem conseguir ficar parado, arrumava romances com todas as moças da região e brigas com seus namorados.

Não se interessava pelo exercício do poder já conquistado, porque não aceitava a independência a ele garantida nessa função pelo próprio pai, mas sim pela luta.

Ogum portanto é aquele que gosta de iniciar as conquistas, mas não sente prazer em descansar sobre os resultados delas, ao mesmo tempo é figura imparcial, com a capacidade de calmamente exercer (executar) a justiça ditada por Xangô. É muito mais paixão do que razão: aos amigos, tudo, inclusive o doloroso perdão; aos inimigos, a cólera mais implacável, a sanha destruidora mais forte.

Ogum é o deus do ferro, a divindade que brande a espada e forja o ferro, transformando-o no instrumento de luta. Assim, seu poder vai se expandindo para além da luta, sendo o padroeiro de todos os que manejam ferramentas: ferreiros, barbeiros, militares, soldados, ferreiros, trabalhadores, agricultores e, hoje em dia, mecânicos, motoristas de caminhões e maquinistas de trem. É, por extensão, o Orixá que cuida dos conhecimentos práticos, sendo o patrono da tecnologia. A conexão do conhecimento da guerra para o da prática continua válida para nós, pois também na sociedade ocidental a maior parte das inovações tecnológicas vem justamente das pesquisas armamentistas, sendo posteriormente incorporada à produção de objetos de consumo civil, o que é particularmente notável na indústria automobilística, de computação e da aviação.

Assim, Ogum não é apenas o que abre as picadas na matas e derrota os exércitos inimigos; é também aquele que abre os caminhos para a implantação de uma estrada de ferro, instala uma fábrica numa área não industrializada, promove o desenvolvimento de um novo meio de transporte, luta não só contra o homem, mas também contra o desconhecido.

É pois o símbolo do trabalho, da atividade criadora do homem sobre a natureza, da produção e da expansão, da busca de novas fronteiras, de esmagamento de qualquer força que se oponha à sua própria expansão.

É fácil, nesse sentido, entender a popularidade de Ogum. Em primeiro lugar, o negro reprimido, longe de sua terra, de seu papel social tradicional, não tinha mais ninguém para apelar, senão para os dois deuses que efetivamente o defendiam: Exu (a magia) e Ogum (a guerra). Em segundo, além da ajuda que pode prestar em qualquer luta, Ogum é o representante no panteão africano não só do conquistador, mas também do trabalhador manual, do operário que transforma a matéria-prima em produto acabado. Ele é a própria apologia do ofício, do conhecimento de qualquer tecnologia com algum objetivo produtivo, do trabalhador em geral, na sua luta contra as matérias inertes a serem modificadas.

Ogum é o dono das estradas de ferro e dos caminhos. Protege também as portas de entrada das casas e templos. (Um símbolo de Ogum sempre visível é o màrìwò (mariô) – folhas do dendezeiro (igi öpë) desfiadas, que são colocadas sobre as portas das casas de Candomblé como símbolo de sua proteção.)

Ogum também é considerado o senhor dos caminhos. Ele protege as pessoas em locais perigosos, dominando a rua com o auxílio de Exu. Se Exu é dono das encruzilhadas, assumindo a responsabilidade do tráfego, de determinar o que pode e o que não pode passar, Ogum é o dono dos caminhos em si, das ligações que se estabelecem entre os diferentes locais.

Uma frase muito dita no Candomblé, e que agrada muito Ogum, é a seguinte: "Bi omodé bá da ilè, Kí o má se da Ògún". (Uma pessoa pode trair tudo na terra, só não deve trair Ogum.)

Ogum foi casado com Iansã, que o abandonou para seguir Xangô. Casou-se também com Oxum, mas vive só, batalhando pelas estradas e abrindo caminhos.

Características: Cor: vermelha (azul rei) (em algumas casas também o verde). Fio de contas: contas e firmas vermelhas leitosas. Ervas: peregum (verde), São Gonçalinho, quitoco, mariô, lança de Ogum, coroa de Ogum, espada de Ogum, canela de macaco, erva grossa, parietária, nutamba, alfavaquinha, bredo, cipó chumbo (em algumas casas, aroeira, pata de vaca, carqueja, losna, comigo ninguém pode, folhas de romã, flecha de Ogum, cinco folhas, Macaé, folhas de jurubeba). Símbolo: espada (também em algumas casas, ferramentas, ferradura, lança e escudo). Pontos da natureza: estradas e caminhos (estradas de ferro). O meio da encruzilhada pertence a Ogum. Flores: crista de galo, cravos e palmas vermelhas. Essência: violeta. Pedras: granada, rubi, sardio (em algumas casas, lápis-lazúli, topázio azul). Metais: ferro (aço e manganês). Planeta: Marte. Dia da semana: terça-feira. Elemento: fogo. Chacra: umbilical: Saudação: Ogun Iê. Bebida: cerveja branca. Comidas: cará, feijão mulatinho com camarão e dendê, manga espada. Dia de comemoração: 23 de abril (13 de junho). Sincretismo: São Jorge (Santo Antônio na Bahia).

Atribuições. Todo Ogum é aplicador natural da lei e todos agem com a mesma inflexibilidade, rigidez e firmeza, pois não se permitem uma conduta alternativa.

Onde estiver um Ogum, lá estarão os olhos da lei, mesmo que seja um "caboclo" de Ogum, avesso às condutas liberais dos frequentadores das tendas de Umbanda, sempre atento ao desenrolar dos trabalhos realizados, tanto pelos médiuns quanto pelos espíritos incorporadores.

Dizemos que Ogum é, em si mesmo, os atentos olhos da lei, sempre vigilante, marcial e pronto para agir onde lhe for ordenado.

Características dos filhos de Ogum

Não é difícil reconhecer um filho de Ogum. Tem um comportamento extremamente coerente, arrebatado e passional, em que as explosões, a obstinação e a teimosia logo avultam, assim como o prazer com os amigos e com o sexo oposto. São conquistadores, incapazes de fixar-se num mesmo lugar, gostando de temas e assuntos novos, consequentemente apaixonados por viagens, mudanças de endereço e de cidade. Um trabalho que exija rotina tornará um filho de Ogum um desajustado e amargo. São apreciadores das novidades tecnológicas, são pessoas curiosas e resistentes, com grande capacidade de concentração no objetivo em pauta; a coragem é muito grande.

Os filhos de Ogum custam a perdoar as ofensas dos outros. Não são muito exigentes na comida, no vestir, nem tão pouco na moradia, com raras exceções. São amigos camaradas, porém estão sempre envolvidos com demandas. Divertidos, despertam sempre interesse nas mulheres, têm seguidos relacionamentos sexuais e não se fixam muito a uma só pessoa até realmente encontrarem seu grande amor.

São pessoas determinadas e com vigor e espírito de competição. Mostram-se líderes natos e com coragem para enfrentar qualquer missão, mas são francos e, às vezes, rudes ao impor sua vontade e ideias. Arrependem-se quando veem que erraram, assim, tornam-se abertos a novas ideias e opiniões, desde que sejam coerentes e precisas.

As pessoas de Ogum são práticas e inquietas, nunca "falam por trás" de alguém, não gostam de traição, dissimulação ou injustiça com os mais fracos.

Nenhum filho de Ogum nasce equilibrado. Seu temperamento, difícil e rebelde, o torna, desde a infância, quase um desajustado. Entretanto, como não depende de ninguém para vencer suas dificuldades, com o crescimento vai se libertando e acomodando-se às suas necessidades. Quando os filhos de Ogum conseguem equilibrar seu gênio impulsivo com sua garra, a vida lhe fica bem mais fácil. Se ele conseguisse esperar ao menos 24 horas para decidir, evitaria muitos reveses, muito embora, por mais incrível que pareça, são calculistas e estrategistas. Contar até 10 antes de deixar explodir sua zanga também lhe evitaria muitos remorsos. Seu maior defeito é o gênio impulsivo e sua maior qualidade é que sempre, seja pelo caminho que for, será sempre um vencedor.

Sua impaciência é marcante. Tem decisões precipitadas. Inicia tudo sem se preocupar como vai terminar e nem quando. Está sempre em busca do considerado impossível. Ama o desafio. Não recusa luta e quanto maior o obstáculo mais desperta a garra para ultrapassá-lo.

Como os soldados que conquistavam cidades e depois a largavam para seguir em novas conquistas, os filhos de Ogum perseguem tenazmente um objetivo: quando o atingem, imediatamente o largam e partem em procura de outro. São insaciáveis em suas próprias conquistas. Não admitem a injustiça e costumam proteger os mais fracos, assumindo integralmente a situação daquele que quer proteger. Sabem mandar sem nenhum constrangimento e ao mesmo tempo sabem ser mandados, desde que não sejam desrespeitados. Adaptam-se facilmente em qualquer lugar. Comem para viver, não fazendo questão da qualidade ou paladar da comida.

Por ser Ogum o Orixá do ferro e do fogo, seus filhos gostam muito de armas, facas, espadas e das coisas feitas em ferro ou latão. São francos, muitas vezes até com assustadora agressividade. Não fazem rodeio para dizer as coisas. Não admitem a fraqueza e a falta de garra.

Têm um grave conceito de honra, sendo incapazes de perdoar as ofensas sérias de que são vítimas. São desgarrados materialmente de qualquer coisa, pessoas curiosas e resistentes, tendo grande capacidade de se concentrar num objetivo a ser conquistado, persistentes, extraordinária coragem, franqueza absoluta chegando à arrogância. Quando não estão presos a acessos de raiva, são grandes amigos e companheiros para todas as horas.

É pessoa de tipo esguio e procura sempre manter-se bem fisicamente. Adora o esporte e está sempre agitado e em movimento, tendem a ser musculosos e atléticos, principalmente na juventude, tendo grande energia nervosa que necessita ser descarregada em qualquer atividade que não implique em desgastes físicos.

Sua vida amorosa tende a ser muito variada, sem grandes ligações perenes, mas sim superficiais e rápidas.

Lendas de Ogum

Como Ogum virou Orixá

Ogum lutava sem cessar contra os reinos vizinhos. Ele trazia sempre um rico espólio em suas expedições, além de numerosos escravos. Ele entregava a Odudua, seu pai, rei de Ifé, todos estes bens conquistados.

Ogum continuou suas guerras. Durante uma delas, ele tomou Irê e matou o rei, Onirê, e o substituiu pelo próprio filho, conservando para si o título de rei. Ele é saudado como Ogum Onirê! - "Ogum Rei de Irê!"

Entretanto, ele foi autorizado a usar apenas uma pequena coroa, "akorô". Daí ser chamado, também, de Ogum Alakorô - "Ogum dono da pequena coroa".

Após instalar seu filho no trono de Irê, Ogum voltou a guerrear por muitos anos. Quando voltou a Irê, após longa ausência, ele não reconheceu o lugar. Por infelicidade, no dia de sua chegada, celebrava-se uma cerimônia, na qual todo mundo devia guardar silêncio completo. Ogum tinha fome e sede. Ele viu as jarras de vinho de palma, mas não sabia que elas estavam vazias. O silêncio geral pareceu-lhe sinal de desprezo. Ogum, cuja paciência é curta, encolerizou-se. Quebrou as jarras com golpes de espada e cortou a cabeça das pessoas. Quando a cerimônia acabou, apareceu, finalmente, o filho de Ogum e ofereceu-lhe seus pratos prediletos: caracóis e feijão, regados com dendê, tudo acompanhado de muito vinho de palma. Ogum, arrependido e calmo, lamentou seus atos de violência, e disse que já vivera bastante, que viera agora o tempo de repousar. Ele baixou, então, sua espada e desapareceu sob a terra. Ogum tornara-se um Orixá.

Xangô

Talvez estejamos diante do Orixá mais cultuado e respeitado no

Brasil. Isso porque foi ele o primeiro Deus iorubano, por assim dizer, que pisou em terras brasileiras.

Xangô é um Orixá bastante popular no Brasil e às vezes confundido como um Orixá com especial ascendência sobre os demais, em termos hierárquicos. Essa confusão acontece porque Xangô é miticamente um rei, alguém que cuida da administração, do poder e, principalmente, da justiça – representa a autoridade constituída no panteão africano. Ao mesmo tempo, há no norte do Brasil diversos cultos que atendem pelo nome de Xangô. No Nordeste, mais especificamente em Pernambuco e Alagoas, a prática do Candomblé recebeu o nome genérico de Xangô, talvez porque naquelas regiões existissem muitos filhos de Xangô entre os negros que vieram trazidos de África. Na mesma linha de uso impróprio, pode-se encontrar a expressão Xangô de Caboclo, que se refere obviamente ao que chamamos de Candomblé de Caboclo.

Xangô é pesado, íntegro, indivisível, irremovível. Com tudo isso, é evidente que um certo autoritarismo faça parte da sua figura e das lendas sobre suas determinações e desígnios, coisa que não é questionada pela maior parte de seus filhos, quando inquiridos.

Suas decisões são sempre consideradas sábias, ponderadas, hábeis e corretas. Ele é o Orixá que decide sobre o bem e o mal. Ele é o Orixá do raio e do trovão.

Na África, se uma casa é atingida por um raio, seu proprietário paga altas multas aos sacerdotes de Xangô, pois considera-se que ele incorreu na cólera do Deus. Logo depois, os sacerdotes vão revirar os escombros e cavar o solo em busca das pedras de raio formadas pelo relâmpago. Pois seu axé está concentrado genericamente nas pedras, mas principalmente naquelas resultantes da destruição provocada pelos raios, sendo o meteorito seu axé máximo.

Xangô tem a fama de agir sempre com neutralidade (a não ser em contendas pessoais suas, presentes nas lendas referentes a seus envolvimentos amorosos e congêneres). Seu raio e eventual castigo são resultado de um quase processo judicial em que todos os prós e os contras foram pensados e pesados exaustivamente. Seu axé portanto está concentrado nas formações de rochas cristalinas, nos terrenos rochosos à flor da terra, nas pedreiras, nos maciços. Suas pedras são inteiras, duras de se quebrar, fixas e inabaláveis, como o próprio Orixá.

Xangô não contesta o status de Oxalá de patriarca da Umbanda, mas existe algo comum entre ele e Zeus, o deus principal da rica mitologia grega. O símbolo do axé de Xangô é uma espécie de machado estilizado com duas lâminas, o Oxé, que indica o poder de Xangô, corta em duas direções opostas. O administrador da justiça nunca poderia olhar apenas para um lado, defender os interesses de um mesmo ponto de vista sempre. Numa disputa, seu poder pode se voltar contra qualquer um dos contendores, sendo essa a marca de independência e de totalidade de abrangência da justiça por ele aplicada. Segundo Pierre Verger, esse símbolo se aproxima demais do símbolo de Zeus encontrado em Creta. Assim como Zeus é uma divindade ligada à força e à justiça, detendo poderes sobre os raios e trovões, demonstrando nas lendas a seu respeito uma intensa atividade amorosa.

Outra informação de Pierre Verger especifica que esse Oxé parece ser a estilização de um personagem carregando o fogo sobre a cabeça; este fogo é, ao mesmo tempo, o duplo machado e lembra, de certa forma, a cerimônia chamada Ajerê, na qual os iniciados de Xangô devem carregar na cabeça uma jarra cheia de furos, dentro da qual queima um fogo vivo, demonstrando, através dessa prova, que o transe não é simulado.

Xangô, portanto, já é adulto o suficiente para não se empolgar pelas paixões e pelos destemperos, mas vital e capaz o suficiente para não servir apenas como consultor.

Outro dado saliente sobre a figura do senhor da justiça é seu mau relacionamento com a morte. Se Nanã é, como Orixá, a figura que melhor se entende e predomina sobre os espíritos de seres humanos mortos, os eguns, Xangô é que mais os detesta ou os teme. Há quem diga que, quando a morte se aproxima de um filho de Xangô, o Orixá o abandona, retirando-se de sua cabeça e de sua essência, entregando a cabeça de seus filhos a Obaluaiê e Omulu sete meses antes da morte tal o grau de aversão que têm por doenças e coisas mortas.

Deste tipo de afirmação discordam diversos babalorixás ligados ao seu culto, mas praticamente todos aceitam como preceito que um filho que seja um iniciado com o Orixá na cabeça, não deve entrar em cemitérios nem acompanhar a enterros.

Tudo que se refere a estudos, as demandas judiciais, ao direito, contratos, documentos trancados, pertencem a Xangô.

Xangô teria como seu ponto fraco, a sensualidade devastadora e o prazer, sendo apontado como uma figura vaidosa e de intensa atividade sexual em muitas lendas e cantigas, tendo três esposas: Obá, a mais velha e menos amada; Oxum, que era casada com Oxóssi e por quem Xangô se apaixona e faz com que ela abandone Oxóssi; e Iansã, que vivia com Ogum e que Xangô raptou.

No aspecto histórico Xangô teria sido o terceiro Aláàfin Oyó, filho de Oranian e Torosi, e teria reinado sobre a cidade de Oyó (Nigéria), posto que conseguiu após destronar o próprio meio-irmão Dada-Ajaká com um golpe militar.

Por isso, sempre existe uma aura de seriedade e de autoridade quando alguém se refere a Xangô.

Conta a lenda que ao ser vencido por seus inimigos, refugiou-se na floresta, sempre acompanhado da fiel Iansã, enforcou-se e ela também. Seu corpo desapareceu debaixo da terra num profundo buraco, do qual saiu uma corrente de ferro – a cadeia das gerações humanas. E ele se transformou num Orixá. No seu aspecto divino, é filho de Oxalá, tendo Yemanjá como mãe.

Xangô também gera o poder da política. É monarca por natureza e chamado pelo termo obá, que significa rei. No dia a dia encontramos Xangô nos fóruns, delegacias, ministérios políticos, lideranças sindicais, associações, movimentos políticos, nas campanhas e partidos políticos, enfim, em tudo que habilidade no trato das relações humanas ou nos governos, de um modo geral.

Xangô é a ideologia, a decisão, à vontade, a iniciativa. É a rigidez, organização, o trabalho, a discussão pela melhora, o progresso social e cultural, a voz do povo, o levante, a vontade de vencer. Também no sentido de realeza, a atitude imperial, monárquica. É o espírito nobre das pessoas, o chamado "sangue azul", o poder de liderança. Para Xangô, a justiça está acima de tudo e, sem ela, nenhuma conquista vale a pena; o respeito pelo rei é mais importante que o medo.

Xangô é um Orixá de fogo, filho de Oxalá com Yemanjá. Diz a lenda que ele foi rei de Oyó. Rei poderoso e orgulhoso e teve que enfrentar rivalidades e até brigar com seus irmãos para manter-se no poder.

Características. Cor: marrom (branco e vermelho). Fio de contas: marrom leitosa. Ervas: erva de São João, erva de Santa Maria, beti cheiroso, nega mina, elevante, cordão de frade, jarrinha, erva de bicho, erva tostão, caruru, para-raios, umbaúba (em algumas casas, xequerê). Símbolo: machado (oxé). Pontos da natureza: pedreira. Flores: cravos vermelhos e brancos. Essência: cravo (flor). Pedras: meteorito, pirita, jaspe. Metal: estanho. Planeta: Júpiter. Dia da semana: quarta-feira. Elemento: fogo. Chacra: cardíaco. Saudação: Kaô Cabecile (Opanixé ô Kaô). Bebida: cerveja preta. Animais: tartaruga, carneiro. Comidas: agebô, amalá. Dia de comemoração: 30 de setembro. Sincretismo: São José, Santo Antônio, São Pedro, Moisés, São João Batista, São Gerônimo. Qualidades: Dadá, Afonjá, Lubé, Agodô, Koso, Jakuta, Aganju, Baru, Oloroke, Airá Intile, Airá Igbonam, Airá Mofe, Afonjá, Agogo, Alafim.

Atribuições. Xangô é o Orixá da justiça e seu campo preferencial de atuação é a razão, despertando nos seres o senso de equilíbrio e equidade, já que só conscientizando e despertando para os reais valores da vida a evolução se processa num fluir contínuo.

Características dos filhos de Xangô

Xangô exerce grande influência em seus filhos na Terra, sendo assim, os filhos de Xangô não medirão, como ele próprio, esforços para alcançar seus objetivos, mesmo que isto signifique combater quem quer que seja. A competitividade faz parte de sua natureza.

Os filhos de Xangô que vivem sob grande influência deste Orixá devem se cuidar, pois tendem a se sentir superiores e intocáveis, o que pode levá-los a sofrer e causar problemas tais que acabarão por sucumbir por seus próprios atos.

Como companheiro, os filhos de Xangô saberão cativar e conviver bem com a pessoa amada, apesar do risco de provocar conflitos, pois são bastante vulneráveis a novas aventuras.

Como profissionais, os filhos de Xangô mostrarão sempre sua marca forte de liderança e comando, tornando-se assim bons funcionários e bons chefes, sempre buscando promoções e melhorias em sua carreira.

Lendas de Xangô

A justiça de Xangô

Certa vez, viu-se Xangô acompanhado de seus exércitos frente a frente com um inimigo que tinha ordens de seus superiores de não fazer prisioneiros. As ordens eram aniquilar o exército de Xangô, e assim foi feito. Aqueles que caíam prisioneiros eram barbaramente aniquilados, destroçados, mutilados e seus pedaços jogados ao pé da montanha onde Xangô estava. Isso provocou a ira de Xangô que, num movimento rápido, bate com o seu machado na pedra provocando faíscas que mais pareciam raios. E quanto mais batia, mais os raios ganhavam forças e mais inimigos com eles abatia. Tantos foram os raios que todos os inimigos foram vencidos. Pela força do seu machado, mais uma vez Xangô saíra vencedor. Aos prisioneiros, os ministros de Xangô pediam os mesmos tratamentos dados aos seus guerreiros, mutilação, atrocidades, destruição total. Com isso não concordou com Xangô.

– Não! O meu ódio não pode ultrapassar os limites da justiça, eram guerreiros cumprindo ordens, seus líderes é quem devem pagar!

Levantando novamente seu machado em direção ao céu, gerou uma série de raios, dirigindo-os todos contra os líderes, destruindo-os completamente e em seguida libertou a todos os prisioneiros que, fascinados pela maneira de agir de Xangô, passaram a segui-lo e fazer parte de seus exércitos.

Iansã

Iansã é um Orixá feminino muito famoso no Brasil, sendo figura das mais populares entre os mitos da Umbanda e do Candomblé em nossa terra e também na África, onde é predominantemente cultuada sob o nome de Oya. É um dos orixás do Candomblé que mais penetrou no sincretismo da Umbanda, talvez por ser o único que se relaciona, na liturgia mais tradicional africana, com os espíritos dos mortos (eguns), que têm participação ativa na Umbanda, enquanto são afastados e pouco cultuados no Candomblé. Em termos de sincretismo, costuma ser associada à figura católica de Santa Bárbara. Iansã costuma ser saudada após os trovões, não pelo raio em si (propriedade de Xangô ao qual ela costuma ter acesso), mas principalmente porque Iansã é uma das mais apaixonadas amantes de Xangô, e o senhor da justiça não atingiria quem se lembrasse do nome da amada. Ao mesmo tempo, ela é a senhora do vento e, consequentemente, da tempestade.

Nas cerimônias da Umbanda e do Candomblé, Iansã surge quando incorporada a seus filhos, como autêntica guerreira, brandindo sua espada e ao mesmo tempo feliz. Ela sabe amar e gosta de mostrar seu amor e sua alegria contagiantes da mesma forma desmedida com que exterioriza sua cólera.

Como a maior parte dos orixás femininos cultuados inicialmente pelos iorubás, é a divindade de um rio conhecido internacionalmente como rio Níger, ou Oiá, pelos africanos. Isso, porém, não deve ser confundido com um domínio sobre a água.

A figura de Iansã sempre guarda boa distância das outras personagens femininas centrais do panteão mitológico africano, aproxima-se mais dos terrenos consagrados tradicionalmente ao homem, pois está presente tanto nos campos de batalha, onde se resolvem as grandes lutas, como nos caminhos cheios de risco e de aventura – enfim, está sempre longe do lar; Iansã não gosta dos afazeres domésticos.

É extremamente sensual, apaixona-se com frequência e a multiplicidade de parceiros é uma constante na sua ação, raramente ao mesmo tempo, já que Iansã costuma ser íntegra em suas paixões; assim nada nela é medíocre, regular, discreto, suas zangas são terríveis, seus arrependimentos dramáticos, seus triunfos são decisivos em qualquer tema, e não quer saber de mais nada, não sendo dada a picuinhas, pequenas traições. É o Orixá do arrebatamento, da paixão.

Foi esposa de Ogum e, posteriormente, a mais importante esposa de Xangô. É irrequieta, autoritária, mas sensual, de temperamento muito forte, dominador e impetuoso. É dona dos movimentos (movimenta todos os orixás) e em algumas casas é também dona do teto da casa, do Ilê.

Iansã é a senhora dos eguns (espíritos dos mortos), os quais controla com um rabo de cavalo chamado eruexim – seu instrumento litúrgico durante as festas, uma chibata feita de rabo de um cavalo atado a um cabo de osso, madeira ou metal.

É ela que servirá de guia, ao lado de Obaluaiê, para aquele espírito que se desprendeu do corpo. É ela que indicará o caminho a ser percorrido por aquela alma. Comanda também a falange dos boiadeiros.

Duas lendas se formaram: a primeira é que Iansã não cortou completamente relação com o ex-esposo e tornou-se sua amante; a segunda lenda garante que Iansã e Ogum tornaram-se inimigos irreconciliáveis depois da separação.

Iansã é a primeira divindade feminina a surgir nas cerimônias de cultos afro-brasileiros.

Deusa da espada do fogo, dona da paixão, da provocação e do ciúme. Paixão violenta, que corrói, que cria sentimentos de loucura, que cria o desejo de possuir, o desejo sexual. É a volúpia, o clímax. Ela é o desejo incontido, o sentimento mais forte que a razão. A frase "estou apaixonado" tem a presença e a regência de Iansã, que é o Orixá que faz nossos corações baterem com mais força e cria em nossas mentes os sentimentos mais profundos, abusados, ousados e desesperados. É o ciúme doentio, a inveja suave, o fascínio enlouquecido. É a paixão propriamente dita. É a falta de medo das consequências de um ato impensado no campo amoroso. Iansã rege o amor forte, violento.

Características. Cor: coral (amarelo). Fio de contas: coral (marrom, bordô, vermelho, amarelo). Ervas: cana do brejo, erva prata, espada de Iansã, folha de louro (não serve para banho), erva de Santa Bárbara, folha de fogo, colônia, mitanlea, folha da canela, peregum amarelo, catinga de mulata, parietária, para-raios (cordão de frade, gerânio cor de rosa ou vermelho, açucena, folhas de rosa branca). Símbolo: raio (eruexim; cabo de ferro ou cobre com um rabo de cavalo). Ponto de força na natureza: bambuzal. Flor: amarelas ou corais. Essência: patchouli. Pedras: coral, cornalina, rubi, granada. Metal: cobre. Planetas: Luz e Júpiter. Dia da semana: quarta-feira. Elemento: fogo. Chacras: frontal e cardíaco. Saudação: Eparrei Oiá. Bebida: champanhe. Comida: acarajé (ipetê, bobó de inhame). Dia de comemoração: 4 de dezembro. Sincretismo: Santa Barbara, Joana D'Arc.

Qualidades: Egunitá, Onira, Balé, Oya Biniká, Seno, Abomi, Gunán, Bagán, Kodun, Maganbelle, Yapopo, Onisoni, Bagbure, Tope, Filiaba, Semi, Sinsirá, Sire, Oya Funán, Fure, Guere, Toningbe, Fakarebo, De, Min, Lario, Adagangbará.

Atribuições. Uma de suas atribuições é colher os seres fora da lei e, com um de seus magnetismos, alterar todo o seu emocional, mental e consciência, para, só então, redirecioná-lo numa outra linha de evolução que o aquietará e facilitará sua caminhada pela linha reta da evolução.

Características dos filhos de Iansã

Seu filho é conhecido por seu temperamento explosivo. Está sempre chamando a atenção por ser inquieto e extrovertido. Sempre a sua palavra é que vale e gosta de impor aos outros a sua vontade. Não admite ser contrariado, pouco importando se tem ou não razão, pois não gosta de dialogar. Em estado normal é muito alegre e decidido. Questionado, torna-se violento, partindo para a agressão, com berros, gritos e choro. Tem um prazer enorme em contrariar todo tipo de preconceito. Passa por cima de tudo que está fazendo na vida quando fica tentado por uma aventura. Em seus gestos demonstra o momento que está passando, não conseguindo disfarçar a alegria ou a tristeza. Não tem medo de nada. Enfrenta qualquer situação de peito aberto. É leal e objetivo. Sua grande qualidade, a garra, e seu grande defeito, a impensada franqueza, o que lhe prejudica o convívio social.

Iansã é a mulher guerreira que, em vez de ficar no lar, vai à guerra. São assim os filhos de Iansã, que preferem as batalhas grandes e dramáticas ao cotidiano repetitivo.

Costumam ver guerra em tudo, sendo portanto competitivos, agressivos e dados a ataques de cólera. Ao contrário, porém, da busca de certa estratégia militar, que faz parte da maneira de ser dos filhos de Ogum, os filhos de Iansã costumam ser mais individualistas, achando que com a coragem e a disposição para a batalha vencerão todos os problemas.

São fortemente influenciados pelo arquétipo da deusa aquelas figuras que repentinamente mudam todo o rumo da sua vida por um amor ou por um ideal. Talvez uma súbita conversão religiosa, fazendo com que a pessoa mude completamente de código de valores morais e até de eixo base de sua vida, pode acontecer com os filhos de Iansã num dado momento de sua vida.

Da mesma forma que um filho de Iansã revirou sua vida uma vez de pernas para o ar, poderá novamente chegar à conclusão de que estava enganado e, algum tempo depois, fazer mais uma alteração – tão ou mais radical ainda que a anterior.

São de Iansã aquelas pessoas que podem ter um desastroso ataque de cólera no meio de uma festa, num acontecimento social, na casa de um amigo – e, o que é mais desconcertante, momentos após extravasar uma irreprimível felicidade, fazer questão de mostrar, a todos, aspectos particulares de sua vida.

Os filhos de Iansã são atirados, extrovertidos e chocantemente diretos. Às vezes tentam ser maquiavélicos ou sutis, mas, a longo prazo, um filho de Iansã sempre acaba mostrando cabalmente quais seus objetivos e pretensões.

Têm uma tendência a desenvolver vida sexual muito irregular, pontilhada por súbitas paixões, que começam de repente e podem terminar mais inesperadamente ainda. Mostram-se incapazes de perdoar qualquer traição – desde que não a que ele mesmo faz contra o ser amado. Enfim, seu temperamento sensual e voluptuoso pode levá-las a aventuras amorosas extraconjugais múltiplas e frequentes, sem reserva nem decência, o que não as impede de continuarem muito ciumentas dos seus maridos, por elas mesmas enganados. Mas quando estão amando verdadeiramente, são dedicadas a uma pessoa, são extremamente companheiras.

Todas essas características criam uma grande dificuldade de relacionamentos duradouros com os filhos de Iansã. Se por um lado são alegres e expansivos, por outro, podem ser muito violentos quando contrariados; se têm a tendência para a franqueza e para o estilo direto, também não podem ser considerados confiáveis, pois fatos menores provocam reações enormes e, quando possessos, não há ética que segure os filhos de Iansã, dispostos a destruir tudo com seu vento forte e arrasador.

Ao mesmo tempo, costumam ser amigos fiéis para os poucos escolhidos para seu círculo mais íntimo.

Lendas de Iansã

Iansã passa a dominar o fogo

Xangô enviou-a em missão na terra dos baribas, a fim de buscar um preparado que, uma vez ingerido, lhe permitiria lançar fogo e chamas pela boca e pelo nariz. Oiá, desobedecendo às instruções do esposo, experimentou esse preparado, tornando-se também capaz de cuspir fogo, para grande desgosto de Xangô, que desejava guardar só para si esse terrível poder.

Como os chifres de búfalo vieram a ser utilizados no ritual do culto de Iansã

Ogum foi caçar na floresta. Colocando-se à espreita, percebeu um búfalo que vinha em sua direção. Preparava-se para matá-lo quando o animal, parando subitamente, retirou a sua pele. Uma linda mulher apareceu diante de seus olhos, era Iansã. Ela escondeu a pele num formigueiro e dirigiu-se ao mercado da cidade vizinha. Ogum apossou-se do despojo, escondendo-o no fundo de um depósito de milho, ao lado de sua casa, indo, em seguida, ao mercado fazer a corte à mulher-búfalo. Ele chegou a pedi-la em casamento, mas Oiá recusou inicialmente. Entretanto, ela acabou aceitando, quando de volta a floresta, não mais achou a sua pele. Oiá recomendou ao caçador a não contar a ninguém que, na realidade, ela era um animal. Viveram bem durante alguns anos. Ela teve nove crianças, o que provocou o ciúme das outras esposas de Ogum. Estas, porém, conseguiram descobrir o segredo da aparição da nova a mulher. Logo que o marido se ausentou, elas começaram a cantar: 'Máa je, máa mu, àwo re nbe nínú àká', "Você pode beber e comer (e exibir sua beleza), mas a sua pele está no depósito (você é um animal)". Oiá compreendeu a alusão; encontrando a sua pele, vestiu-a e, voltando à forma de búfalo, matou as mulheres ciumentas. Em seguida, deixou os seus chifres com os filhos, dizendo: – Em caso de necessidade, batam um contra o outro, e eu virei imediatamente em vosso socorro.

É por essa razão que chifres de búfalo são sempre colocados nos locais consagrados a Iansã.

As conquistas de Iansã

Iansã percorreu vários reinos, foi paixão de Ogum, Oxaguian, Exu, Oxóssi e Logum-Edé. Em Ifé, terra de Ogum, foi a grande paixão do guerreiro. Aprendeu com ele e ganhou o direito do manuseio da espada. Em Oxogbô, terra de Oxaguian, aprendeu e recebeu o direito de usar o escudo. Deparou-se com Exu nas estradas, com ele se relacionou e aprendeu os mistérios do fogo e da magia. No reino de Oxóssi, seduziu o deus da caça, aprendendo a caçar, tirar a pele do búfalo e se transformar naquele animal (com a ajuda da magia aprendida com Exu). Seduziu o jovem Logum-Edé e com ele aprendeu a pescar. Iansã partiu, então, para o reino de Obaluaiê, pois queria descobrir seus mistérios e até mesmo conhecer seu rosto, mas nada conseguiu pela sedução. Porém, Obaluaiê resolveu ensinar-lhe a tratar dos mortos. De início, Iansã relutou, mas seu desejo de aprender foi mais forte e aprendeu a conviver com os eguns e controlá-los.

Partiu, então, para Oyó, reino de Xangô, e lá acreditava que teria o mais vaidoso dos reis, e aprenderia a viver ricamente. Mas, ao chegar ao reino do deus do trovão, Iansã aprendeu muito mais, aprendeu a amar verdadeiramente e com uma paixão violenta, pois Xangô dividiu com ela os poderes do raio e deu a ela o seu coração.

Iansã – Orixá dos ventos e da tempestade

Oxaguian (Oxalá novo e guerreiro) estava em guerra, mas a guerra não acabava nunca, tão poucas eram as armas para guerrear. Ogum fazia as armas, mas fazia lentamente. Oxaguian pediu a seu amigo Ogum urgência, mas o ferreiro já fazia o possível. O ferro era muito demorado para se forjar e cada ferramenta nova tardava como o tempo. Tanto reclamou Oxaguian que Oiá, esposa do ferreiro, resolveu ajudar Ogum a apressar a fabricação. Oiá se pôs a soprar o fogo da forja de Ogum e seu sopro avivava intensamente o fogo, e o fogo aumentado derretia o ferro mais rapidamente. Logo Ogum pode fazer muitas armas, e com as armas Oxaguian venceu a guerra. Oxaguian veio então agradecer a Ogum e na casa de Ogum enamorou-se de Oiá. Um dia fugiram Oxaguian e Oiá, deixando Ogum enfurecido e sua forja fria. Quando mais tarde Oxaguian voltou à guerra e quando precisou de armas muito urgentemente, Oiá teve que voltar a avivar a forja e lá da casa de Oxaguian, onde vivia, Oiá soprava em direção à forja de Ogum. Seu sopro atravessava toda a terra que separava a cidade de Oxaguian da de Ogum. Seu sopro cruzava os ares e arrastava consigo pó, folhas e tudo o mais pelo caminho, até chegar às chamas com furor. E o povo se acostumou com o sopro de Oiá cruzando os ares e logo o chamou de vento. Quanto mais a guerra era terrível e mais urgia a fabricação das armas, mais forte soprava Oiá a forja de Ogum. Tão forte que às vezes destruía tudo no caminho, levando casas, arrancando árvores, arrasando cidades e aldeias. O povo reconhecia o sopro destrutivo de Oiá e o povo chamava a isso tempestade.

Oxóssi

Divindade da caça que vive nas florestas, seus principais símbolos são o arco e flecha, chamado ofá, e um rabo de boi chamado eruexim. Em algumas lendas aparece como irmão de Ogum e de Exu.

Oxóssi é o rei de Ketu, filho de Oxalá e Yemanjá, ou, nos mitos, filho de Apaoka (jaqueira). É o Orixá da caça; foi um caçador de elefantes, animal associado à realeza e aos antepassados. Diz um mito que Oxóssi encontrou Iansã na floresta, sob a forma de um grande elefante, que se transformou em mulher. Casa com ela, tem muitos filhos que são abandonados e criados por Oxum.

Oxóssi vive na floresta, onde moram os espíritos, e está relacionado com as árvores e os antepassados. As abelhas pertencem-lhe e representam os espíritos dos antepassados femininos. Relaciona-se com os animais cujos gritos imitam a perfeição, é caçador valente e ágil, generoso, propicia a caça e protege contra o ataque das feras. Um solitário solteirão, depois que foi abandonado por Iansã e também porque, na qualidade de caçador, tem que se afastar das mulheres, pois são nefastas à caça.

Está estreitamente ligado a Ogum, de quem recebeu suas armas de caçador. Ossãe apaixonou-se pela beleza de Oxóssi e prendeu-o na floresta. Ogum consegue penetrar na floresta, com suas armas de ferreiro e libertá-lo. Ele está associado ao frio, à noite, à lua; suas plantas são refrescantes.

Em algumas caracterizações, veste-se de azul-turquesa ou de azul e vermelho. Leva um elegante chapéu de abas largas enfeitadas com penas de avestruz nas cores azul e branco. Leva dois chifres de touro na cintura, um arco, uma flecha de metal dourado. Sua dança simula o gesto de atirar flechas para a direita e para a esquerda, o ritmo é "corrido" no qual ele imita o cavaleiro que persegue a caça, deslizando devagar, às vezes pula e gira sobre si mesmo. É uma das danças mais bonitas do Candomblé.

Orixá das matas, seu habitat é a mata fechada, rei da floresta e da caça. Sendo caçador, domina a fauna e a flora, gera progresso e riqueza ao homem, a manutenção do sustento e garante a alimentação em abundância. O Orixá Oxóssi está associado ao Orixá Ossãe, que é a divindade das folhas medicinais e ervas usadas nos rituais de Umbanda.

Irmão de Ogum, habitualmente associa-se à figura de um caçador, passando a seus filhos algumas das principais características necessárias a essa atividade ao ar livre: concentração, atenção, determinação para atingir os objetivos e uma boa dose de paciência.

Segundo as lendas, participou também de algumas lutas, mas não da mesma maneira marcante de Ogum.

No dia a dia, encontramos o deus da caça no almoço, no jantar, enfim, em todas as refeições, pois é ele que provê o alimento. Rege a lavoura, a agricultura, permitindo bom plantio e boa colheita para todos.

Segundo Pierre Verger, o culto a Oxóssi é bastante difundido no Brasil, mas praticamente esquecido na África. A hipótese do pesquisador francês é que Oxóssi foi cultuado basicamente no Ketu, onde chegou a receber o título de rei. Essa nação, porém foi praticamente destruída no século XIX pelas tropas do então rei do Daomé. Os filhos consagrados a Oxóssi foram vendidos como escravos no Brasil, Antilhas e Cuba. Já no Brasil, o Orixá tem grande prestígio e força popular, além de um grande número de filhos.

O mito do caçador explica sua rápida aceitação no Brasil, pois identifica-se com diversos conceitos dos índios brasileiros sobre a mata ser região tipicamente povoada por espíritos de mortos, conceitos igualmente arraigados na Umbanda popular e nos Candomblés de Caboclo, um sincretismo entre os ritos africanos e os dos índios brasileiros, comuns no norte do país.

Talvez seja por isso que, mesmo em cultos um pouco mais próximos dos ritos tradicionalistas africanos, alguns filhos de Oxóssi o identifiquem não com um negro, como manda a tradição, mas com um índio.

Oxóssi é o que basta a si mesmo. A ele estiveram ligados alguns orixás femininos, mas o maior destaque é para Oxum, com quem teria mantido um relacionamento instável, bem identificado no plano sexual, coisa importante tanto para a mãe da água doce como para o caçador, mas difícil no cotidiano, já que enquanto ela representa o luxo e a ostentação, ele é a austeridade e o despojamento.

Características. Cor: verde. Fio de contas: verde leitosas (azul-turquesa, azul claro). Ervas: alecrim, guiné, vence demanda, abre caminho, peregum (verde), taioba, espinheira santa, Jurema, jureminha, mangueira, desata nó (erva de Oxóssi, erva da Jurema, alfavaca, caiçara, eucalipto). Símbolo: Ofá (arco e flecha). Ponto de força na natureza: matas. Flores: flores do campo. Essência: alecrim. Pedras: esmeralda, amazonita (turquesa, quartzo verde, calcita verde). Metal: bronze (latão). Planeta: Vênus. Dia da semana: quinta-feira. Elemento: terra. Chacra: esplênico. Saudação: Okê Arô (Odé Kokê Maior). Bebidas: vinho tinto (água de coco, caldo de cana, aluá). Comidas: axoxô-milho com fatias de coco, frutas (carne de caça, taioba, ewá, feijão fradinho torrado na panela de barro, papa de coco e frutas). Dia de comemoração: 20 de janeiro. Sincretismo: São Sebastião. Qualidades: Êboalama, Orè, Inlé ou Erinlè, Fayemi, Ondun, Asunara, Apala, Agbandada, Owala, Kusi, Ibuanun, Olumeye, Akanbi, Alapade, Mutalambo.

Atribuições. Oxóssi é o caçador por excelência, mas sua busca visa o conhecimento. Logo, é o cientista e o doutrinador, que traz o alimento da fé e o saber aos espíritos fragilizados tanto nos aspectos da fé quanto do saber religioso.

Características dos filhos de Oxóssi

O filho de Oxóssi apresenta arquetipicamente as características atribuídas do Orixá. Representa o homem impondo sua marca sobre o mundo selvagem, nele intervindo para sobreviver, mas sem alterá-lo. Os filhos de Oxóssi são geralmente pessoas joviais, rápidas e espertas, tanto mental como fisicamente. Têm portanto grande capacidade de concentração e de atenção, aliada à firme determinação de alcançar seus objetivos e paciência para aguardar o momento correto para agir.

Fisicamente, os filhos de Oxóssi, tendem a ser relativamente magros, um pouco nervosos, mas controlados. São reservados, tendo forte ligação com o mundo material, sem que esta tendência denote obrigatoriamente ambição e instabilidades em seus amores.

No tipo psicológico a ele identificado, o resultado dessa atividade é o conceito de forte independência e de extrema capacidade de ruptura, o afastar-se de casa e da aldeia para embrenhar-se na mata a fim de caçar. Seus filhos portanto são aqueles em que a vida apresenta forte necessidade de independência e de rompimento de laços. Nada pior do que um ruído para afastar a caça, alertar os animais da proximidade do caçador. Assim, os filhos de Oxóssi trazem em seu inconsciente o gosto pelo ficar calado, a necessidade do silêncio e de desenvolver a observação tão importantes para seu Orixá. Quando em perseguição a um objetivo, mantêm-se de olhos bem abertos e ouvidos atentos.

Sua luta é baseada na necessidade de sobrevivência e não no desejo de expansão e conquista. Busca a alimentação, o que pode ser entendido como sua luta do dia a dia. Esse Orixá é o guia dos que não sonham muito, mas sua violência é canalizada e represada para o movimento certo no momento exato. É basicamente reservado, guardando quase que exclusivamente para si seus comentários e sensações, sendo muito discreto quanto ao seu próprio humor e disposição.

Os filhos de Oxóssi portanto não gostam de fazer julgamentos sobre os outros, respeitando como sagrado o espaço individual de cada um. Buscam preferencialmente trabalhos e funções que possam ser desempenhados de maneira independente, sem ajuda nem participação de muita gente, não gostando do trabalho em equipe. Ao mesmo tempo, é marcado por um forte sentido de dever e uma grande noção de responsabilidade. Afinal, é sobre ele que recai o peso do sustento da tribo.

Os filhos de Oxóssi tendem a assumir responsabilidades e a organizar facilmente o sustento do seu grupo ou família. Podem ser paternais, mas sua ajuda se realizará preferencialmente distante do lar, trazendo as provisões ou trabalhando para que elas possam ser compradas, e não no contato íntimo com cada membro da família. Não é estranho que quem tem Oxóssi como Orixá de cabeça relute em manter casamentos ou mesmo relacionamentos emocionais muito estáveis. Quando isso acontece, dão preferência a pessoas igualmente independentes, já que o conceito de casal para ele é a soma temporária de duas individualidades que nunca se misturam. Os filhos de Oxóssi compartilham o gosto pela camaradagem, pela conversa que não termina mais, pelas reuniões ruidosas e tipicamente alegres, fator que pode ser modificado radicalmente pelo segundo Orixá.

Gostam de viver sozinhas, preferindo receber grupos limitados de amigos. É portanto o tipo coerente com as pessoas que lidam bem com a realidade material, sonham pouco, têm os pés ligados à terra.

São pessoas cheias de iniciativa e sempre em vias de novas descobertas ou de novas atividades. Têm o senso da responsabilidade e dos cuidados para com a família. São generosas, hospitaleiras e amigas da ordem, mas gostam muito de mudar de residência e achar novos meios de existência em detrimento, algumas vezes, de uma vida doméstica harmoniosa e calma.

O tipo psicológico do filho de Oxóssi é refinado e de notável beleza. É o Orixá dos artistas intelectuais. É dotado de um espírito curioso, observador, de grande penetração. São cheios de manias, volúveis em suas reações amorosas, muito susceptíveis e tidos como "complicados". É solitário, misterioso, discreto, introvertido. Não se adapta facilmente à vida urbana e é geralmente um desbravador, um pioneiro. Possui extrema sensibilidade, qualidades artísticas, criatividade e gosto depurado. Sua estrutura psíquica é muito emotiva e romântica.

Lendas de Oxóssi

Como Oxóssi virou Orixá

Odé era um grande caçador. Certo dia, ele saiu para caçar sem antes consultar o oráculo Ifá nem cumprir os ritos necessários. Depois de algum tempo andando na floresta, encontrou uma serpente: era

Oxumarê em sua forma terrestre. A cobra falou que Odé não devia matá-la; mas ele não se importou, matou-a, cortou-a em pedaços e levou para casa, onde a cozinhou e comeu; depois foi dormir. No outro dia, sua esposa Oxum encontrou-o morto, com um rastro de cobra saindo de seu corpo e indo para a mata. Oxum tanto se lamentou e chorou que Ifá o fez renascer como Orixá, com o nome de Oxóssi.

Orixá da caça e da fartura

Em tempos distantes, Odudua, rei de Ifé, diante do seu palácio real, chefiava o seu povo na festa da colheita dos inhames. Naquele ano a colheita havia sido farta, e todos em homenagem deram uma grande festa comemorando o acontecido, comendo inhame e bebendo vinho de palma em grande fartura. De repente, um grande pássaro pousou sobre o palácio, lançando os seus gritos malignos e lançando farpas de fogo, com intenção de destruir tudo que por ali existia, pelo fato de não terem oferecido uma parte da colheita às feiticeiras Ìyàmì Òsóróngà. Todos se encheram de pavor, prevendo desgraças e catástrofes. O rei então mandou buscar Osotadotá, o caçador das 50 flechas, em Ilarê, que, arrogante e cheio de si, errou todas as suas investidas, desperdiçando suas 50 flechas. Chamou desta vez, das terras de Moré, Osotogi, com suas 40 flechas. Embriagado, o guerreiro também desperdiçou todas suas investidas contra o grande pássaro. Ainda foi convidado para grande façanha de matar o pássaro, das distantes terras de Idô, Osotogum, o guardião das 20 flechas. Fanfarrão, apesar da sua grande fama e destreza, atirou em vão 20 flechas contra o pássaro encantado e nada aconteceu. Por fim, todos já sem esperança resolveram convocar da cidade de Ireman, Òsotokànsosó, caçador de apenas uma flecha. Sua mãe sabia que as èlèye viviam em cólera, e nada poderia ser feito para apaziguar sua fúria a não ser uma oferenda, uma vez que três dos melhores caçadores falharam em suas tentativas. Ela foi consultar Ifá para Òsotokànsosó. Os babalaôs disseram para ela preparar oferendas com ekùjébú (grão muito duro), também um frango òpìpì (frango com as plumas crespas), èkó (massa de milho envolta em folhas de bananeira), seis kauris (búzios), e a mãe de Òsotokànsosó fez então assim. Pediram ainda que oferecesse colocando sobre o peito de um pássaro sacrificado em intenção e que oferecesse em uma estrada, e durante a oferenda recitasse o seguinte: "Que o peito da ave receba esta oferenda". Neste exato momento, seu filho disparava sua única flecha em direção ao pássaro, esse abriu sua guarda recebendo a oferenda ofertada pela mãe do caçador, recebendo também a flecha certeira e mortal de Òsotokànsosó. Todos, após tal ato, começaram a dançar e gritar de alegria: "Oxóssi! Oxóssi!" (caçador do povo). A partir desse dia todos conheceram o maior guerreiro de todas as terras. Foi reverenciado com honras e carrega seu título até hoje. Oxóssi.

Obaluaiê (Obaluaê/Omulu)

Na Umbanda, o culto é feito a Obaluaiê, que se desdobra com o nome de Omulu, Orixá originário do Daomé. É um Orixá sombrio, tido entre os iorubanos como severo e terrível, caso não seja devidamente cultuado, porém pai bondoso e fraternal para aqueles que se tornam merecedores, através de gestos humildes, honestos e leais.

Nanã decanta os espíritos que irão reencarnar, e Obaluaiê estabelece o cordão energético que une o espírito ao corpo (feto), que será recebido no útero materno assim que alcançar o desenvolvimento celular básico (órgãos físicos).

Ambos os nomes surgem quando nos referimos à esta figura, seja Omulu seja Obaluaiê. Para a maior parte dos devotos do Candomblé e da Umbanda, os nomes são praticamente intercambiáveis, referentes a um mesmo arquétipo e, correspondentemente, uma mesma divindade. Já para alguns babalorixás, porém, há de se manter certa distância entre os dois termos, uma vez que representam tipos diferentes do mesmo Orixá.

São também comuns as variações gráficas Obaluaê e Abaluaê.

Um dos mais temidos orixás, comanda as doenças e, consequentemente, a saúde. Assim como sua mãe Nanã, tem profunda relação com a morte. Tem o rosto e o corpo cobertos de palha da costa, em algumas lendas para esconder as marcas da varíola, em outras já curado não poderia ser olhado de frente por ser o próprio brilho do sol. Seu símbolo é o xaxará – um feixe de ramos de palmeira enfeitado com búzios.

Em termos mais estritos, Obaluaiê é a forma jovem do Orixá Xapanã, enquanto Omulu é sua forma velha. Como, porém, Xapanã é um nome proibido tanto no Candomblé como na Umbanda, não devendo ser mencionado, pois pode atrair a doença inesperadamente, a forma Obaluaiê é a que mais se vê. Esta distinção se aproxima da que existe entre as formas básicas de Oxalá: Oxalá (o crucificado), Oxaguian, a forma jovem, e Oxalufan, a forma mais velha.

A figura de Omulu/Obaluaiê, assim como seus mitos, é completamente cercada de mistérios e dogmas indevassáveis. Em termos gerais, a essa figura é atribuído o controle sobre todas as doenças, especialmente as epidêmicas. Faria parte da essência básica vibratória do Orixá tanto o poder de causar a doença quanto possibilitar a cura do mesmo mal que criou.

Em algumas narrativas mais tradicionalistas tentam apontar que o conceito original da divindade se referia ao deus da varíola. Tal visão, porém é uma evidente limitação. A varíola não seria a única doença sob seu controle, simplesmente era a epidemia mais devastadora e perigosa que conheciam os habitantes da comunidade original africana, onde surgiu Omulu/Obaluaiê, o Daomé.

Assim, sombrio e grave como Iroko, Oxumarê (seus irmãos) e Nanã (sua mãe), Omulu/Obaluaiê é uma criatura da cultura jeje, posteriormente assimilada pelos iorubás. Enquanto os orixás iorubanos são extrovertidos, de têmpera passional, alegres, humanos e cheios de pequenas falhas que os identificam com os seres humanos, as figuras daomeanas estão mais associadas a uma visão religiosa em que o distanciamento entre deuses e seres humanos é bem maior. Quando há aproximação, há de se temer, pois alguma tragédia está para acontecer, porque os orixás do Daomé são austeros no comportamento mitológico, graves e consequentes em suas ameaças.

Pierre Verger, nesse sentido, sustenta que a cultura do Daomé é muito mais antiga que a iorubá, o que pode ser sentido em seus mitos: A antiguidade dos cultos de Omulu/Obaluaiê e Nanã (Orixá feminino), frequentemente confundidos em certas partes da África, é indicada por um detalhe do ritual dos sacrifícios de animais que lhe são feitos. Este ritual é realizado sem o emprego de instrumentos de ferro, indicando que essas duas divindades faziam parte de uma civilização anterior à Idade do Ferro e à chegada de Ogum.

Como parte do temor dos iorubás, eles passaram a enxergar a divindade (Omulu/Obaluaiê) mais sombria dos dominados como fonte de perigo e terror, entrando num processo que podemos chamar de malignação de um Orixá do povo subjugado, que não encontrava correspondente completo e exato (apesar da existência similar apenas de Ossãe). Omulu/Obaluaiê seria o registro da passagem de doenças epidêmicas, castigos sociais, já que atacariam toda uma comunidade de cada vez.

Obaluaiê, o rei da Terra, é filho de Nanã, mas foi criado por Iemanjá que o acolheu quando a mãe o rejeitou por ser manco, feio e coberto de feridas. É uma divindade da terra dura, seca e quente. É às vezes chamado "o velho", com todo o prestígio e poder que a idade representa no Candomblé. Está ligado ao Sol, propicia colheitas e ambivalentemente detém a doença e a cura. Com seu xaxará, cetro ritual de palha da costa, ele expulsa a peste e o mal. Mas a doença pode ser também a marca dos eleitos, pelos quais Omulu quer ser servido. Quem teve varíola é frequentemente consagrado a Omulu, que é chamado "médico dos pobres".

Suas relações com os orixás são marcadas pelas brigas com Xangô e Ogum e pelo abandono que os orixás femininos lhe legaram. Rejeitado primeiramente pela mãe, segue sendo abandonado por Oxum, por quem se apaixonou, que, juntamente com Iansã, troca-o por Xangô. Finalmente Obá, com quem se casou, foi roubada por Xangô.

Existe uma grande variedade de tipos de Omulu/Obaluaiê, como acontece praticamente com todos os orixás. Existem formas guerreiras e não guerreiras, de idades diferentes, mas resumidos pelas duas configurações básicas do velho e do moço. A diversidade de nomes pode também nos levar a raciocinar que existem mitos semelhantes em diferentes grupos tribais da mesma região, justificando que o Orixá é também conhecido como Skapatá, Omulu Jagun, Quicongo, Sapatoi, Iximbó, Igui.

Esta grande potência astral inteligente, quando relacionado à vida e à cura, recebe o nome de Obaluaiê. Tem sob seu comando incontáveis legiões de espíritos que atuam nesta irradiação ou linha, trabalhadores do grande laboratório do espaço e verdadeiros cientistas, médicos, enfermeiros, que preparam os espíritos para uma nova encarnação, além de promoverem a cura das nossas doenças.

Atuam também no plano físico, junto aos profissionais de saúde, trazendo o bálsamo necessário para o alívio das dores daqueles que sofrem.

O Senhor da Vida é também guardião das almas que ainda não se libertaram da matéria. Assim, na hora do desencarne, são eles, os falangeiros de Omulu, que vêm nos ajudar a desatar nossos fios de agregação astral-físico (cordão de prata), que ligam o perispírito ao corpo material. Os comandados de Omulu, dentre outras funções, são diretamente responsáveis pelos sítios pré e pós morte física (hospitais, cemitérios, necrotérios), envolvendo estes lugares com poderoso campo de força fluídico-magnético, a fim de não deixarem que os vampiros astrais (kiumbas desqualificados) absorvam energias do duplo etérico daqueles que estão em vias de falecerem ou falecidos.

Características. Cor: preto e branco. Fio de contas: contas e miçangas brancas, violetas, prateadas, pretas e brancas leitosas. Ervas: canela de velho, erva de bicho, erva de passarinho, barba de milho, barba de velho, cinco chagas, fortuna, hera (cufeia sete sangrias, erva de passarinho, canela de velho, quitoco, zínia). Símbolo: cruz. Pontos da natureza: cemitérios, grutas, praias. Flores: monsenhor branco. Essência: cravo e menta. Pedras: obsidiana, ônix, olho de gato. Metal: chumbo. Planeta: Saturno. Dia da semana: segunda-feira. Elemento: terra. Chacra: básico. Saudação: Atôtô (significa "silêncio, respeito"). Bebida: água mineral (vinho tinto). Comidas: feijão preto, carne de porco, deburú-pipoca (abadô, amendoim pilado e torrado; latipá, folha de mostarda; e, ibêrem, bolo de milho envolvido na folha de bananeira). Dia de comemoração: 16 de agosto ou 17 de dezembro. Sincretismo: São Roque (16/08) e São Lázaro (17/12).

Atribuições. Muitos associam o divino Obaluaiê apenas com o Orixá curador, que ele realmente é, pois cura mesmo! Mas Obaluaiê é muito mais do que já o descreveram. Ele é o "Senhor das Passagens" de um plano para outro, de uma dimensão para outra, e mesmo do espírito para a carne e vice-versa.

As características dos filhos de Obaluaiê (Omulu)

Ao senhor da doença é relacionado um arquétipo psicológico derivado de sua postura na dança. Se nela Omulu/Obaluaiê esconde dos espectadores suas chagas, não deixa de mostrar, pelos sofrimentos implícitos em sua postura, a desgraça que o abate. No comportamento do dia a dia, tal tendência se revela através de um caráter tipicamente masoquista.

Arquetipicamente, lega a seus filhos tendências ao masoquismo e à autopunição, um austero código de conduta e possíveis problemas com os membros inferiores, em geral, ou pequenos outros defeitos físicos.

Pierre Verger define os filhos de Omulu como pessoas que são incapazes de se sentir satisfeitas quando a vida corre tranquila para elas. Podem até atingir situações materiais e rejeitar, um belo dia, todas essas vantagens por causa de certos escrúpulos imaginários. São pessoas que, em certos casos, se sentem capazes de se consagrar ao bem-estar dos outros, fazendo completa abstração de seus próprios interesses e necessidades vitais.

No Candomblé, como na Umbanda, tal interpretação pode ser demais restritiva. A marca mais forte de Omulu/Obaluaiê não é a exibição de seu sofrimento, mas o convívio com ele. Ele se manifesta numa tendência autopunitiva muito forte, que tanto pode revelar-se como uma grande capacidade de somatização de problemas psicológicos (isto é, a transformação de traumas emocionais em doenças físicas reais), como numa elaboração de rígidos conceitos morais que afastam seus filhos de santo do cotidiano, das outras pessoas em geral e principalmente os prazeres. Sua insatisfação básica portanto não se reservaria contra a vida, mas contra si próprio, uma vez que ele foi estigmatizado pela marca da doença, já em si uma punição.

Em outra forma de extravasar seu arquétipo, um filho do Orixá, menos negativista, pode apegar-se ao mundo material de forma sôfrega, como se todos estivessem perigosamente contra ele, como se todas as riquezas lhe fossem negadas, gerando um comportamento obsessivo em torno da necessidade de enriquecer e ascender socialmente.

Mesmo assim, um certo toque do recolhimento e da autopunição de Omulu/Obaluaiê serão visíveis em seus casamentos: não raro se apaixonam por figuras extrovertidas e sensuais (como a indomável Iansã, a envolvente Oxum, o atirado Ogum) que ocupam naturalmente o centro do palco, reservando ao cônjuge de Omulu/Obaluaiê um papel mais discreto. Gostam de ver seu amado brilhar, mas o invejam, e ficam vivendo com muita insegurança, pois julgam o outro como fonte de paixão e interesse de todos.

Assim como Ossãe, as pessoas desse tipo são basicamente solitárias.

Mesmo tendo um grande círculo de amizades, frequentando o mundo social, seu comportamento seria superficialmente aberto e intimamente fechado, mantendo um relacionamento superficial com o mundo e guardando sua intimidade para si própria. O filho do Orixá oculta sua individualidade com uma máscara de austeridade, mantendo até uma aura de respeito e de imposição, de certo medo aos outros. Pela experiência inerente a um Orixá velho, são pessoas irônicas. Seus comentários, porém não são prolixos e superficiais, mas secos e diretos, o que colabora para a imagem de terrível que forma de si próprio.

Entretanto, podem ser humildes, simpáticos e caridosos. Assim é que na Umbanda este Orixá toma a personalidade da caridade na cura das doenças, sendo considerado o "Orixá da Saúde".

O tipo psicológico dos filhos de Omulu é fechado, desajeitado, rústico, desprovido de elegância ou de charme. Pode ser um doente marcado pela varíola ou por alguma doença de pele e é frequentemente hipocondríaco. Tem considerável força de resistência e é capaz de prolongados esforços. Geralmente é um pessimista, com tendências autodestrutivas que o prejudicam na vida. Amargo, melancólico, torna-se solitário. Mas quando tem seus objetivos determinados, é combativo e obstinado em alcançar suas metas. Quando desiludido, reprime suas ambições, adotando uma vida de humildade, de pobreza voluntária, de mortificação.

É lento, porém perseverante. Firme como uma rocha. Falta-lhe espontaneidade e capacidade de adaptação, e por isso não aceita mudanças. É vingativo, cruel e impiedoso quando ofendido ou humilhado. Essencialmente viril, por ser Orixá fundamentalmente masculino, falta-lhe um toque de sedução e sobra apenas um brutal solteirão. Fenômeno semelhante parece ocorrer no caso de Nanã: quanto mais poderosa e mais acentuada é a feminilidade, mais perigosa ela se torna e, paradoxalmente, perde a sedução.

Lendas de Obaluaiê

Orixá da cura, continuidade e existência

Chegando de viagem à aldeia onde nascera, Obaluaiê viu que estava acontecendo uma festa com a presença de todos os orixás. Obaluaiê não podia entrar na festa devido à sua medonha aparência. Então ficou espreitando pelas frestas do terreiro. Ogum, ao perceber a angústia do Orixá, cobriu-o com uma roupa de palha, com um capuz que ocultava seu rosto doente, e convidou-o a entrar e aproveitar a alegria dos festejos. Apesar de envergonhado, Obaluaiê entrou, mas ninguém se aproximava dele. Iansã tudo acompanhava com o rabo do olho. Ela compreendia a triste situação de Obaluaiê e dele se compadecia. Iansã esperou que ele estivesse bem no centro do barracão. O xirê (festa, dança, brincadeira) estava animado. Os orixás dançavam alegremente com suas ekedes. Iansã chegou então bem perto dele e soprou suas roupas de palha com seu vento. Nesse momento de encanto e ventania, as feridas de Obaluaiê pularam para o alto, transformadas numa chuva de pipocas, que se espalharam brancas pelo barracão. Obaluaiê, o deus das doenças, transformara-se num jovem belo e encantador. Obaluaiê e Iansã Igbalé tornaram-se grandes amigos e reinaram juntos sobre o mundo dos espíritos dos mortos, partilhando o poder único de abrir e interromper as demandas dos mortos sobre os homens.

As duas mães de Obaluaiê

Filho de Oxalá e Nanã, nasceu com chagas, uma doença de pele que fedia e causava medo aos outros. Sua mãe Nanã morria de medo da varíola, que já havia matado muita gente no mundo. Por esse motivo, Nanã o abandonou na beira do mar. Ao sair em seu passeio pelas areias que cercavam o seu reino, Iemanjá encontrou um cesto contendo uma criança. Reconhecendo-a como filho de Nanã, pegou-a em seus braços e a criou como seu filho em seus seios lacrimosos. O tempo foi passando e a criança cresceu e tornou-se um grande guerreiro, feiticeiro e caçador. Cobria-se com palha da costa, não para esconder as chagas com a qual nasceu, e sim porque seu corpo brilhava como a luz do sol. Um dia, Iemanjá chamou Nanã e apresentou-a a seu filho Xapanã, dizendo:

– Xapanã, meu filho, receba Nanã, sua mãe de sangue. Nanã, este é Xapanã, nosso filho.

Assim Nanã foi perdoada por Omulu e este passou a conviver com suas duas mães.

Ibeiji

Ibeiji, o único Orixá permanentemente duplo. É formado por duas entidades distintas e sua função básica é indicar a contradição, os opostos que coexistem, num plano mais terreno, por ser criança. A ele é associado tudo o que se inicia: a nascente de um rio, o germinar das plantas, o nascimento de um ser humano.

No dia de Ibeiji, 27 de setembro (o mesmo de Cosme e Damião, com quem são sincretizados), é costume as casas de culto abrirem suas portas e oferecerem mesas fartas de doces e comidas para as crianças elevadas à condição de representantes na terra do Orixá.

Regem a falange das crianças que trabalham na Umbanda.

Características. Cor: rosa e azul (branco, colorido). Fio de contas: contas e miçangas leitosas coloridas. Ervas: jasmin, alecrim, rosa branca. Símbolo: gêmeos. Pontos da natureza: jardins, praias, cachoeiras, matas. Flores: margaridas, rosa mariquinha. Essências: de frutas. Pedras: quartzo rosa. Metal: estanho. Planeta: Mercúrio. Dia da semana: domingo. Elemento: fogo, água e ar. Chacras: todos, especialmente o laríngeo. Saudação: Oni Beijada. Bebidas: guaraná (suco de frutas, água de coco, água com mel, água com açúcar, caldo de cana). Comidas: caruru, doces e frutas. Dia de comemoração: 27 de setembro. Sincretismo: São Cosme e São Damião.

Atribuições. Zelar pelo parto e infância. Promover o amor (união).

Lendas de Ibeiji

Como os irmãos Ibeiji viraram orixás

Existia num reino dois pequenos príncipes gêmeos que traziam sorte a todos. Os problemas mais difíceis eram resolvidos por eles; em troca, pediam doces, balas e brinquedos. Esses meninos faziam muitas traquinagens e, um dia, brincando próximos a uma cachoeira, um deles caiu no rio e morreu afogado. Todos do reino ficaram muito tristes pela morte do príncipe. O gêmeo que sobreviveu não tinha mais vontade de comer e vivia chorando de saudades do seu irmão, pedia sempre a Orumilá que o levasse para perto do irmão. Sensibilizado pelo pedido, Orumilá resolveu levá-lo para se encontrar com o irmão no céu, deixando na terra duas imagens de barro. Desde então, todos que precisam de ajuda deixam oferendas aos pés dessas imagens para ter seus pedidos atendidos.

Ossãe

Embora não muito cultuado na Umbanda, Ossãe é um Orixá de extrema necessidade, e é fundamental sua importância, porque detém o reino e poder das plantas e folhas, imprescindíveis nos rituais e obrigações de cabeça e assentamento de todos os orixás através dos banhos feitos de ervas. Como as folhas estão relacionadas com a cura, Ossãe também está vinculado à medicina, por guardar escondida na sua floresta a magia da cura para todas as doenças dos homens, contida nas virtudes de todas as folhas. A cura é invocada no caso de doença, com o auxílio de Obaluaiê.

Divindade masculina, do ar livre, que governa toda a floresta, juntamente com Oxóssi, dono do mistério das folhas e seu emprego medicinal ou sua utilização mágica. Dono do axé (força, poder, fundamento, vitalidade e segurança) existente nas folhas e nas ervas, ele não se aventura nos locais onde o homem cultivou a terra e construiu casas, evitando os lugares onde a mão do homem poluiu a natureza com o seu domínio.

É bastante cultuado no Brasil, sendo conhecido por diversos nomes, Ossonhe, Ossãe e Ossanha, a forma mais popular. Por causa do som final da palavra, é frequentemente confundido com uma figura feminina.

É o Orixá da cor verde, do contato mais íntimo e misterioso com a natureza. Seu domínio estende-se ao reino vegetal, às plantas, mais especificamente às folhas, onde corre o sumo. Por tradição, não são consideradas adequadas pelo Candomblé mais conservador as folhas cultivadas em jardins ou estufas, mas as das plantas selvagens, que crescem livremente sem a intervenção do homem. Não é um Orixá da civilização no sentido do desenvolvimento da agricultura, sendo, como Oxóssi, uma figura que encontra suas origens na pré-história.

As áreas consagradas a Ossãe nos grandes Candomblés não são jardins cultivados de maneira tradicional, mas sim os pequenos recantos onde só os sacerdotes (mão de ofá) podem entrar, nos quais as plantas crescem da maneira mais selvagem possível. Graças a esse domínio, Ossãe é figura de extrema significação, pois praticamente todos os rituais importantes utilizam, de uma maneira ou de outra, o sangue escuro que vem dos vegetais, seja em forma de folhas ou infusões para uso externo ou de bebida ritualística.

Quando os zeladores(as) de santo penetram no reino de Ossãe para fazerem as colheitas das ervas sagradas para os banhos e defumações, devem antes pedir a Ossãe permissão para tal tarefa, pois, se não o fizerem, com certeza todas as folhas que retirarem de seu reino não terão os axés e magias que teriam se pedissem a sua permissão, e até dependendo do caso como alguns entram em seu reino zombando e sem firmeza de cabeça, suas ervas poderão agir ao contrário, causando muitos distúrbios naqueles que zombarem de seu reino e faltarem com o devido respeito ao seu domínio. Junto à planta cortada, deixa-se sempre a oferenda de algumas moedinhas e um pedaço de fumo de corda com mel, assim assegurando que a vibração básica da folha permaneça, mesmo depois de ela ter sido afastada da planta e, portanto, do solo que a vitalizava.

As folhas e ervas de Ossãe, depois de colhidas, são esfregadas, espremidas e trituradas com as mãos, e não com pilão ou outro instrumento. Cumpre quebrá-las vivas entre os dedos.

Seja filho de Oxalá ou de Nanã, ou de qualquer outro Orixá, uma pessoa sempre tem de invocar a participação de Ossãe ao utilizar uma planta para fins ritualísticos, pois a capacidade de retirar delas sua força energética básica continua sendo segredo de Ossãe. Por isso não basta possuir a planta exigida como ingrediente de um prato a ser oferecido ao Orixá, ou de qualquer outra forma de trabalho mágico.

A colheita das folhas já é completamente ritualizada, não se admitindo uma folha colhida de maneira aleatória. Para que um iniciado possa recolher as ervas necessárias ao culto a ser realizado, deve-se abster de qualquer bebida alcoólica e de relações sexuais na noite que precede a colheita. As folhas devem ser colhidas na floresta virgem, sempre que possível. Antes de penetrar na mata, o iniciado deve pedir licença a Oxóssi e a Ossãe. Para isso, acender vela na entrada, com o cuidado de limpar a área onde ficarão as velas.

Toda vez que queimamos uma floresta, desmatamos, cortamos árvores, ou simplesmente arrancamos folhas desnecessariamente, estamos violando a natureza, ofendendo seriamente essa força natural que denominamos Ossãe.

É por este motivo que devemos respeitar nossas florestas, bosques, matas, enfim todo espaço em que tenha uma planta, mesmo sabendo que Ossãe habita as florestas e matas fechadas, mas toda planta leva em sua essência o axé deste Orixá da cura.

Ossãe tem uma aura de mistério em torno de si, e a sua especialidade, apesar de muito importante, não faz parte das atividades cotidianas, constituindo-se mais numa técnica, um ramo do conhecimento que é empregado quando necessário o uso ritualístico das plantas para qualquer cerimônia litúrgica, como forma condutora da busca do equilíbrio energético, de contato do homem com a divindade.

Características. Cor: verde e branco. Fio de contas: contas e miçangas verdes e brancas. Ervas: manacá, quebra-pedra, mamona, pitanga, jurubeba, coqueiro, café (alfavaca, coco de dendê, folha do juízo, hortelã, jenipapo, lágrimas de Nossa Senhora, narciso de jardim, vassourinha, verbena). Símbolo: ferro com sete pontas com um pássaro na ponta central. (Representa uma árvore de sete ramos com um pássaro pousado sobre ela.) Ponto da natureza: clareira de matas. Flores: flores do campo. Pedras: morganita, turmalina verde e rosa, esmeralda, amazonita. Metal: estanho, latão. Dia da semana: quinta-feira. Elemento: terra. Saudação: Eueuá Ossãe. Comidas: banana frita, milho cozido com amendoim torrado, canjiquinha, pamonha, inhame, bolos de feijão e arroz, farofa de fubá; abacate. Dia de comemoração: 5 de outubro. Sincretismo: São Benedito.

Atribuições. Dá força curativa às ervas medicinais, dá axé às ervas litúrgicas.

Lendas de Ossãe

Ossãe recusa-se a cortar as ervas miraculosas

Ossãe era o nome de um escravo que foi vendido a Orumilá. Um dia ele foi à floresta e lá conheceu Aroni, que sabia tudo sobre as plantas. Aroni, o gnomo de uma perna só, ficou amigo de Ossãe e ensinou-lhe todo o segredo das ervas. Um dia, Orumilá, desejoso de fazer uma grande plantação, ordenou a Ossãe que roçasse o mato de suas terras. Diante de uma planta que curava dores, Ossãe exclamava: "Esta não pode ser cortada, é a erva das dores". Diante de uma planta que curava hemorragias, dizia: "Esta estanca o sangue, não deve ser cortada".

Em frente de uma planta que curava a febre, dizia: "Esta também não, porque refresca o corpo". E assim por diante. Orumilá, que era um babalaô muito procurado por doentes, interessou-se então pelo poder curativo das plantas e ordenou que Ossãe ficasse junto dele nos momentos de consulta, para que o ajudasse a curar os enfermos com o uso das ervas miraculosas. E assim Ossãe ajudava Orumilá a receitar e acabou sendo conhecido como o grande médico que é.

Ossãe dá uma folha para cada Orixá

Ossãe, filho de Nanã e irmão de Oxumarê, Ewá e Obaluaiê, era o senhor das folhas, da ciência e das ervas, o Orixá que conhece o segredo da cura e o mistério da vida. Todos os orixás recorriam a Ossãe para curar qualquer moléstia, qualquer mal do corpo. Todos dependiam de Ossãe na luta contra a doença. Todos iam à casa de Ossãe oferecer seus sacrifícios. Em troca, Ossãe lhes dava preparados mágicos: banhos, chás, infusões, pomadas, abô, beberagens.

Curava as dores, as feridas, os sangramentos; as disenterias, os inchaços e fraturas; curava as pestes, febres, órgãos corrompidos; limpava a pele purulenta e o sangue pisado; livrava o corpo de todos os males.

Um dia Xangô, que era o deus da justiça, julgou que todos os orixás deveriam compartilhar o poder de Ossãe, conhecendo o segredo das ervas e o dom da cura. Xangô sentenciou que Ossãe dividisse suas folhas com os outros orixás. Mas Ossãe negou-se a dividir suas folhas com os outros orixás. Xangô então ordenou que Iansã soltasse o vento e trouxesse ao seu palácio todas as folhas das matas de Ossãe para que fossem distribuídas aos orixás. Iansã fez o que Xangô determinara. Gerou um furacão que derrubou as folhas das plantas e as arrastou pelo ar em direção ao palácio de Xangô.

Ossãe percebeu o que estava acontecendo e gritou: "Euê Uassá!" (As folhas funcionam!). Ossãe ordenou às folhas que voltassem às suas matas e as folhas obedeceram às ordens de Ossãe. Quase todas as folhas retornaram para Ossãe. As que já estavam em poder de Xangô perderam o axé, perderam o poder da cura. O Orixá Rei, que era um Orixá justo, admitiu a vitória de Ossãe. Entendeu que o poder das folhas devia ser exclusivo de Ossãe e que assim devia permanecer através dos séculos. Ossãe, contudo, deu uma folha para cada Orixá, cada qual com seus axés e seus efós, que são as cantigas de encantamento, sem as quais as folhas não funcionam. Ossãe distribuiu as folhas aos orixás para que eles não mais o invejassem. Eles também podiam realizar proezas com as ervas, mas os segredos mais profundos ele guardou para si. Ossãe não conta seus segredos para ninguém, Ossãe nem mesmo fala. Fala por ele seu criado Aroni. Os orixás ficaram gratos a Ossãe e sempre o reverenciam quando usam as folhas.

"Os mistérios da Umbanda são revelados nas giras, através dos espíritos de luz."

Osmar Barbosa

As linhas de trabalho da Umbanda

"Não confundir os sete raios da criação, as forças da natureza (orixás) com as linhas de trabalho."

Os exus

Exus são espíritos que já encarnaram na Terra. Na sua maioria tiveram vida difícil, como mulheres da vida, boêmios, dançarinas de cabaré, ladrões. Esses espíritos optaram por prosseguir sua evolução espiritual através da prática da caridade, incorporando nos terreiros de Umbanda. São muito amigos, quando tratados com respeito e carinho, são desconfiados, mas gostam de ser presenteados e sempre lembrados. Estes espíritos, assim como os pretos velhos, crianças e caboclos, são servidores dos orixás.

Apesar das imagens de exus fazerem referência ao "Diabo" medieval (herança do sincretismo religioso), eles não devem ser associados à prática do "mal", pois como são servidores dos orixás, todos têm funções específicas e seguem as ordens de seus "patrões". Dentre várias, duas das principais funções dos exus são: a abertura dos caminhos e proteção dos terreiros e médiuns contra espíritos perturbadores durante a gira ou obrigações. Desta forma, estes espíritos não trabalham somente durante a "Gira de Exus" dando consultas, quando resolvem problemas de emprego, pessoal, demandas de seus consulentes, mas também durante as outras giras, protegendo o terreiro e os médiuns, para que a caridade possa ser praticada.

Muitos acreditam que nossos amigos exus são demônios, maus, ruins, perversos, que bebem sangue e se regozijam com as desgraças que podem provocar.

Mas por que este Orixá, irmão de Ogum, animado, gozador, alegre, extrovertido, sincero e, sobretudo, amigo é comparado com demônios das profundezas macabras dos infernos? Bem, para conhecer esta história vamos viajar 6.000 anos até a antiga Mesopotâmia.

A demonologia mesopotâmica influenciou diversos povos: hebreus, gregos, romanos, cristãos e outros. Sobrevive até hoje nos rituais satânicos sobre os quais muitos já devem ter escutado e visto notícias na televisão e lido nos jornais, principalmente na Europa e EUA.

Na Mesopotâmia, os males da vida que não constituíssem catástrofes naturais eram atribuídos aos demônios. (No mundo atual as pessoas continuam a fazer isso.) Os bruxos, para combater as forças do mal tinham que conhecer o nome dos demônios e perfaziam enormes listas, quase intermináveis. O demônio mau era conhecido genericamente como UTUKKU. O grupo de sete demônios maus é com frequência encontrado em encantamentos antigos. Dividiam-se em machos e fêmeas. Tinham a forma de meio humano e meio animal: cabeça e tronco de homem ou mulher, cintura e pernas de cabra e garras nas mãos. Com sede de sangue, de preferência humano, mas aceitavam de outros animais, os demônios frequentavam os túmulos, caminhos (encruzilhadas), lugares ermos, desertos, especialmente à noite.

Nem todos eram maus, havia os demônios bons que eram evocados para combater os maus. Demônios benignos são representados como gênios guardiões, em número de sete, que guardam as porteiras, portas dos templos, cemitérios, encruzilhadas, casas e palácios.

Os negros africanos em suas danças nas senzalas, as quais os brancos achavam que eram a forma de eles saudarem os santos, incorporavam alguns exus, com seu brado e jeito maroto e extrovertido. Assim, eles assustavam os brancos, que se afastavam ou agrediam os médiuns dizendo que eles estavam possuídos por demônios.

Com o passar do tempo, os brancos tomaram conhecimento dos sacrifícios que os negros ofereciam a Exu, o que reafirmou sua hipótese de que essa forma de incorporação era devido a demônios.

As cores de Exu também reafirmaram os medos e fascinação que rondavam as pessoas mais sensíveis.

Mas então quem é Exu?

Ele é o guardião dos caminhos, soldado dos pretos velhos e caboclos, emissário entre os homens e os orixás, lutador contra o mal, sempre de frente, sem medo, sem mandar recado.

Exu, termo originário do idioma iorubá, da Nigéria, na África, divindade afro que representa o vigor, a energia que gira em espiral. No Brasil, os senhores conhecidos como exus, por atuarem no mistério cuja energia prevalente é Exu, e tanto assim, em todo o resto do mundo são os verdadeiros guardiões das pilastras da criação, preservando e atuando dentro do mistério Exu.

Verdadeiros cobradores do carma e responsáveis pelos espíritos humanos caídos representam e são o braço armado e a espada divina do Criador nas Trevas, combatendo o mal e responsáveis pela estabilidade astral na escuridão. Senhores do plano negativo atuam dentro de seus mistérios regendo seus domínios e os caminhos por onde percorre a humanidade.

Em seus trabalhos, Exu corta demandas, desfaz trabalhos e feitiços e magia negra, feitos por espíritos malignos. Ajuda nos descarregos e desobsessões retirando os espíritos obsessores e os trevosos, e os encaminhando para luz ou para que possam cumprir suas penas em outros lugares do astral inferior.

Seu dia é a segunda-feira, seu patrono é Santo Antônio, em cuja data comemorativa tem também sua comemoração. Sua bebida ritual é a cachaça, mas não é permitido o uso de cachaça para ser ingerida dentro do terreiro durante as sessões, para este fim, cada um tem a sua preferência.

Sua roupa, quando lhe é permitido usá-la, tem as cores preta e vermelha, podendo também ser preta e branca, ou conter outras cores, dependendo da irradiação a qual correspondem. Completa a vestimenta o uso de cartolas (ou chapéus diversos), capas, véus, e até mesmo bengalas e punhais em alguns casos.

A roupagem fluídica dos exus varia de acordo com seu grau evolutivo, função, missão e localização. Normalmente, em campos de batalhas, eles usam o uniforme adequado. Seu aspecto tem sempre a função de amedrontar e intimidar. Suas emanações vibratórias são pesadas, perturbadoras. Suas irradiações magnéticas causam sensações mórbidas e pavor.

É claro que, em determinados lugares, eles se apresentarão de maneira diversa. Em centros espíritas, podem aparecer como "guardas". Em caravanas espirituais, como lanceiros. Já foi verificado que alguns se apresentam de maneira fina: com ternos, chapéus, etc.

Eles têm grande capacidade de mudar a aparência, podem surgir como seres horrendos, animais grotescos, etc.

Às vezes temido, às vezes amado, mas sempre alegre, honesto e combatente da maldade no mundo, assim é Exu.

Algumas palavras sobre os exus

Exus têm palavra e a honram. Buscam evoluir.

Por sua função kármica de guardião, sofrem com os constantes choques energéticos a que estão expostos. Afastam-se daqueles que atrasam a sua evolução. Estas entidades mostram-se sempre justas, dificilmente demonstrando emotividade, dando-nos a impressão de serem mais "duras" que as demais entidades. São caridosas e trabalham nas suas consultas, mais com os assuntos terra a terra. Sempre estão nos lugares mais perigosos para a alma humana. Quando não estão em missão ou em trabalhos, demonstram o imenso amor e compaixão que sentem pelos encarnados e desencarnados:

"Pela misericórdia de DEUS, que me permitiu a convivência com essas entidades desde a adolescência, através dos mais diferentes filhos de fé, de diferentes terreiros, aprendi a reconhecê-los e dar-lhes o justo valor. Durante todos estes anos, dos EXUS, POMBO-GIRAS e MIRINS recebi apenas o bem, o amor, a alegria, a proteção, o desbloqueio emocional, além de muitas e muitas verdadeiras aulas de aprendizado variado. Esclareceram-me, afastando-me gradualmente da ILUSÃO DO PODER. Nunca me pediram nada em troca. Apenas exigiram meu próprio esforço. Mostraram-me os perigos e ensinaram-me a reconhecer a falsidade, a ignorância e as fraquezas humanas. Torno a repetir, jamais pediram algo para si próprios. Só recebi e só vi neles o bem."

Testemunho de um pai de santo.

As pombo-giras

O termo pombo-gira é corruptela do termo "Bombogira" que significa Exu em nagô.

A origem do termo "pomba-gira" também é encontrada na história.

No passado, ocorreu uma luta entre a ordem dórica e a ordem iônica. A primeira guardava a tradição e seus puros conhecimentos. Já a iônica tinha-os totalmente deturpados. O símbolo desta ordem era uma pomba vermelha, a pomba de Yona. Como estes contribuíram para a deturpação da tradição e foi uma ordem formada em sua maioria por mulheres, daí a associação.

Se Exu já é mal interpretado, confundindo-o com o Diabo, quem dirá a Pomba-Gira? Dizem que Pomba-Gira é uma mulher da rua, uma prostituta. Que Pomba-Gira é mulher de Sete Exus! As distorções e preconceitos são características dos seres humanos, quando eles não entendem corretamente algo, querendo trazer ou materializar conceitos abstratos, distorcendo-os.

Pombo-Gira é um exu feminino. Na verdade, dos Sete Exus Chefes de Legião, apenas um exu é feminino, ou seja, ocorreu uma inversão destes conceitos, dizendo que a Pombo-Gira é mulher de sete exus e, por isso, prostituta.

É claro que em alguns casos, podem ocorrer que uma delas, em alguma encarnação, tivesse sido prostituta, mas isso não significa que as pombo-giras tenham sido todas prostitutas e que assim agem.

A função das pombo-giras está relacionada à sensualidade. Elas frenam os desvios sexuais dos seres humanos, direcionam as energias sexuais para a construção e evitam as destruições.

A sensualidade desenfreada é um dos "sete pecados capitais" que destroem o homem: a volúpia. Este vício é alimentado tanto pelos encarnados quanto pelos desencarnados, e criaria ciclos ininterruptos se as pombo-giras não atuassem neste campo emocional.

As pombo-giras são grandes magas e conhecedoras das fraquezas humanas. São, como qualquer exu, executoras da lei e do karma.

Cabe a elas esgotar os vícios ligados ao sexo. Quando um espírito é extremamente viciado em sexo, elas, às vezes, dão a ele "overdoses" de sexo, para esgotá-lo de uma vez por todas.

Elas, ao se manifestarem, carregam em si grande energia sensual. Isso não significa que elas sejam desequilibradas, mas que elas recorrem a este expediente para "descarregar" o ambiente deste tipo de energia negativa.

São espíritos alegres e gostam de conversar sobre a vida. São astutas, pois conhecem a maioria das más intenções.

Devemos conhecer cada vez mais o trabalho dos guardiões, pois eles estão do lado da lei e não contra ela. Vamos encará-los de maneira racional e não como bichos-papões. Eles estão sempre dispostos ao esclarecimento. Através de uma conversa franca, honesta e respeitosa, podemos aprender muito com eles.

Exus são demônios?

Pelo contrário... Os exus são os senhores agentes da justiça kármica, são quem guarda a cada um de nós e ao terreiro como um todo (Quem você acha quem são os vigilantes tão mencionados nos livros de Chico Xavier/ André Luiz?).

Estão acima dos princípios do bem e do mal. Tem-se que entender que "demônio" vem do grego "demo". Termo utilizado por Sócrates para definir "espírito" e "alma". Por sua vez, em função dos valores "do bem e do mal", pelo fato de vivermos no mundo da forma, precisou-se estereotipar este "mal". Na realidade, "os demônios" estão dentro de cada um.

Com relação aos espetáculos, que certas religiões mostram na televisão, com incorporação de "exus" que dizem querer destruir a vida dos encarnados, podem até ocorrer manifestações mediúnicas, mas com certeza não são os verdadeiros exus da Umbanda que conhecemos, mas sim os obsessores, vampirizadores e kiumbas, que, usando o nome dos exus, que os combatem, tentam marginalizá-los e difamá-los junto ao povo, que em geral não têm acesso a uma informação completa sobre a natureza dos nossos irmãos exus.

Outro fato muitíssimo importante, que ocorre em centros não sérios, é a manifestação de uma kiumba passando-se por pombo-gira. Deve-se tomar muito cuidado, pois certamente ela estará apenas vampirizando as emanações sensuais do médium, podendo prejudicá-lo seriamente. Vale lembrar que, às vezes, um consulente pode ficar fascinado ou encantado com uma.

Pombo-gira. O que fazer então?

"Orai e vigiai" é o lema de todo médium. Devemos estar atentos não com os vícios alheios, mas com os nossos. Devemos direcionar as energias desequilibrantes e transformá-las em energias salutares, em ações benéficas.

Resumindo, **EXU NÃO É O DIABO!**

Características. Cor: preto e vermelho. Fio de contas: preto e vermelho. Ervas: pimenta, capim tiririca, urtiga, arruda, salsa, hortelã. Símbolos: bastão-agô, tridente. Pontos da natureza: encruzilhadas e passagens. Flores: cravos vermelhos. Pedras: granada, rubi, turmalina negra, ônix. Metal: ferro. Planeta: Mercúrio. Dia da semana: segunda-feira. Elemento: fogo. Chacra: básico, sacro. Saudação: Laroiê Exu, Exu Ê, Exu mojubá. Bebida: cachaça. Comidas: padê. Dia de comemoração: 13 de junho. Sincretismo: Santo Antônio.

Atribuições. Vigia as passagens, abre e fecha os caminhos. Por isso, ajuda a resolver problemas da vida fora de casa e a encontrar caminhos para progredir, além de proteger contra perigos e inimigos.

Lendas de Exu

Por que Exu recebe oferendas antes dos outros orixás?

Exu foi o primeiro filho de Iemanjá e Oxalá. Ele era muito levado e gostava de fazer brincadeiras com todo mundo. Tantas fez que foi expulso de casa. Saiu vagando pelo mundo, e então o país ficou na miséria, assolado por secas e epidemias. O povo consultou Ifá, que respondeu que Exu estava zangado porque ninguém se lembrava dele nas festas; e ensinou que, para qualquer ritual dar certo, seria preciso oferecer primeiro um agrado a Exu. Desde então, Exu recebe oferendas antes de todos, mas tem que obedecer aos outros orixás, para não voltar a fazer tolices.

Vingança de Exu

Um homem rico tinha uma grande criação de galinhas. Certa vez, chamou um pintinho muito travesso de Exu, acrescentando vários xingamentos. Para se vingar, Exu fez com que o pintinho se tornasse muito violento. Depois que se tornou galo, ele não deixava nenhum outro macho sossegado no galinheiro: feria e matava todos os que o senhor comprava. Com o tempo, o senhor foi perdendo a criação e ficou pobre. Então, perguntou a um babalaô o que estava acontecendo. O sacerdote explicou que era uma vingança de Exu e que ele precisaria fazer um ebó pedindo perdão ao Orixá. Amedrontado, o senhor fez a oferenda necessária e o galo se tornou calmo, permitindo que ele recuperasse a produção.

Exu instaura o conflito entre Iemanjá, Oiá e Oxum

Um dia, foram juntas ao mercado Iansã e Oxum, esposas de Xangô, e Iemanjá, esposa de Ogum. Exu entrou no mercado conduzindo uma cabra, viu que tudo estava em paz e decidiu plantar uma discórdia. Aproximou-se de Iemanjá, Iansã e Oxum e disse que tinha um compromisso importante com Orumilá.

Ele deixaria a cidade e pediu a elas que vendessem sua cabra por vinte búzios. Propôs que ficassem com a metade do lucro obtido. Iemanjá, Oiá e Oxum concordaram e Exu partiu. A cabra foi vendida por vinte búzios. Iemanjá, Iansã e Oxum puseram os dez búzios de Exu a parte e começaram a dividir os dez búzios que lhe cabiam. Iemanjá contou os búzios. Havia três búzios para cada uma delas, mas sobraria um. Não era possível dividir os dez em três partes iguais. Da mesma forma Iansã e Oxum tentaram e não conseguiram dividir os búzios por igual. Aí, as três começaram a discutir sobre quem ficaria com a maior parte.

Iemanjá disse: "É costume que os mais velhos fiquem com a maior porção. Portanto, eu pegarei um búzio a mais". Oxum rejeitou a proposta de Iemanjá, afirmando que o costume era que os mais novos ficassem com a maior porção, que por isso lhe cabia.

Iansã intercedeu, dizendo que, em caso de contenda semelhante, a maior parte caberia à do meio. As três não conseguiam resolver a discussão.

Não havia meio de resolver a divisão. Exu voltou ao mercado para ver como estava a discussão. Ele disse: – Onde está minha parte?

Elas deram a ele dez búzios e pediram para dividir os dez búzios delas de modo equitativo. Exu deu três a Iemanjá, três a Oiá e três a Oxum. O décimo búzio ele segurou. Colocou-o num buraco no chão e cobriu com terra. Exu disse que o búzio extra era para os antepassados, conforme o costume que se seguia no Orum.

Toda vez que alguém recebe algo de bom, deve-se lembrar dos antepassados. Dá-se uma parte das colheitas, dos banquetes e dos sacrifícios aos orixás, aos antepassados. Assim também com o dinheiro. Este é o jeito como é feito no céu. Assim também na Terra deve ser. Quando qualquer coisa vem para alguém, deve-se dividi-la com os antepassados. "Lembrai que não deve haver disputa pelos búzios."

Iemanjá, Oiá e Oxum reconheceram que Exu estava certo e concordaram em aceitar três búzios cada.

Todos os que souberam do ocorrido no mercado de Oió passaram a ser mais cuidadosos com relação aos antepassados, a eles destinando sempre uma parte importante do que ganham com os frutos do trabalho e com os presentes da fortuna.

Exu torna-se o amigo predileto de Orumilá

Como se explica a grande amizade entre Orumilá e Exu, visto que eles são opostos em grandes aspectos?

Orumilá, filho mais velho de Olorum, foi quem trouxe aos humanos o conhecimento do destino pelos búzios. Exu, pelo contrário, sempre se esforçou para criar mal-entendidos e rupturas, tanto aos humanos como aos orixás. Orumilá era calmo, e Exu, quente como o fogo.

Mediante o uso de conchas adivinhas, Orumilá revelava aos homens as intenções do supremo deus Olorum e os significados do destino. Orumilá aplainava os caminhos para os humanos, enquanto Exu os emboscava na estrada e fazia incertas todas as coisas. O caráter de Orumilá era o destino, o de Exu, era o acidente. Mesmo assim ficaram amigos íntimos.

Uma vez, Orumilá viajou com alguns acompanhantes. Os homens de seu séquito não levavam nada, mas Orumilá portava uma sacola na qual guardava o tabuleiro e os obis que usava para ler o futuro.

Mas na comitiva de Orumilá muitos tinham inveja dele e desejavam apoderar-se de sua sacola de adivinhação. Um deles, mostrando-se muito gentil, ofereceu-se para carregar a sacola de Orumilá. Um outro também se dispôs à mesma tarefa e eles discutiram sobre quem deveria carregar a tal sacola.

Até que Orumilá encerrou o assunto dizendo: "Não estou cansado. Eu mesmo carrego a sacola".

Quando Orumilá chegou em casa, refletiu sobre o incidente e quis saber quem realmente agira como um amigo de fato. Pensou então num plano para descobrir os falsos amigos. Enviou mensagens com a notícia de que havia morrido e escondeu-se atrás da casa, onde não podia ser visto. E lá Orumilá esperou.

Depois de um tempo, um de seus acompanhantes veio expressar seu pesar. O homem lamentou o acontecido, dizendo ter sido um grande amigo de Orumilá e que muitas vezes o ajudara com dinheiro. Disse ainda que, por gratidão, Orumilá lhe teria deixado seus instrumentos de adivinhar.

A esposa de Orumilá pareceu compreendê-lo, mas disse que a sacola havia desaparecido. E o homem foi embora frustrado. Outro homem veio chorando, com artimanha pediu a mesma coisa e também foi embora desapontado. E, assim, todos os que vieram fizeram o mesmo pedido. Até que Exu chegou.

Exu também lamentou profundamente a morte do suposto amigo. Mas disse que a tristeza maior seria da esposa, que não teria mais para quem cozinhar. Ela concordou e perguntou se Orumilá não lhe devia nada. Exu disse que não. A esposa de Orumilá persistiu, perguntando se Exu não queria a parafernália de adivinhação. Exu negou outra vez. Aí Orumilá entrou na sala, dizendo: "Exu, tu és sim meu verdadeiro amigo!". Depois disso nunca teve amigos tão íntimos como Exu e Orumilá.

Exu leva aos homens o oráculo de Ifá

Em épocas remotas os deuses passaram fome. Às vezes, por longos períodos, eles não recebiam bastante comida de seus filhos que viviam na Terra. Os deuses cada vez mais se indispunham uns com os outros e lutavam entre si guerras assombrosas. Os descendentes dos deuses não pensavam mais neles e os deuses se perguntavam o que poderiam fazer. Como ser novamente alimentados pelos homens? Os homens não faziam mais oferendas e os deuses tinham fome. Sem a proteção dos deuses, a desgraça tinha se abatido sobre a Terra e os homens viviam doentes, pobres, infelizes. Um dia Exu pegou a estrada e foi em busca de solução. Exu foi até Iemanjá em busca de algo que pudesse recuperar a boa vontade dos homens, mas Iemanjá lhe disse: – Nada conseguirás. Xapanã já tentou afligir os homens com doenças, mas eles não vieram lhe oferecer sacrifícios. Exu matará todos os homens, mas eles não lhe darão o que comer. Xangô já lançou muitos raios e já matou muitos homens, mas eles nem se preocupam com ele. Então é melhor que procures solução em outra direção. Os homens não têm medo de morrer. Em vez de ameaçá-los com a morte, mostra a eles alguma coisa que seja tão boa que eles sintam vontade de tê-la e que, para tanto, desejem continuar vivos.

Exu retornou o seu caminho e foi procurar Orungã, que lhe disse:

– Eu sei por que vieste. Os dezesseis deuses têm fome. É preciso dar aos homens alguma coisa de que eles gostem, alguma coisa que os satisfaça. Conheço algo que pode fazer isso. É uma grande coisa que é feita com dezesseis caroços de dendê. Arranja os cocos da palmeira e entenda seu significado. Assim poderás conquistar os homens.

Exu foi ao local onde havia palmeiras e conseguiu ganhar dos macacos dezesseis cocos. Exu pensou e pensou, mas não atinava no que fazer com eles. Os macacos então lhe disseram:

– Exu, não sabes o que fazer com os dezesseis cocos de palmeira? Vai andando pelo mundo e em cada lugar pergunta o que significam esses cocos de palmeira. Deves ir a dezesseis lugares para saber o que significam esses cocos de palmeira. Em cada um desses lugares recolheras dezesseis odus, recolherás dezesseis histórias, dezesseis oráculos. Cada história tem a sua sabedoria, conselhos que podem ajudar os homens. Vai juntando os odus e ao final de um ano terás aprendido o suficiente. Aprenderás dezesseis vezes dezesseis odus. Então volta para onde moram os deuses. Ensina aos homens o que terás aprendido e os homens irão cuidar de Exu de novo.

Exu fez o que lhe foi dito e retornou ao Orum, o céu dos orixás. Exu mostrou aos deuses os odus que havia aprendido e os deuses disseram: "Isso é muito bom".

Os deuses, então, ensinaram o novo saber aos seus descendentes, os homens. Os homens então puderam saber todos os dias os desígnios dos deuses e os acontecimentos do porvir. Quando jogavam os dezesseis cocos de dendê e interpretavam o odu que eles indicavam, sabiam da grande quantidade de mal que havia no futuro. Eles aprenderam a fazer sacrifícios aos orixás para afastar os males que os ameaçavam. Eles recomeçavam a sacrificar animais e a cozinhar suas carnes para os deuses. Os orixás estavam satisfeitos e felizes. Foi assim que Exu trouxe aos homens o oráculo de Ifá.

Pretos velhos

História. As grandes nações do período colonial – Portugal, Espanha, Inglaterra, França – subjugaram nações africanas, fazendo dos negros mercadorias, objetos sem direitos ou alma.

Os negros africanos foram levados a diversas colônias espalhadas principalmente nas Américas e em plantações no Sul de Portugal e em serviços de casa na Inglaterra e França.

Os traficantes coloniais utilizavam-se de diversas técnicas para poder arrematar os negros.

Chegavam de assalto e prendiam os mais jovens e mais fortes da tribo, que viviam principalmente no litoral Oeste, no Centro-oeste, Nordeste e Sul da África.

Trocavam por mercadoria: espelhos, facas, bebidas, etc. Os cativos de uma tribo que fora vencida em guerras tribais corrompiam os chefes da tribo financiando as guerras e fazendo dos vencidos escravos.

No Brasil, os escravos negros chegavam por Recife e Salvador, nos séculos XVI e XVII, e no Rio de Janeiro, no século XVIII.

Os primeiros grupos que vieram para essas regiões foram os bantos; cabindos; sudaneses; iorubás; geges; hauçá; minas e malês.

A valorização do tráfico negreiro, fonte da riqueza colonial, custou muito caro; em quatro séculos, do XV ao XIX, a África perdeu, entre escravizados e mortos, 65 a 75 milhões de pessoas, que constituíam uma parte selecionada da população.

Arrancados de sua terra de origem, uma vida amarga e penosa esperava esses homens e mulheres na colônia: trabalho de sol a sol nas grandes fazendas de açúcar. Tanto esforço que um africano aqui chegado durava, em média, de sete a dez anos! Em troca de seu trabalho, os negros recebiam três "pês": pau, pano e pão, e reagiam a tantos tormentos suicidando-se, evitando a reprodução, assassinando feitores, capitães do mato e proprietários. Em seus cultos, os escravos resistiam, simbolicamente, à dominação. A "macumba" era, e ainda é, um ritual de liberdade, protesto, reação à opressão. As rezas, batucadas, danças e cantos eram maneiras de aliviar a asfixia da escravidão. A resistência também acontecia na fuga das fazendas e na formação dos quilombos, onde os negros tentaram reconstituir sua vida africana.

Um dos maiores quilombos foi o Quilombo dos Palmares, onde reinou Ganga Zumba ao lado de seu guerreiro Zumbi (protegido de Ogum).

Os negros que se adaptavam mais facilmente à nova situação recebiam tarefas mais especializadas; reprodutor, caldeireiro, carpinteiro, tocheiro, trabalhador na casa grande (escravos domésticos) e outros. Ganharam alforria dos seus senhores ou pelas leis do Sexagenário, do Ventre Livre e, enfim, pela Lei Áurea.

A legião de espíritos chamados "Pretos Velhos" foi formada no Brasil devido a esse torpe comércio do tráfico de escravos arrebanhados da África.

Estes negros aos poucos conseguiram envelhecer e constituir, mesmo de maneira precária, uma união representativa da língua, culto aos orixás e aos antepassados e tornaram-se um elemento de referência para os mais novos, refletindo os velhos costumes da mãe África. Eles conseguiram preservar e até modificar, no sincretismo, sua cultura e sua religião.

Idosos mesmo, poucos vieram, já que os escravagistas preferiam os jovens e fortes, tanto para resistirem ao trabalho braçal como às exemplificações com o látego. Porém, foi esta minoria o compêndio no qual os incipientes puderam ler e aprender a ciência e sabedoria milenar de seus ancestrais, tais como o conhecimento e emprego de ervas, plantas, raízes, enfim, tudo aquilo que nos dá graciosamente a mãe natureza.

Mesmo contando com a religião, suas cerimônias, cânticos, esses moços logicamente não poderiam resistir à erosão que o Grande Mestre, o Tempo, produz sobre o invólucro carnal, como todos os mortais. Mas a mente não envelhece, apenas amadurece.

Não podendo mais trabalhar duro de sol a sol, constituíram-se a nata da sociedade negra subjugada. Contudo, o peso dos anos é implacavelmente destruidor, como sempre acontece.

O ato final da peça que encarnamos no vale de lágrimas que é o planeta Terra é a morte. Mas eles voltaram. A sua missão não estava ainda cumprida. Precisavam evoluir gradualmente no plano espiritual. Muitos ainda, usando seu linguajar característico, praticando os sagrados rituais do culto, utilizados desde tempos imemoriais, manifestaram-se em indivíduos previamente selecionados de acordo com a sua ascendência (linhagem), costumes, tradições e cultura. Teriam que possuir a essência intrínseca da civilização que se aprimorou após incontáveis anos de vivência.

Formação da falange dos pretos velhos na Umbanda

Depois de mortos, passaram a surgir em lugares adequados, principalmente para se manifestarem. Ao se incorporarem, trazem os pretos velhos os sinais característicos das tribos a que pertenciam.

Os pretos velhos são nossos guias ou protetores, mas no Candomblé são considerados eguns (almas desencarnadas) e, decorrente disso, só têm fio de conta (guia) na Umbanda. Usam branco ou preto e branco. Essas cores são usadas porque, sendo os pretos velhos almas de escravos, lembram que eles só podiam andar de branco ou xadrez preto e branco, em sua maioria. Temos também a guia de lágrima de Nossa Senhora, semente cinza com uma palha dentro. Essa guia vem dos tempos dos cativeiros, porque era o material mais fácil de se encontrar na época dos escravos, cuja planta era encontrada em quase todos os lugares.

O dia em que a Umbanda homenageia os pretos velhos é 13 de maio, que é a data em que foi assinada a Lei Áurea (libertação dos escravos).

Os nomes dos pretos velhos

Há muita controvérsia sobre o fato de o nome do preto velho ser uma miscelânea de palavras portuguesas e africanas. Voltemos ao passado, na época que cognominamos "A Idade das Trevas", no Brasil dos feitores e senhores, senzalas e quilombos. Os senhores feudais brasileiros eram católicos ferrenhos (devido à influência portuguesa) e não permitiam a seus escravos a liberdade de culto. Eram obrigados a aprender e praticar os dogmas religiosos dos amos. Porém, eles seguiram a velha norma: contra a força não há resistência, só a inteligência vence. Faziam seus rituais às ocultas, deixando que os déspotas em miniatura acreditassem estar eles doutrinados para o catolicismo, cujas cerimônias assistiam forçados.

As crianças escravas recém-nascidas, na época, eram batizadas duas vezes. A primeira, ocultamente, na nação a que pertenciam seus pais, recebendo o nome de acordo com a seita. A segunda vez, na pia batismal católica, sendo esta obrigatória, e nela a criança recebia o primeiro nome dado pelo seu senhor, sendo o sobrenome composto de cognome ganho pela fazenda onde nascera (Ex.: Antônio da Coroa Grande), ou então da região africana de onde vieram (Ex.: Joaquim D'Angola).

O termo "velho", "vovô" e "vovó" é para sinalizar sua experiência, pois quando pensamos em alguém mais velho, como um vovô ou uma vovó, subentendemos que essa pessoa já tenha vivido mais tempo, adquirindo assim sabedoria, paciência, compreensão. É baseado nesses fatores que as pessoas mais velhas aconselham.

No mundo espiritual, que é bastante semelhante, a grande característica dessa linha é o conselho. É devido a esse fator que carinhosamente dizemos que são os "psicólogos da Umbanda".

Eis aqui, como exemplo, o nome de alguns pretos velhos

Pai Cambinda (ou Cambina), Pai Roberto, Pai Cipriano, Pai João, Pai Congo, Pai José D'Angola, Pai Benguela, Pai Jerônimo, Pai Francisco, Pai Guiné, Pai Joaquim, Pai Antônio, Pai Serafim, Pai Firmino D'Angola, Pai Serapião, Pai Fabrício das Almas, Pai Benedito, Pai Julião, Pai Jobim, Pai Jobá, Pai Jacó, Pai Caetano, Pai Tomaz, Pai

Tomé, Pai Malaquias, Pai Dindó, Vovó Maria Conga, Vovó Manuela, Vovó Chica, Vovó Cambinda (ou Cambina), Vovó Ana, Vovó Maria Redonda, Vovó Catarina, Vovó Luiza, Vovó Rita, Vovó Gabriela, Vovó Mariana, Vovó Maria da Serra, Vovó Maria de Minas, Vovó Rosa da Bahia, Vovó Maria do Rosário, Vovó Benedita.

Obs: Normalmente os pretos velhos tratados por vovô ou vovó são mais "velhos" do que aqueles tratados por pai, mãe, tio ou tia.

Atribuições. Eles representam a humildade, força de vontade, a resignação, a sabedoria, o amor e a caridade. São um ponto de referência para todos aqueles que necessitam: curam, ensinam, educam pessoas e espíritos sem luz. Não têm raiva ou ódio pelas humilhações, atrocidades e torturas a que foram submetidos no passado.

Com seus cachimbos, fala pausada, tranquilidade nos gestos, eles escutam e ajudam àqueles que necessitam, independentes de sua cor, idade, sexo e de religião. São extremamente pacientes com os seus filhos e, como poucos, sabem incutir-lhes os conceitos de karma e ensinar-lhes a resignação.

Não se pode dizer que em sua totalidade esses espíritos são diretamente os mesmos pretos velhos da escravidão, pois no processo cíclico da reencarnação, passando por muitas vidas anteriores, foram: negros escravos, filósofos, médicos, ricos, pobres, iluminados, e outros. Mas, para ajudar aqueles que necessitam, escolheram ou foram escolhidos para voltar à Terra em forma incorporada de preto velho. Outros, nem negros foram, mas escolheram como missão voltar nessa pseudoforma.

Outros foram até mesmo exus, que evoluíram e tomaram as formas de um pretos velhos.

Este comentário pode deixar algumas pessoas, do culto e fora dele, meio confusas: "Então o preto velho não é um preto velho, ou é, ou o que acontece???".

Esses espíritos assumem esta forma com o objetivo de manter uma perfeita comunicação com aqueles que os vão procurar em busca de ajuda.

O espírito que evoluiu tem a capacidade de assumir qualquer forma, pois ele é energia viva e conduzente de luz, a forma é apenas uma consequência do que eles tenham que fazer na terra. Esses espíritos podem se apresentar, por exemplo, em lugares como um médico e em outros como um preto velho ou até mesmo um caboclo ou exu. Tudo isso vai de acordo com o seu trabalho, sua missão. Não é uma forma de enganar ou má-fé com relação àqueles que acreditam, muito pelo contrário, quando se conversa sinceramente, eles mesmos nos dizem quem são, caso tenham autorização.

Por isso, se você for falar com um preto velho, tenha humildade e saiba escutar, não queira milagres ou que ele resolva seus problemas, como em um passe de mágica, entenda que qualquer solução tem o princípio dentro de você mesmo, tenha fé, acredite em você, tenha amor a Deus e a você mesmo.

Para muitos, os pretos velhos são conselheiros mostrando a vida e seus caminhos; para outros, são psicólogos, amigos, confidentes, mentores espirituais; para outros, são os exorcistas que lutam com suas mirongas, banhos de ervas, pontos de fogo, pontos riscados e outros, apoiados pelos exus desfazendo trabalhos. Também combatem as forças negativas (o mal), espíritos obssessores e kiumbas.

Eles aliviam o fardo espiritual de cada pessoa fazendo com que ela se fortaleça espiritualmente. Se a pessoa se fortalece e cresce, consegue carregar mais comodamente o peso de seus sofrimentos. Ao passo que se ela se entrega ao sofrimento e ao desespero, enfraquece e sucumbe por terra pelo peso que carrega. Então cada um pode fazer com que seu sofrimento diminua ou aumente de acordo como encare seu destino e os acontecimentos de sua vida:

UMBANDA PARA INICIANTES

"Cada um colherá aquilo que plantou. Se tu plantaste vento colherás tempestade. Mas, se tu entenderes que com luta o sofrimento pode tornar-se alegria vereis que deveis tomar consciência do que foste teu passado aprendendo com teus erros e visando o crescimento e a felicidade do futuro. Não sejais egoísta, aquilo que te fores ensinado passai aos outros e aquilo que recebeste de graça, de graça tu darás. Porque só no amor, na caridade e na fé é que tu podeis encontrar o teu caminho interior, a luz e Deus" (Pai Cipriano).

Características. Linha e irradiação: todos os pretos velhos vêm na linha de Obaluaiê, mas cada um vem na irradiação de um Orixá diferente. Fios de contas (guias): muitos dos pretos velhos gostam de guias com contas de rosário de Nossa Senhora, alguns misturam favas e colocam cruzes ou figas feitas de guiné ou arruda. Roupas: preta e branca; carijó (xadrez preto e branco). As pretas velhas às vezes usam lenços na cabeça e/ou batas; e os pretos velhos às vezes usam chapéu de palha. Bebida: café preto, vinho tinto, vinho moscatel, cachaça com mel (às vezes misturam ervas, sal, alho e outros elementos na bebida). Dia da semana: segunda-feira. Chacra atuante: básico ou sacro. Planeta regente: Saturno. Cor representativa: preto e branco. Saudação: Cacurucaia (Deve sempre ser respondida com "adorei as almas"). Fumo: cachimbos ou cigarros de palha. Comidas: tutu de feijão-preto e mingau das almas, que é um mingau feito de maizena e leite de vaca (às vezes com leite de coco), sem açúcar ou sal, colocado em tigela de louça branca. É comum colocar-se uma cruz feita de fitas pretas sobre esse mingau, antes de entregá-lo na natureza.

Obs: Os pretos velhos às vezes usam bengalas ou cajados.

Os caboclos

São os nossos amados caboclos os legítimos representantes da Umbanda. Eles se dividem em diversas tribos, de diversos lugares, formando aldeias. Eles vêm de todos os lugares para nos trazer paz e saúde, pois através de seus passes, de suas ervas santas, conseguem curar diversos males materiais e espirituais. A morada dos caboclos é a mata, onde recebem suas oferendas, sua cor é o verde transparente para as caboclas e verde leitoso para os caboclos, gostam de todas as frutas, de milho, do vinho tinto (para eles representa o sangue de Cristo), gostam de tomar sumo de ervas e apreciam o coco com vinho e mel.

Existem falanges de caçadores, de guerreiros, de feiticeiros, de justiceiros; são eles trabalhadores de Umbanda e chefes de terreiros. Às vezes os caboclos são confundidos com o Orixá Oxóssi, mas eles são simplesmente trabalhadores da Umbanda que pertencem a linha de Oxóssi, embora sua irradiação possa ser de outro Orixá.

A sessão de caboclos é muito alegre, lembra as festas da tribo. Eles cantam em volta do axé da casa como se estivessem em volta da fogueira sagrada, como faziam em suas aldeias. Tudo para os caboclos é motivo de festa, como casamento, batizado, dia de caçar, reconhecimento de mais um guerreiro, a volta de uma caçada.

Assim como os pretos velhos, possuem grande elevação espiritual e trabalham "incorporados" a seus médiuns na Umbanda, dando passes e consultas, em busca de sua elevação espiritual.

Estão sempre em busca de uma missão, de vencer mais uma demanda, de ajudar mais um irmão de fé. São de pouco falar, mas de muito agir e pensam muito antes de tomar uma decisão. Por esse motivo, eles são conselheiros e responsáveis.

Os caboclos de acordo com planos pré-estabelecidos na espiritualidade maior, chegam até nós com alta e sublime missão de desempenhar tarefa da mais alta importância, por serem espíritos muito adiantados, esclarecidos e caridosos. Espíritos que foram médicos na Terra, cientistas, sábios, professores, enfim, pertenceram a diversas classes sociais, os caboclos vêm auxiliar na caridade do dia a dia aos nossos irmãos enfermos, quer espiritualmente, quer materialmente.

UMBANDA PARA INICIANTES

Por essas razões, na maior parte dos casos, os caboclos são escolhidos por Oxalá para serem os guias-chefes dos médiuns, ou melhor, representar o Orixá de cabeça do médium umbandista (em alguns casos os pretos velhos assumem esse papel).

Na Umbanda não existe demanda de um caboclo para caboclo. A demanda poderá existir de um caboclo, entidade de luz, para com um "kiumba".

A denominação "caboclo", embora comumente designe o mestiço de branco com índio, tem, na Umbanda, significado um pouco diferente. Caboclos são espíritos de todos os índios antes e depois do descobrimento e da miscigenação.

Constituem o braço forte da Umbanda, muito utilizados nas sessões de desenvolvimento mediúnico, curas (através de ervas e simpatias), desobsessões, solução de problemas psíquicos e materiais, demandas materiais e espirituais, e uma série de outros serviços e atividades executados nas tendas.

Os caboclos não trabalham somente nos terreiros, como alguns pensam. Eles prestam serviços também aos espíritas nas chamadas sessões de "mesa branca". No panorama espiritual rente à Terra predominam espíritos ociosos, atrasados, desordeiros, semelhantes aos nossos marginais encarnados. Estes ainda respeitam a força. Os índios, que são fortíssimos, mas de almas simples, generosas e serviçais, são utilizados pelos espíritos de luz para resguardarem a sua tarefa da agressão e da bagunça. São também utilizados pelos guias, nos casos de desobsessão, pois pegam o obsessor contumaz, impertinente e teimoso, "amarrando-o" em sua tremenda força magnética e levando-o para outra região.

Os caboclos são espíritos de muita luz que assumem a forma de "índios", prestando uma homenagem a esse povo que foi massacrado pelos colonizadores. São exímios caçadores e têm profundo conhecimento das ervas e seus princípios ativos, e muitas vezes suas receitas produzem curas inesperadas.

Como foram primitivos conhecem bem tudo que vem da terra, assim caboclos são os melhores guias para ensinar a importância das ervas e dos alimentos vindos da terra, além de sua utilização.

Usam ervas em seus trabalhos que são passadas para banhos de limpeza e chás para a parte física. Ajudam na vida material com trabalhos de magia positiva que limpam a nossa aura e proporcionam energia e força que nos auxiliarão a conseguir o objetivo que desejamos. Não existem trabalhos de magia que concedam empregos e favores, isso não é verdade. O trabalho que eles desenvolvem é encorajar o nosso espírito e prepará-lo para que consigamos atingir o nosso objetivo.

A magia praticada pelos espíritos de caboclos e pretos velhos é sempre positiva. Não existe na Umbanda trabalho de magia negativa, ao contrário, a Umbanda trabalha para desfazer a magia negativa.

Os caboclos de Umbanda são entidades simples e através da sua simplicidade passam credibilidade e confiança a todos que os procuram. Nos seus trabalhos de magia costumam usar pemba, velas, essências, flores, ervas, frutas e charutos.

Quase sempre os caboclos vêm na irradiação do Orixá masculino da coroa do médium e as caboclas vêm na irradiação do Orixá feminino da coroa do médium; mas, eles(as) podem vir também na irradiação do seu próprio Orixá de quando encarnados e até mesmo na irradiação do povo do Oriente.

As crianças

São a alegria que contagia a Umbanda. Descem nos terreiros simbolizando a pureza, a inocência e a singeleza. Seus trabalhos se resumem em brincadeiras e divertimentos. Podemos pedir-lhes ajuda para os nossos filhos, resolução de problemas, fazer confidências, mexericos, mas nunca para o mal, pois elas não atendem pedidos dessa natureza.

UMBANDA PARA INICIANTES

São espíritos que já estiveram encarnados na terra e que optaram por continuar sua evolução espiritual através da prática de caridade, incorporando em médiuns nos terreiros de Umbanda. Em sua maioria, foram espíritos que desencarnaram com pouca idade (terrena), por isso trazem características de sua última encarnação, como o trejeito e a fala de criança, o gosto por brinquedos e doces.

Assim como todos os servidores dos orixás, elas também têm funções bem específicas, e a principal delas é de mensageiras dos orixás, sendo extremamente respeitadas pelos caboclos e pelos pretos velhos.

É uma falange de espíritos que assumem a mentalidade infantil em forma e modos. Como no plano material, também no plano espiritual, a criança não se governa, tem sempre que ser tutelada. É a única linha em que a comida de santo (amalás) leva tempero especial (açúcar). É conhecido nos terreiros de Nação e Candomblé como Êres ou Ibeji. Na representação nos pontos riscados, Ibeji é livre para utilizar o que melhor lhe aprouver. A linha de Ibeji é tão independente quanto à linha de Exu.

Beijada, Erês, Dois-Dois, Crianças, Ibejis, são esses vários nomes para essas entidades que se apresentam de maneira infantil.

No Candomblé, o Erê tem uma função muito importante. Como o Orixá não fala, é ele quem vem para dar os recados do pai. É normalmente muito irrequieto, barulhento, às vezes brigão, não gosta de tomar banho e se não for contido nas festas pode literalmente botar fogo no oceano. Ainda no Candomblé, o Erê tem muitas outras funções. O Yaô, virado no Erê, pode fazer tudo o que o Orixá não pode. Até mesmo as funções fisiológicas do médium, ele pode fazer.

Na Umbanda mais uma vez vemos a diferença entre as entidades/divindades. A criança na Umbanda é apenas uma manifestação de um espírito cujo desencarne normalmente se deu em idades infanto-juvenis. São tão barulhentos como os Erês, embora alguns são bem mais tranquilos e comportados.

No Candomblé, os Erês têm normalmente nomes ligados ao dono da coroa do médium. Para os filhos de Obaluaiê, Pipocão, Formigão. Para os de Oxóssi, Pingo Verde, Folinha Verde. Para os de Oxum, Rosinha. Para os de Yemanjá, Conchinha Dourada e por aí vai.

As crianças da Umbanda têm os nomes relacionados normalmente a nomes comuns, normalmente brasileiros. Rosinha, Mariazinha, Ritinha, Pedrinho, Paulinho, Cosminho.

As crianças de Umbanda comem bolos, balas, refrigerantes, normalmente guaraná e frutas. Os Erês do Candomblé, além desses, comem frangos e outras comidas ritualísticas como o caruru. Isso não quer dizer que uma criança de Umbanda não poderá comer caruru, por exemplo. Com criança tudo pode acontecer.

Quando incorporadas em um médium, gostam de brincar, correr e fazer brincadeiras (arte) como qualquer criança. É necessária muita concentração do médium (consciente), para não deixar que estas brincadeiras atrapalhem na mensagem a ser transmitida.

Os "meninos" são em sua maioria mais bagunceiros, enquanto as "meninas" são mais quietas e calminhas. Alguns deles incorporam pulando e gritando, outros descem chorando, outros estão sempre com fome. Estas características, que às vezes nos passam desapercebidas, são sempre formas que eles têm de exercer uma função específica, como a de descarregar o médium, o terreiro ou alguém da assistência.

Os pedidos feitos a uma criança incorporada normalmente são atendidos de maneira bastante rápida. Entretanto, a cobrança que elas fazem dos presentes prometidos também é. Nunca prometa um presente a uma criança e não o dê assim que seu pedido for atendido, pois a "brincadeira" (cobrança) que ela fará para lhe lembrar do prometido pode não ser tão "engraçada" assim.

Poucos são aqueles que dão importância devida às giras das vibrações infantis.

UMBANDA PARA INICIANTES

A exteriorização da mediunidade é apresentada nesta gira sempre em atitudes infantis. O fato entretanto é que uma gira de criança não deve ser interpretada como uma diversão, embora normalmente seja realizada em dias festivos, e às vezes não consigamos conter os risos diante das palavras e atitudes que as crianças tomam.

Mesmo com tantas diferenças é possível notar a maior característica de todas, que é mesmo a atitude infantil, o apego a brinquedos, bonecas, chupetas, carrinhos e bolas, como os quais fazem as festas nos terreiros, com as crianças comuns que lá vão em busca de tais brinquedos e guloseimas nos dias apropriados. A festa de Cosme e Damião, santos católicos sincretizados com Ibeiji, em 27 de setembro, é muito concorrida em quase todos os terreiros do país.

Uma curiosidade: Cosme e Damião foram os primeiros santos a terem uma igreja erigida para seu culto no Brasil. Ela foi construída em Igarassu, Pernambuco, e ainda existe.

As festas para Ibeiji, têm duração de um mês, iniciando em 27 de setembro (Cosme e Damião) e terminando em 25 de outubro, devido a ligação espiritual que há entre Crispim e Crispiniano com aqueles gêmeos, pela sincretização que houve destes santos católicos com os "ibejis" ou ainda "erês" (nome dado pelos nagôs aos santos-meninos que têm as mesmas missões.

Nas festas de Ibeiji, que tiveram origem na Lei do Ventre Livre, desde aquela época até nossos dias, são servidos às crianças um "aluá" ou água com açúcar (ou refrigerantes adocicados no dia de hoje), bem como o caruru (também nas Nações de Candomblés).

Não gostam de desmanchar demandas, nem de fazer desobsessões. Preferem as consultas, e em seu decorrer vão trabalhando com seu elemento de ação sobre o consulente, modificando e equilibrando sua vibração, regenerando os pontos de entrada de energia do corpo humano.

Esses seres, mesmo sendo puros, não são tolos, pois identificam muito rapidamente nossos erros e falhas humanas. E não se calam quando em consulta, pois nos alertam sobre eles.

Muitas entidades que atuam sob as vestes de um espírito infantil são muito amigas e têm mais poder do que imaginamos. Mas como não são levadas muito a sério, seu poder de ação fica oculto, são conselheiros e curadores, por isso foram associadas a Cosme e Damião, curadores que trabalhavam com a magia dos elementos.

A magia das crianças

O elemento e força da natureza correspondente a Ibeji são... todos, pois ele poderá, de acordo com a necessidade, utilizar qualquer dos elementos.

Eles manipulam as energias elementais e são portadores naturais de poderes só encontrados nos próprios orixás que os regem.

Estas entidades são a verdadeira expressão da alegria e da honestidade. Dessa forma, apesar da aparência frágil, são verdadeiros magos e conseguem atingir o seu objetivo com uma força imensa, atuam em qualquer tipo de trabalho, mas são mais procurados para os casos de família e gravidez.

A Falange das Crianças é uma das poucas falanges que consegue dominar a magia. Embora as crianças brinquem, dancem e cantem, exigem respeito para o seu trabalho, pois atrás dessa vibração infantil se escondem espíritos de extraordinários conhecimentos.

Imaginem uma criança com menos de sete anos possuir a experiência e a vivência de um homem velho e ainda gozar a imunidade própria dos inocentes. A entidade conhecida na Umbanda por Erê é assim. Faz tipo de criança, pedindo como material de trabalho chupetas, bonecas, bolinhas de gude, doces, balas e as famosas águas de bolinhas, o refrigerante, e trata a todos como tio e vô.

Os Erês são, via de regra, responsáveis pela limpeza espiritual do terreiro.

Origem de 'Doum'

Este personagem material e espiritual surgiu nos cultos afros quando uma macamba (denominação de mulher, na seita Cabula) dava à luz a dois gêmeos e, caso houvesse no segundo parto o nascimento de um outro menino, era este considerado "Doum", que veio ao mundo para fazer companhia a seus irmãos gêmeos.

Foram sincretizados com os santos que foram gêmeos e médicos. Têm sua razão na semelhança das imagens e missões idênticas com os "erês" da África, mas como faltava "doum", colocaram-no junto a seus irmãos, com seus pequenos bastões de pau, obedecendo à semelhança dos santos católicos, formando assim a trindade da irmanação.

Dizem também que na imagem original de S. Cosme e S. Damião, entre eles (adultos) havia a imagem de uma criança a qual eles estavam tratando, daí para sincretizarem Doum com essa criança foi um pulo...

Onde vivem as crianças?

A respeito das crianças desencarnadas, passamos a adaptar um interessante texto de Leadbeater, do seu livro *O que há além da morte*.

"A vida das crianças no mundo espiritual é de extrema felicidade. O espírito que se desprende de seu corpo físico com apenas alguns meses de idade não se acostumou a esse e aos demais veículos inferiores, e assim a curta existência que tenha nos mundos astral e mental lhe será praticamente inconsciente. Mas o menino que tenha tido alguns anos de existência, quando já é capaz de gozos e prazeres inocentes, encontrará plenamente nos planos espirituais as coisas que deseje. A população infantil do mundo espiritual é vasta e feliz, a ponto de nenhum de seus membros sentir o tempo passar. As almas bondosas que amaram seus filhos continuam a amá-los ali, embora as crianças já não tenham corpo físico, e acompanham-nas em seus brinquedos ou

em adverti-las a evitar aproximarem-se de quadros pouco agradáveis do mundo astral."

"Quando nossos corpos físicos adormecem, acordamos no mundo das crianças e com elas falamos como antigamente, de modo que a única diferença real é que nossa noite se tornou dia para elas, quando nos encontram e falam, ao passo que nosso dia lhes parece uma noite durante a qual estamos temporariamente separados delas, tal qual os amigos se separam quando se recolhem à noite para os seus dormitórios. Assim, as crianças jamais acham falta do seu pai ou mãe, de seus amigos ou animais de estimação, que durante o sono estão sempre em sua companhia como antes, e mesmo estão em relações mais íntimas e atraentes, por descobrirem muito mais da natureza de todos eles e os conhecerem melhor que antes. E podemos estar certos de que durante o dia elas estão cheias de companheiros novos de divertimento e de amigos adultos que velam socialmente por elas e suas necessidades, tornando-as intensamente felizes."

Assim é a vida espiritual das crianças que desencarnaram e aguardam, sempre felizes, acompanhadas e protegidas, uma nova encarnação. É claro que essas crianças, existindo dessa maneira, sentem-se profundamente entristecidas e constrangidas ao depararem-se com seus pais, amigos e parentes lamentando suas mortes físicas com gritos de desespero e manifestações de pesar ruidosas que a nada conduzem. O conhecimento da vida espiritual nos mostra que devemos nos controlar e nos apresentar sempre tranquilos e seguros às crianças que amamos e que deixaram a vida física. Isso certamente as fará mais felizes e despreocupadas.

Casos de crianças

Algumas vezes, ficamos deslumbrados com a eficiência de seus trabalhos. Seguem-se duas narrações de casos resolvidos pelas crianças.

Uma vez telefonou-me um fazendeiro assustado pelas mortes de seu gado. Achava ser trabalho feito. Ele foi no terreiro tendo sido atendido normalmente. No final do trabalho uma criança incorporada chamou-o e, com uma pemba, fez um desenho no chão como se fosse um mapa todo recortado. No meio desenhou três corações e um risco como um rio, fazendo um encontro com outro. "Tio", falou, "os corações simbolizam seus três filhos." O homem confirmou. Mostrando o mapa, disse ser a sua casa construída com vários pedaços. O homem explicou ter sua fazenda sido constituída por várias áreas. Apontando exatamente no encontro dos riscos, disse estar ali o problema, estando a água cheia de veneno e onde os bichinhos do tio estavam morrendo. Mais tarde o fazendeiro telefonou-me dizendo estar a água do rio realmente envenenada por agrotóxico.

Outra vez, no encerramento do trabalho uma experiente médium deu sinais de incorporação de criança. Ela incorporou e batendo palmas, veio ao meu encontro pedindo um dólar. "Um dólar?" respondi. "O que você vai fazer com um dólar?" Ela insistiu: "Quero um dólar". Achamos graça. A cena foi alegre e descontraída. "Alguém tem um dólar para a criança?" perguntei ironicamente. Da assistência uma moça fez sinal afirmativo. Fiquei perplexo. Somente eu conhecia o seu problema. Tinha câncer maligno nas cordas vocais e estava com a cirurgia marcada. Da ironia à seriedade, convidei a moça para entrar no terreiro e fazer a entrega do dólar ao Erê. A entidade fez festa ao dólar, deixou-o de lado e agarrou-se na garganta da moça fazendo-lhe leves passes magnéticos. Ela fez a cirurgia na terra, mas está curada.

Os boiadeiros

São espíritos de pessoas que em vida trabalharam com gado em fazendas por todo o Brasil. Estas entidades trabalham da mesma forma que os caboclos nas sessões de Umbanda.

Usam de canções antigas, que expressam o trabalho com o gado e a vida simples das fazendas, nos ensinando a força que o trabalho tem e passando, como ensinamento, que o principal elemento da sua magia é a força de vontade, fazendo assim que consigamos uma vida melhor e farta.

Nos seus trabalhos usam de velas, pontos riscados e rezas fortes para todos os fins.

O Caboclo Boiadeiro traz seu sangue quente do sertão, e o cheiro de carne queimada pelo sol das grandes caminhadas sempre tocando seu berrante para guiar o seu gado. Normalmente, eles fazem duas festas por ano, uma no início e outra no meio do ano. Eles são logo reconhecidos pela forma diferente de dançar, têm uma coreografia intricada de passos rápidos e ágeis, que mais parece um dançarino mímico, lidando bravamente com os bois.

Seu dia é quinta-feira, gosta de bebida forte, como, por exemplo, cachaça com mel de abelha, que eles chamam de meladinha, mas também bebem vinho. Fumam cigarro, cigarro de palha e charutos. Seu prato preferido é carne de boi com feijão tropeiro, feito com feijão de corda ou feijão cavalo. Boiadeiro também gosta muito de abóbora com farofa de torresmo. Em oferendas é sempre bom colocar um pedaço de fumo de rolo e cigarro de palha.

No terreiro, os boiadeiros vêm "descendo em seus aparelhos" como estivessem laçando seu gado, dançando, bradando, enfim, criando seu ambiente de trabalho e vibração.

Com seus chicotes e laços vão quebrando as energias negativas e descarregando os médiuns, o terreiro e as pessoas da assistência, fortalecendo-os dentro da mediunidade, abrindo as portas para a entrada dos outros guias e tornando-se grandes protetores, assim como os exus.

Quando o médium é mulher, frequentemente, a entidade pede para que seja colocado um pano de cor, bem apertado, cobrindo o formato dos seios. Estes panos acabam, por vezes, como um identificador da entidade, e até da sua linha mais forte de atuação, pela sua cor ou composição de cores.

Alguns usam chapéus de boiadeiro, laços, jalecos de couro, calças de bombachas, e alguns até tocam berrantes em seus trabalhos.

Nomes de alguns boiadeiros: Boiadeiro da Jurema, Boiadeiro do Lajedo, Boiadeiro do Rio, Carreiro, Boiadeiro do Ingá, Boiadeiro Navizala, Boiadeiro de Imbaúba, João Boiadeiro, Boiadeiro Chapéu de Couro, Boiadeiro Juremá, Zé Mineiro, Boiadeiro do Chapadão.

Sua saudação: "Getruá Boiadeiro", "Xetro Marrumbaxêtro"

Da mesma maneira que os pretos velhos representam a humildade, os boiadeiros representam a força de vontade, a liberdade e a determinação que existe no homem do campo e a sua necessidade de conviver com a natureza e os animais, sempre de maneira simples, mas com força e fé muito grandes.

Enquanto os "caboclos índios" são quase sempre sisudos e de poucas palavras, é possível encontrar alguns boiadeiros sorridentes e conversadores.

Os boiadeiros vêm dentro da linha de Oxóssi. Mas também são regidos por Iansã, tendo recebido da mesma a autoridade de conduzir os eguns da mesma forma que conduziam sua boiada quando encarnados. Levam cada boi (espírito) para seu destino e trazem os bois que se desgarram (obsessores, quiumbas, etc) de volta ao caminho do resto da boiada (o caminho do bem).

Caboclos boiadeiros

Os caboclos são entidades fortes, viris. Alguns têm algumas dificuldades de se expressar em nossa língua, sendo normalmente auxiliados pelos cambonos. São sérios, mas gostam de festas e fartura. Gostam de música, cantam toadas que falam em seus bois e suas andanças por essas terras de meu Deus. Os boiadeiros também são conhecidos como "encantados", pois, segundo algumas lendas, eles não teriam morrido para se espiritualizarem, mas sim se encantados e transformados em entidades especiais.

Os boiadeiros também apresentam bastante diversidade de manifestações. Boiadeiro Menino, Boiadeiro da Campina, Boiadeiro Bugre e muitos outros tipos de boiadeiros, sendo que alguns até trabalham muito próximos aos exus.

Suas cantigas normalmente são muito alegres, tocadas num ritmo gostoso e vibrante. São grandes trabalhadores, e defendem a todos das influências negativas com muita garra e força espiritual. Possuem enorme poder espiritual e grande autoridade sobre os espíritos menos evoluídos, sendo tais espíritos subjugados por eles com muita facilidade.

Sabem que a prática da caridade os levará a evolução, trabalham incorporados na Umbanda, Quimbanda e Candomblé. Fazem parte da linha de caboclos, mas na verdade são bem diferentes em suas funções. Formam uma linha mais recente de espíritos, pois já viveram mais com a modernidade do que os caboclos, que foram povos primitivos. Esses espíritos já conviveram em sua última encarnação com a invenção da roda, do ferro, das armas de fogo e com a prática da magia na terra.

Saber que boiadeiros conheceram e utilizaram essas invenções nos ajuda muito para diferenciarmos dos caboclos. São rudes nas suas incorporações, com gestos velozes e pouco harmoniosos. Sua maior finalidade não é a consulta, como os pretos velhos, nem os passes e muito menos as receitas de remédios, como os caboclos, e sim o "dispersar de energia" aderida a corpos, paredes e objetos. É de extrema importância essa função, pois enquanto os outros guias podem se preocupar com o teor das consultas e dos passes, existe essa linha "sempre" atenta a qualquer alteração de energia local (entrada de espíritos).

Quando bradam alto e rápido, com tom de ordem, estão na verdade ordenando a espíritos que entraram no local a se retirar, assim "limpam" o ambiente para que a prática da caridade continue sem alterações. Esses espíritos atendem aos boiadeiros pela demonstração de coragem que os mesmos lhes passam e são levados por eles para locais próprios de doutrina.

Em grande parte, o trabalho dos boiadeiros é no descarrego e no preparo dos médiuns, fortalecendo-os dentro da mediunidade, abrindo portas para a entrada dos outros guias e tornando-se grandes protetores, como os exus.

Outra grande função de um boiadeiro é manter a disciplina das pessoas dentro de um terreiro, sejam elas médiuns da casa ou consulentes. Costumam proteger demais seus médiuns nas situações perigosas. São verdadeiros conselheiros e castigam quem prejudica um médium que ele goste. "Gostar", para um boiadeiro, é ver no seu médium coragem, lealdade e honestidade, aí sim é considerado por ele "filho", pois ser filho de boiadeiro não é só tê-lo na coroa.

Trabalham também para orixás, mas, mesmo assim, não mudam sua finalidade de trabalho e são muito parecidos na sua forma de incorporar e falar, ou seja, um boiadeiro que trabalha para Ogum é praticamente igual a um que trabalha para Xangô. Apenas cumprem ordens de orixás diferentes, não absorvendo, no entanto, as características deles.

Dentro dessa linha, a diversidade encontra-se na idade dos boiadeiros. Existem boiadeiros mais velhos, outros mais novos, e costumam dizer que pertencem a locais diferentes, como regiões, por exemplo: Nordeste, Sul, Centro-Oeste. Os boiadeiros representam a própria essência da miscigenação do povo brasileiro: nossos costumes, crendices, superstições e fé.

Os marinheiros

Aos poucos eles desembarcam de seus navios da calunga e chegam em terra com suas gargalhadas, abraços e apertos de mão. São os marujos que vêm chegando para trabalhar nas ondas do mar. Os marinheiros são homens e mulheres que navegaram e se relacionaram com o mar. Que descobriram ilhas, continentes, novos mundos.

Enfrentaram o ambiente de calmaria ou de mares tortuosos, em tempos de grande paz ou de penosas guerras. Os marinheiros trabalham na linha de Iemanjá e Oxum (povo d'água), e trazem uma mensagem de esperança e muita força, dizendo a nós que se pode lutar e desbravar o desconhecido, do nosso interior ou do mundo que nos rodeia, se tivermos fé, confiança e trabalho unido, em grupo.

Seu trabalho é realizado em descarrego, consultas, passes, no desenvolvimento dos médiuns e em outros trabalhos que possam envolver demandas. Em muito, seu trabalho é parecido com o dos exus. Dificilmente um leigo irá notar a diferença entre alguns marinheiros e os exus na hora da gira, pois alguns exus vêm com todos os trejeitos dos marinheiros e, com outros nomes, são quase imperceptíveis.

Linha ou falange dos marinheiros tem sua origem na linha de Iemanjá e são chefiados por uma entidade conhecida por Tarimá. São espíritos de pessoas que em vida foram marinheiros. São muito brincalhões e normalmente bebem muito durante os trabalhos. Por esse motivo, a sua evocação não é muito frequente, o plano espiritual superior os evoca para descarga pesada do templo. Desta forma, a eles podemos pedir coisas simples, eles não são muito dados a falar ou dar consultas.

A descarga de um terreiro uma vez efetuada será enviada ao fundo do mar com todos os fluidos nocivos que dela provêm. Os marinheiros são destruidores de feitiços, cortam ou anulam todo mal e embaraço que possa estar dentro de um templo, ou ainda, próximo aos seus frequentadores.

Nunca andam sozinhos, quando em guerra unem-se em legiões, fazendo valer o princípio de que a união faz a força, o que os torna imbatíveis nesse sentido. Alguns representantes mais conhecidos:

UMBANDA PARA INICIANTES

Maria do Cais
Chico do Mar
Zé Pescador
Seu Marinheiro Japonês
Seu Iriande
Seu Gererê
Seu Martim Pescador

Da linha do Povo D'água ou de Iemanjá, geralmente baixam para beber e brincar. Podem-lhe ser pedidos coisas simples. Não é muito aconselhável a incorporação dessas entidades, devido a quantidade de bebida que ingerem. Com doutrinação, porém, eles não bebem em excesso.

Vêm com seus bonés, calças, camisa e jaleco, em cores brancas de marinheiros e azul marinho de capitães de barco.

Nunca se oferece a eles conchas, estrelas do mar ou outros objetos do mar, pois, como marinheiros que são, consideram que ter objetos pertencentes ao mar traz má sorte, a exceção dos búzios (que não consideram como adornos, e sim como símbolo de dinheiro). Este povo recebe as oferendas na orla do mar em lugar seco sobre a areia.

A gira de marinheiro é bem alegre e descontraída. Eles são sorridentes e animados, não tem tempo ruim para esta falange. Com palavras macias e diretas eles vão bem fundo na alma dos consulentes e em seus problemas. A marujada coloca seus bonés e, enquanto trabalham, cantam, bebem e fumam. Bebem whisky, vodka, vinho, cachaça, e mais o que tiver de bom gosto. Fumam charuto, cigarro, cigarrilha e outros fumos diversos.

Em seus trabalhos são sinceros e ligeiramente românticos, sentimentais e muito amigos. Gostam de ajudar àqueles e àquelas que estão com problemas amorosos ou em procura de alguém, de um "porto seguro". A gira de marinheiro, em muito, parece uma grande festa, pela sua alegria e descontração, mas também existe um grande compromisso e responsabilidade no trabalho que é feito.

Seus integrantes se apresentam com a aparência de marinheiros e pescadores, gente acostumada a navegar. Representam o homem do mar, bebedor, mulherengo, que gosta de beber com os amigos nos bares e cantar alguma canção. São alegres e encaram os problemas de um ponto de vista simples. Caminham balançando-se de um lado para o outro, como se estivessem mareados. Bebem de tudo, pois na hora de beber nada recusam, fumam também de tudo: cigarros de palha, cigarros, cigarrilhas e até cachimbo.

Relacionam-se com os amores ilícitos, passageiros e encontros esporádicos com amantes. Também se pede a eles que nos protejam nas viagens pelo mar e que nada de mal nos ocorra. Como qualquer outra entidade de Umbanda dão conselhos.

As mulheres deste povo representam as mulheres que trabalham nas cercanias dos portos exercendo a prostituição e servindo bebidas nos bares, onde se juntavam para beber os marinheiros, malandros e ciganos, realizando seus negócios e muitas vezes comprando o contrabando trazido nos barcos.

Marinheiros no catimbó

São também grandes mestres da jurema e possuidores de um grande ensinamento. São em geral marinheiros, marujos, navegadores e pescadores que na maioria tiveram seu desencarne nas águas profundas do mar. São comandados e chefiados pelo Mestre Martim Pescador, grande catimbozeiro que trabalha com as energias das águas do mar.

Em comum não são possuidores de giras próprias e se fazem presentes nas giras do Catimbó. Em algumas regiões, são conhecidos como marujeiros. Quase sempre se apresentam mareados, e têm em suas danças o balanço das ondas do mar. Suas cores são o branco e azul, vêm quase sempre vestidos de marujos, têm no peixe o seu símbolo máximo, comem todos os tipos de frutos do mar e bebem também a cerveja e a cachaça. Sua saudação é Trunfê, Trunfá Reá, A Costa Marujada!!!

Os ciganos

Esta linha de trabalhos espirituais já é muito antiga dentro da Umbanda.

Assim, numerosas correntes ciganas estão a serviço do mundo imaterial e carregam como seus sustentadores e dirigentes aqueles espíritos mais evoluídos e antigos dentro da ordem de aprendizado, preservando os costumes como forma de trabalho e respeito, facilitando a possibilidade de ampliar suas correntes com seus companheiros desencarnados que buscam no universo astral seu paradeiro. O povo cigano designado ao encarne na Terra, através dos tempos e de todo o trabalho desenvolvido até então, conseguiu conquistar um lugar de razoável importância dentro deste contexto espiritual, tendo muitos deles alçado a graça de seguirem para outros espaços de maior evolução espiritual.

Existe uma argumentação de que espíritos ciganos não deveriam falar por não ciganos, ou por médiuns não ciganos; e, que se assim o fizessem, deveriam fazê-lo no idioma próprio de seu povo.

Isso é totalmente descabido e está em desarranjo total com os ensinamentos da espiritualidade e sua doutrina evangélica, limitações que se pretende implantar com essa afirmação na evolução do espírito humano, pretendendo carregar para o universo espiritual nossas diminutas limitações e desinformação, fato que levaria a grande prepotência discriminatória.

Agem no plano da saúde, do amor e do conhecimento, suportam princípios magísticos e têm um tratamento todo especial e diferenciado de outras correntes e falanges.

Ao contrário do que se pensa, os espíritos ciganos reinam em suas correntes preferencialmente dentro do plano da luz e positivo, não trabalhando a serviço do mal e trazendo uma contribuição inesgotável aos homens, claro que dentro do critério de merecimento. Tanto quanto qualquer outro espírito, teremos aqueles que não agem dentro desse contexto e se encontram espalhados pela escuridão e a seus serviços, por não serem diferentes de nenhum outro espírito humano.

Aqueles que trabalham na vibração de Exu, são os exus ciganos e as pombo-giras ciganas, que são verdadeiros guardiões à serviço da luz nas trevas, cada um com seu próprio nome de identificação dentro do nome de força coletivo, trabalhando na atuação do plano negativo à serviço da justiça divina, com suas falanges e trabalhadores.

Embora encontremos no plano positivo falanges chefiadas por ciganos em planos de atuação diversos, o tratamento religioso não se difere muito e se mantêm dentro de algumas características gerais.

Trabalham dentro da parte espiritual da Umbanda com uma vibração oriental com seus trajes típicos e graciosos, com sua cultura de adivinhações através das cartas, leituras das mãos, numerologia, bola de cristal e as runas.

Dentre os mais conhecidos, podemos citar os ciganos Pablo, Wlademir, Ramirez, Juan, Pedrovick, Artemio, Hiago, Igor, Vitor e tantos outros, da mesma forma as ciganas, como Esmeralda, Carmem, Salomé, Carmencita, Rosita, Madalena, Yasmin, Maria Dolores, Zaira, Sunakana, Sulamita, Wlavira, Iiarin, Sarita e muitas outras também.

É importante que se esclareça que a vinculação vibratória e de axé dos espíritos ciganos tem relação estreita com as cores estilizadas no culto e também com os incensos, prática muito utilizada entre ciganos. Os ciganos usam muitas cores em seus trabalhos, mas cada cigano tem sua cor de vibração no plano espiritual, e uma outra cor de identificação é utilizada para velas em seu louvor.

Os incensos são sempre utilizados em seus trabalhos e de acordo com o que se pretende fazer ou alcançar.

Os espíritos ciganos gostam muito de festas e todas elas devem acontecer com bastante frutas, todas que não levem espinhos de qualquer espécie, podendo se encher jarras de vinho tinto com um pouco de mel. Podendo ainda fatiar pães do tipo broa, muitas flores silvestres, rosas, velas de todas as cores e se possível incenso de lótus.

As saias das ciganas são sempre muito coloridas e o baralho, o espelho, o punhal, os dados, os cristais, a dança e a música, moedas, medalhas, são sempre instrumentos magísticos de trabalho dos ciganos em geral. Os ciganos trabalham com seus encantamentos e magias e os fazem por força de seus próprios mistérios, olhando por dentro das pessoas e dos seus olhos.

É muito comum usar-se em trabalhos ciganos moedas antigas, fitas de todas as cores, folha de sândalo, punhal, raiz de violeta, cristal, lenços coloridos, folha de tabaco, tacho de cobre, de prata, cestas de vime, pedras coloridas, areia de rio, vinho, perfumes, e escolher datas certas em dias especiais sob a regência das diversas fases da Lua.

O povo cigano

Os ciganos são verdadeiros andarilhos, livres e alegres. Sua origem é indiana, mas surgem dos mais variados lugares com uma descendência infinita, ao ponto em que seria impossível citar todas. Os mais conhecidos vieram da Espanha, Portugal, Hungria, Marrocos, Argélia, Rússia, Romênia e Iugoslávia. Carregam consigo seus costumes, características e tradições.

Origem. Outras informações sobre as origens dos ciganos foram obtidas através de estudos linguísticos feitos a partir do século passado pelo alemão Pott, o grego Paspati, o austríaco Micklosicyh e o italiano Ascoli. A comparação entre os vários dialetos que constituem a língua cigana, chamada romaní ou romanês, e algumas línguas indianas, como o sânscrito, o prácrito, o maharate e o punjabi, permitiu que se estabelecesse com certeza a origem indiana dos ciganos.

A maior parte dos indianos, porém, fixa a pátria dos ciganos no noroeste da Índia, mas os indianistas modernos têm tendência de não considerá-lo um grupo homogêneo, mas um povo viajante muito antigo, composto de elementos diversos, alguns dos quais poderiam vir do sudeste da Índia.

Diáspora cigana. A razão pela qual abandonaram as terras nativas da Índia permanece ainda envolvida em mistério. Parece que eram originariamente sedentários e que devido ao surgimento de situações adversas tiveram que viver como nômades. Mas a origem indiana dos ciganos é hoje admitida por todos os estudiosos, não havendo dúvidas quanto ao que diz respeito à língua e à cultura.

A maioria, igualmente, os ligam à casta dos párias. Isso em parte por causa de seu aspecto miserável, que não se deve a séculos de perseguição, pois foi descrito bem antes da era das perseguições. Também por causa dos empregos subalternos e das profissões geralmente desprezadas na Índia contemporânea pelos indianos que lhes parecem estreitamente aparentados.

A presença de bandos de ex-militares e de mendigos entre os ciganos contribuiu para piorar sua imagem. Além disso, as possibilidades de assentamento eram escassas, pois a única possibilidade de sobrevivência consistia em viver às margens das sociedades.

Os malandros

Os malandros têm como principal característica de identificação a malandragem, o amor pela noite, pela música, pelo jogo, pela boemia e uma atração pelas mulheres (principalmente pelas prostitutas, mulheres da noite, etc). Isso quer dizer que em vários lugares de culturas e características regionais completamente diferentes, sempre haverá um malandro. O malandro de Pernambuco dança côco, xaxado, passa a noite inteira no forró. No Rio de Janeiro, ele vive na Lapa, gosta de samba e passa suas noites na gafieira. Atitudes regionais bem diferentes, mas que marcam exatamente a figura do malandro.

No Rio de Janeiro aproximou-se do arquétipo do antigo malandro da Lapa, contado em histórias, músicas e peças de teatro. Alguns quando se manifestam se vestem a caráter; terno e gravata brancos. Mas a maioria gosta mesmo é de roupas leves, camisas de seda, e justificam o gosto lembrando que: "a seda, a navalha não corta".

Navalha que levavam no bolso, e quando brigavam, jogavam capoeira (rabos de arraia, pernadas), às vezes arrancavam os sapatos e prendiam a navalha entre os dedos do pé, visando atingir o inimigo. Bebem de tudo, da cachaça ao whisky, fumam na maioria das vezes cigarros, mas utilizam também o charuto. São cordiais, alegres, dançam a maior parte do tempo quando se apresentam, usam chapéus ao estilo Panamá.

Podem se envolver com qualquer tipo de assunto e têm capacidade espiritual bastante elevada para resolvê-los, podem curar, desamarrar, desmanchar, como podem proteger e abrir caminhos. Têm sempre grandes amigos entre os que os vão visitar em suas sessões ou festas.

Existem também as manifestações femininas da malandragem. Maria Navalha é um bom exemplo. Manifesta-se com características semelhantes aos malandros, dança, samba, bebe e fuma da mesma maneira. Apesar do aspecto, demonstram sempre muita feminilidade, são vaidosas, gostam de presentes bonitos, de flores, principalmente vermelhas, e vestem-se sempre muito bem.

Ainda que tratado muitas vezes como Exu, os malandros não são exus. Essa ideia existe porque quando não são homenageados em festas ou sessões particulares, manifestam-se tranquilamente nas sessões de Exu e parecem um deles. Os malandros são espíritos em evolução, que após um determinado tempo podem (caso o desejem) se tornar exus. Mas, desde o início, trabalham dentro da linha dos exus.

Pode-se notar o apelo popular e a simplicidade das palavras e dos termos com os quais são compostos os pontos e cantigas dessas entidades. Assim é o malandro, simples, amigo, leal, verdadeiro. Se você pensa que pode enganá-lo, ele o desmascara sem a menor cerimônia na frente de todos. Apesar da figura do malandro, do jogador, do arruaceiro, detesta que façam mal ou enganem aos mais fracos. Salve a malandragem!

Na Umbanda o malandro vem na linha dos exus, com sua tradicional vestimenta: calça branca, sapato branco (ou branco e vermelho), seu terno branco, sua gravata vermelha, seu chapéu branco com uma fita vermelha ou chapéu de palha e finalmente sua bengala. Podem vir também, nas linhas de Boiadeiro, Mineiro e Baianos, por causa da Jurema sagrada.

Gosta muito de ser agradado com presentes, festas, ter sua roupa completa, é muito vaidoso, tem duas características marcantes. Uma é de ser muito brincalhão, gosta muito de dançar, gosta muito da presença de mulheres, gosta de elogiá-las. Outra é ficar mais sério, parado num canto, assim como sua imagem gosta de observar o movimento ao seu redor, mas sem perder suas características.

Às vezes muda um pouco, pede uma outra roupa, um terno preto, calças e sapatos também pretos, gravata vermelha e às vezes até cartola. Em alguns terreiros ele usa até uma capa preta.

Outra característica dele é continuar com a mesma roupa da direita, com um sapato de cor diferente, fuma cigarros, cigarrilhas ou até charutos, bebe batidas, pinga de coquinho, marafo, conhaque e uísque, rabo de galo; é sempre muito brincalhão, extrovertido.

UMBANDA PARA INICIANTES

Seu ponto de força é na subida de morros, esquinas, encruzilhadas e até em cemitérios, pois ele trabalha muito com as almas, assim como é de característica na linha dos pretos velhos e exus. Sua imagem costuma ficar na porta de entrada dos terreiros, pois ele também toma conta das portas, das entradas, etc.

É muito conhecido por sua irreverência, suas guias podem ser de vários tipos, desde coquinhos com olho de Exu, até vermelho e preto, vermelho e branco ou preto e branco.

Uma das histórias de Zé Pilintra

José dos Anjos, nascido no interior de Pernambuco, era um negro forte e ágil, grande jogador e bebedor, mulherengo e brigão. Manejava uma faca como ninguém, e enfrentá-lo numa briga era o mesmo que assinar o atestado de óbito. Os policiais já sabiam do perigo que ele representava. Dificilmente encaravam-no sozinhos, sempre em grupo e mesmo assim não tinham a certeza de não saírem bastante prejudicados das pendengas em que se envolviam.

Não era mal de coração, muito pelo contrário, era bondoso, principalmente com as mulheres, as quais tratava como rainhas.

Sua vida era a noite. Sua alegria, as cartas, os dadinhos, a bebida, a farra, as mulheres e por que não, as brigas. Jogava para ganhar, mas não gostava de enganar os incautos, estes sempre dispensava, mandava embora, mesmo que precisasse dar uns cascudos neles. Mas, ao contrário, aos falsos espertos, os que se achavam mais capazes no manuseio das cartas e dos dados, a estes enganava o quanto podia e os considerava os verdadeiros otários. Incentivava-os ao jogo, perdendo de propósito quando as apostas ainda eram baixas, limpando-os completamente ao final das partidas. Isso bebendo aguardente, cerveja, vermouth, e outros alcoólicos que aparecessem.

Zé Pilintra do Catimbó

No Nordeste do país, mais precisamente em Recife (na religião que conhecemos como Catimbó), ainda que nas vestes de um malandrão, a figura de Zé Pilintra tem uma conotação completamente diferente. Lá, ele é doutor, é curador, é mestre e é muito respeitado. Em poucas reuniões não aparece seu Zé.

O reino espiritual chamado "Jurema" é o local sagrado onde vivem os Mestres do Catimbó, religião forte do Nordeste, muito aproximada da Umbanda, mas que mantém suas características bem independentes. Na Jurema, Seu Zé não tem a menor conotação de Exu, a não ser quando a reunião é de esquerda, porque o mestre tem essa capacidade. Tanto pode vir na direita ou na esquerda. Quando vem na esquerda, não é que venha para praticar o mal, é justamente o contrário, vem revestido desse tipo de energia para poder cortá-la com mais propriedade e assim ajudar mais facilmente aos que vem lhe rogar ajuda.

No Catimbó, Seu Zé usa bengala, que pode ser qualquer cajado, fuma cachimbo e bebe cachaça. Dança côco, baião e xaxado, sorri para as mulheres, abençoa a todos, que o abraçam e o chamam de padrinho.

Nomes de alguns malandros e malandras: Zé Pilintra, Zé Malandro, Zé do Coco, Zé da Luz, Zé de Légua, Zé Moreno, Zé Pereira, Zé Pretinho Malandrinho, Camisa Listrada, Sete Navalhadas, Maria do Cais, Maria Navalha.

Os baianos

Na década de 50, época que a Umbanda se consolida em São Paulo, houve um enorme fluxo migratório para esta região, pois estava sendo esculpida uma das maiores metrópoles do mundo, tornando-se um grande canteiro de obras.

Como a quantidade de pessoas vindas de diversas partes do país era enorme, destacando-se os nordestinos, que vieram na maioria para trabalhar nas obras de construção civil, como "peões" urbanos, assim como nos mais diferentes ramos da indústria automobilística, estão também em total expansão, especialmente ocupando os postos de trabalho não qualificado.

No imaginário popular dessa cidade, o nordestino foi portanto associado ao trabalho duro, à pobreza, ao analfabetismo, aos bairros periféricos, à vida precária, de um modo genérico, a tudo que é considerado inferior ou brega. Com o inchaço populacional e os crescentes problemas, inerentes ao processo de metropolização, o senso comum, marcado pelo preconceito, passa a procurar o "culpado" pelo ônibus lotado, pela falta de emprego, enfim, pelas mazelas da cidade. E a culpa é recorrentemente atribuída ao "intruso", o "cabeça chata ignorante", o nordestino.

Assim como o oriental é indiscriminadamente rotulado de "japonês", o nordestino é o "baiano". Na vida cotidiana da cidade se percebe o caráter negativo dessa designação: "isso é coisa de baiano", "que baianada você fez". Ainda que elementos culturais originários da Bahia e do Nordeste tenham sido valorizados pela mídia (no carnaval, na música popular), fenômeno de alguma forma expresso na proliferação dos candomblés em São Paulo, o termo "baiano" (nordestinos, em geral) ainda continua sendo pejorativo. Não obstante, o baiano alcançou grande popularidade na Umbanda.

A Umbanda caracterizou-se por cultuar figuras nacionais associadas à natureza, à marginalidade, à condição subalterna em relação ao padrão branco ocidental. O nordestino é o "subalterno" da metrópole, o tipo social "inferior" e "atrasado", e por isso objeto de ridicularização, mas também de admiração, pois igualmente representa aquele que resiste firmemente diante das adversidades.

O baiano representa a força do fragilizado, o que sofreu e aprendeu na "escola da vida" e portanto pode ajudar as pessoas. O reconhecido caráter de bravura e irreverência do nordestino migrante parece ser responsável pelo fato de os baianos terem se tornado uma entidade de grande frequência e importância nas giras paulistas e de todo o país nos últimos anos.

Os baianos da Umbanda são pouco presentes na literatura umbandista. Povo de fácil relacionamento, comumente aparece em giras de caboclos e pretos velhos, sua fala é mais fácil de se entender que a fala dos caboclos.

Conhecem de tudo um pouco, inclusive a Quimbanda, por isso podem trabalhar tanto na direita desfazendo feitiços, quanto na esquerda.

Quando se referem aos exus usam o termo "meu cumpadre", com quem têm grande afinidade e proximidade. Costumam trazer recados do povo da rua, alguns costumam adentrar na tronqueira para algum "trabalho". Enfrentam os invasores (kiumbas, obsessores) de frente, chamando para si toda a carga com falas do gênero "venha me enfrentar, vamo vê se tu pode comigo". Buscam sempre o encaminhamento e doutrinação, mas quando o zombeteiro não aceita e insiste em perturbar algum médium ou consulente, então o baiano se encarrega de "amarrá-lo" para que não mais perturbe ou até o dia que tenha se redimido e queira realmente ser ajudado. Costumam dizer que se estão ali "trabalhando" é porque não foram santos em seu tempo na terra, e também estão ali para passar um pouco do que sabem e principalmente aprender com o povo da terra.

São amigos e gostam de conversar e contar causos, mas também sabem dar broncas quando veem alguma coisa errada.

Nas giras, eles se apresentam com forte traço regionalista, principalmente em seu modo de falar cantado, diferente, eles são "do tipo que não levam desaforo pra casa". Possuem uma capacidade de ouvir e aconselhar, conversando bastante, falando baixo e mansamente, são carinhosos e passam segurança ao consulente que tem fé.

Os baianos na Umbanda são "doutrinados", se assim podemos dizer, apresentando um comportamento comedido, não xingam, nem provocam ninguém.

Os trabalhos com a corrente dos baianos trazem muita paz, passando perseverança, para vencermos as dificuldades de nossa jornada terrena.

A entidade pode vir na linha de baianos e não ser necessariamente da Bahia, da mesma forma que na linha das crianças nem todas as entidades são realmente crianças.

Os baianos são das mais humanas entidades dentro do terreiro, por falar e sentir a maioria dos sentimentos dos seus consulentes. Talvez por sua forma fervorosa de se apresentar em seus trabalhados no terreiro, aparentam ser uma das entidades mais fortes ou dotadas de grande energia (e na verdade são), mas na Umbanda não existe o mais forte ou fraco. São todos iguais, só a forma do trabalho é que muda.

Adoram trabalhar com outras entidades como erês, caboclos, marinheiros, exus, etc. São grandes admiradores da disciplina e organização dos trabalhos.

São consoladores por natureza e adoram dar a disciplina de forma brusca e direta diferente de qualquer entidade.

Características. Comidas: coco, cocada, farofa com carne seca. Bebidas: água de coco, cachaça, batida de coco. Fumo: cigarro de palha. Trabalham desmanchando trabalhos de magia negra, dando passes. São portadores de fortes orações e rezas. Alguns trabalham benzendo com água e dendê. Cor: laranja ou qual for definida pela entidade.

Apresentação. Usam chapéu de palha ou de couro e falam com sotaque característico nordestino. Geralmente usam roupas de couro.

Nomes de alguns baianos: Severino, Zé do Coco, Sete Ponteiros, Mané Baiano, Zé do Berimbau, Maria do Alto do Morro, Zé do Trilho Verde, Maria Bonita, Gentilero, Maria do Balaio, Maria Baiana,

Maria dos Remédios, Zé do Prado, Chiquinho Cangaceiro, Zé Pilintra (que trabalham também na linha de malandros).

"Respeito, zelo e amor. É isso que precisa a Umbanda."

Osmar Barbosa

Hierarquia na Umbanda

Uma casa de santo, seja de Umbanda, além dos filhos de santo, tem outros participantes que dão suporte aos trabalhos, além de serem considerados, em alguns casos, autoridades na casa.

Tais elementos são os Ogãs e Ekédis. A principal característica desses filhos é a falta da capacidade de manifestar o Orixá ou a entidade espiritual. Não são rodantes, como se diz normalmente sobre os filhos de santo que têm a capacidade de receber a entidade, ou seja, de manifestarem através da matéria a personificação do espírito.

Ekéjì (em iorubá) e Ogán são na realidade "Ekéjì Òrìsà" (a segunda pessoa para o Òrìsà). No caso, a primeira pessoa do Òrìsà é o babalOrixá ou iyalOrixá. Ekéjì é um cargo que se divide em algumas categorias e seus atributos (dependendo da categoria) são cozinhar para a casa de culto, puxar cânticos sagrados da casa, auxiliar o babalOrixá ou iyalOrixá, costurar e vestir os Órìsà, preparar a pintura dos ìyàwó, etc. Algumas destas tarefas podem ser realizadas também por ìyawó, mas o mais comum é as ekéjí fazerem.

Os ogãs, mesmo os de Umbanda, normalmente não incorporam, embora possa o mesmo ocorrer em alguns casos. Neste caso, não se trata de um ogã propriamente dito, e sim de médiuns que podem ser filhos ou não da casa, que estariam momentaneamente ajudando na festa ou sessão, tocando o atabaque. De qualquer forma, é um problema, pois o atabaque é o elemento que faz a chamada da entidade e, se no meio do toque, o ogã, ao invés de manter a vibração do toque, manifesta-se com ela, poderá criar uma quebra de concentração e consequentemente uma quebra fluídica. Seguramente isso ocasionará transtornos em médiuns mais novos como nos mais velhos também.

UMBANDA PARA INICIANTES

Embora não incorporem, com frequência possuem outras mediunidades, como intuição, visão ou audição.

Em algumas casas de Umbanda costuma-se dar títulos de ogãs a pessoas de bom nível social ou amigos que se apresentam para o trabalho e ajuda da casa. Estes, entretanto, que na verdade não participam da vida ativa do centro e compareçem eventualmente às sessões comuns e muito ativamente nas festas, são uma categoria especial e recebem funções específicas, tais como; fiscais da frequência, servir bebidas e comidas aos convidados e procurar manter a normalidade dos trabalhos, impedindo o acesso de elementos negativos que possam criar algum problema.

O Ogã e a Ekédi são funções ou capacitações de indivíduos nas diversas Nações de Candomblé. Nas diversas nações afrodescendentes recebem nomes específicos. Trataremos deles aqui como Ogã e Ekédi, levando em consideração serem esses os termos mais conhecidos por iniciados ou neófitos. Os ogãs e ekédis não são apenas iniciantes à espera da manifestação dos orixás, ou pessoas que possam ajudar de alguma forma a casa. No Candomblé, Ogã e Ekédi são cargos que já vêm determinados às pessoas.

O Ogã e a Ekédi, primeiramente, são suspensos pelo Orixá e futuramente confirmados em iniciação particular, diferente em alguns aspectos, da iniciação dos demais filhos de santo. Possuem poderes específicos dentro dos barracões, pois são autoridades especiais, sendo considerados pais e mães por natureza. A eles são atribuídos os atabaques, os sacrifícios animais, a guarda de elementos espirituais do culto, colheita de ervas, responsabilidade pela cozinha do santo, auxílio imediato ao babalOrixá/yalOrixá nos ebós e obrigações dadas aos filhos. São mães e pais pequenos, mães criadeiras, verdadeiras mães e pais a quem os filhos devem respeito e carinho.

É importante lembrar que guardadas as proporções de cada uma das funções, tantos umas como outras, são importantíssimas em suas funções e seria muito difícil, quiçá impossível, vários objetivos do culto serem alcançados sem suas presenças.

Respeitem e tratem muito bem, com carinho, amor e devoção aos seus Ogãs, Ekédis, mães e pais pequenos, pois são eles que, de alguma forma, fazem com que o caminho a ser trilhado, por todos, dentro da religião, seja menos penoso, mais alegre e muito mais feliz.

Cargos na Umbanda

Graduação em ordem de responsabilidades:

1 – Mãe/Pai de Santo 2 – Ogã / Ekédi.

3 – Mãe/Pai Pequeno 4 – Chefes de Gira.

5 – Médiuns Feitos há mais de sete anos.

6 – Médiuns Feitos há menos de sete anos.

7 – Médiuns em desenvolvimento.

Pontos vibracionais do terreiro

Os pontos vibracionais são toda e qualquer forma material de magnetização, em determinado local, de frequências adequadas à proteção do ambiente.

Dividem-se em três grandes grupos, à saber: internos, externos e defesa.

Internos

É toda aquela que é feita no interior do recinto de trabalho.

Ariaxé. Ao centro do terreiro, no alto. Estes dois juntos formam a coluna energética do terreiro.

Gongá. Altar dos orixás, onde ficam os otás, e elementos litúrgicos, oferendas dos mesmos, imagens, etc.

Sob o Gongá (para-raios). Local para descargas de energias negativas que possam ocorrer durante as sessões. Consiste de diversos elementos protegidos, encimados por uma barra de aço que atravessa uma tábua com um ponto riscado de descarga. No para-raios é onde descarregamos o bastão utilizado na limpeza de aura.

Casa dos orixás. É um local de alta vibração, onde ficam os assentamentos de Orixá dos médiuns e onde às vezes também ficam oferendas. O médium deve manter uma atitude de extremo respeito, falando apenas o estritamente necessário e trajando seu uniforme, quando lá entrar.

Externos

Tronqueira. Firmeza para o Exu guardião da casa, chamado por nós de Exu da Porteira, embora seu nome verdadeiro só seja conhecido pela hierarquia mais alta da casa.

Ogum de Ronda. Assentamento de Ogum de Ronda. Junto com a tronqueira, são destinados a barrar fora do terreiro as influências espirituais negativas.

Casa dos Exus. É o local destinado aos assentamentos dos Exus dos médiuns e das oferendas feitas a eles. Assim como na "Casa dos orixás", o médium deve manter uma atitude de extremo respeito, falando apenas o estritamente necessário e trajando seu uniforme, quando lá entrar.

Casa de Obaluaiê (Assentamento de Obaluaiê).

Cruzeiro das Almas. Local destinado às oferendas aos pretos velhos, e onde são acesas as velas para os desencarnados. Onde deixamos as velas da prece dos desencarnados.

Defesa

São assentamentos secretos. Para evitar interferência espiritual de visitantes mal-intencionados, invasores, são feitos "assentamentos secretos". Estes estão colocados em vários locais do centro espírita, sendo de conhecimento apenas da hierarquia mais alta da casa.

Anjo da Guarda. Local onde as pessoas acendem as velas aos anjos de guarda.

Quartinha de Oxalá. Fica acima da porta, que fica ao lado do anjo de guarda. Representa um ponto de atração de energias positivas vindas de Oxalá, e que são irradiadas a todos os que passem.

"Casa" do Caboclo. Local onde é homenageado o caboclo fundador da casa, e onde são acesas velas para os demais caboclos.

Cozinha. Onde são feitas as comidas a serem ofertadas aos orixás. Quando a cozinha estiver sendo usada com esta finalidade, nenhum médium deve entrar sem autorização. O médium, se convidado a ajudar, deve manter uma atitude de extremo respeito, falando apenas o estritamente necessário e trajando seu uniforme e ojá (pano na cabeça) quando lá entrar. Os médiuns que estiverem próximos devem falar baixo e só se dirigir aos médiuns que estão na cozinha se estritamente necessário. Antes de começar a ser utilizada com fins religiosos uma vela deve ser acendida junto a um copo d'água na cozinha em local apropriado a este fim.

Cumprimentos, posturas e vestuário

Cumprimentos

Bater cabeça. O médium deita-se de barriga para baixo e toca com a testa no chão em frente ao Gongá, atabaques e coluna energética.

Bate-se a cabeça no chão em sinal de respeito e obediência aos orixás, pois simboliza que nossa cabeça, que nos comanda e nos rege, está se subordinando ao poder dos orixás aos quais estamos reverenciando ao tocá-la no chão, sejam os orixás do zelador ou do Gongá.

Em diversas culturas, sejam ocidentais ou orientais, baixar a cabeça perante alguém ou alguma coisa significa que estamos submissos e obedientes a esta pessoa ou coisa.

Bater Paó (3 palmas lentas). O Paó (pronuncia = paô) é um gesto que serve como sinal de que se é preciso comunicar alguma coisa, mas não se pode falar. Isso ocorre muito no Candomblé quando as iniciandas estão no roncó e não podem falar. Daí batem com as palmas das mãos tentando dizer algo, para se comunicar por algum motivo. É usado também como saudação para Orixá, e é diferente de Orixá para Orixá.

É uma palavra em iorubá que significa: "pa" = juntar uma coisa com outra; "o" = para cumprimentar... Essa palavra é uma contração de ìpatewó, que significa aplauso.

É um preceito do Candomblé e normalmente não se usa na Umbanda.

O paó bate-se 3 vezes assim. 3 + 7 vezes
Intervalo
3 + 7 vezes
Intervalo
3 + 7 vezes

E depois a saudação, por exemplo:
Palmas paó:
"Laroye Exu"

Utilizado para pedir permissão para entrar, saudar e pedir licença.

Bater com as pontas dos dedos no chão.

Da mão esquerda, e depois cruzando os dedos com as palmas das mãos voltadas para o solo saudando Exu.

Da mão direita, fazendo uma cruz e depois fazendo a cruz no peito saudando os pretos velhos.

Da mão direita, depois tocando a fronte (Eledá), o lado direito da cabeça (Otum – 2º Orixá) e a nuca (os ancestrais) saudando os orixás e guias.

Da mão direita três vezes e depois tocando a fronte, o lado direito da cabeça e a nuca, para saudar Obaluaiê.

Cumprimento ombro a ombro. Quando um guia cumprimenta um consulente ou um assistente com o bater de ombro, isto é sinal de igualdade, de fraternidade e grande amizade.

Posturas

Se observarmos e analisarmos os rituais das inúmeras religiões existentes, encontraremos neles um sentido comum; o de invocar as divindades, as potências celestes, ou melhor, as forças espirituais. O objetivo é sempre o mesmo; a preparação de atração destas forças à corrente religiosa que a pratica.

Em qualquer ritual, do mais básico ao mais espiritualizado, é certo que encontraremos atos e práticas que predispõem a criatura a harmonizar-se com o objetivo invocado, isto é, procura-se pô-lo em relação direta, mental, com os deuses, divindades, forças, santos, entidades, e em todos eles os fenômenos espiritualistas acontecem.

Assim para preparar ou elevar o psiquismo de um aparelho e obter-

-se o equilíbrio da sua mente com os corpos astral e físico, indispensável se torna que ensinemos a esses ditos aparelhos determinadas posições necessárias, com o fito de que eles possam harmonizar sua faculdade mediúnica individual com as vibrações superiores das entidades que militam na Lei de Umbanda.

De joelhos sim. Dentro das várias ritualísticas que se desenvolvem nos terreiros de Umbanda, é comum vermos principalmente no início e término dos trabalhos espirituais o corpo mediúnico com os joelhos no chão. Alguns veem esta postura como arcaica e sem sentido, porém nunca se deram ao trabalho de analisar detidamente tal comportamento.

É de conhecimento geral que as primeiras religiões do globo terrestre já inseriam a genuflexão em seus rituais, exteriorização de respeito junto ao Criador e também manifestação de humildade que todos devem ter, seja para com o divino, seja para com o próximo. Da mesma forma, o ato de postar-se de joelhos fazia e faz ver aos fiéis, que assistiam ou assistem uma manifestação de religiosidade, a seriedade, o respeito e a simplicidade do sacerdote e dos médiuns, frente ao plano espiritual superior.

A implantação do ajoelhar-se tem como finalidades mostrar a Deus todo o nosso carinho, obediência, respeito e amor e o quanto somos pequeninos diante do universo criado por Ele; e para passar a assistência que aquele espaço de caridade tem a exata noção do papel que desempenha como instrumentos de trabalho dos bons espíritos.

Infelizmente, é do conhecimento de todos que, ao lado de criaturas humildes, simples, meigas e caridosas que estão sempre dispostas a dar seu suor à Umbanda, existem outras tantas orgulhosas, vaidosas, "autossuficientes", que procuram a todo custo imporem-se aos demais, maximizando suas "qualidades" e minimizando as virtudes alheias.

Ostentam falsas conquistas, querendo submeter todos a seus caprichos. Contudo, nada mais doloroso e incômodo para estas pessoas do que ficar em posição de subserviência, de aparente inferioridade.

Tal postura lhes sangra a alma e lhes oprime o pétreo coração.

Suas visões ofuscadas não conseguem enxergar que tal rito é para seu próprio bem, para sua própria libertação dos sentimentos mesquinhos e posterior elevação espiritual, pois auxilia na quebra da vaidade e da soberba.

Alguns até podem dizer que ao postar-se de joelhos, o médium pode ter em mente pensamentos diametralmente opostos àquela posição. Mas aí meus irmãos é que termina a tarefa dos encarnados e inicia-se o processo de assepsia e lapidação dos arrogantes e vaidosos, levados a efeito pelos amigos de Aruanda e, assim, dando luz a estas pessoas e reconduzindo-as ao rebanho divino.

Joelhos ao chão sim!

Vestuário

Por que usamos branco?

Dentre os princípios da Umbanda, um dos elementos de grande significância e fundamento, é o uso da vestimenta branca. Em 16 de novembro de 1908, data da anunciação da Umbanda no plano físico e também ocasião em que foi fundado o primeiro templo de Umbanda, a Tenda Espírita Nossa Senhora da Piedade, o espírito Caboclo das Sete Encruzilhadas, entidade anunciadora da nova religião, ao fixar as bases e diretrizes do segmento religioso, expôs, dentre outras coisas, que todos os sacerdotes (médiuns) utilizariam roupas brancas. Mas, por quê?

Teria sido uma orientação aleatória, ou o reflexo de um profundo conhecimento mítico, místico, científico e religioso da cor branca? No decorrer de toda a história da humanidade, a cor branca aparece como um dos maiores símbolos de unidade e fraternidade já utilizados. Nas antigas ordens religiosas do continente asiático, encontramos a citada cor como representação de elevada sabedoria e alto grau de espiritualidade superior. As ordens iniciáticas utilizavam insígnias de cor branca; os brâmanes tinham como símbolo o branco, que se exteriorizava em seus vestuário e estandartes. Os antigos druidas tinham na cor branca um de seus principais elos do material para o espiritual, do tangível para o intangível. Os Magos Brancos da antiga Índia eram assim chamados porque utilizavam a magia para fins positivos, e também porque suas vestes sacerdotais eram constituídas de túnicas e capuzes brancos. O próprio Cristo Jesus, ao tempo de sua missão terrena, utilizava túnicas de tecido branco nas peregrinações e pregações que fazia.

Nas guerras, quando os adversários, oprimidos pelo cansaço e perdas humanas, se despojavam de comportamentos irracionais e manifestavam sincera intenção de encerrarem a contenda, o que faziam? Desfraldavam bandeiras brancas! O que falar então do vestuário dos profissionais das diversas áreas de saúde; médicos, enfermeiros, dentistas, todos se utilizando de roupas brancas para suas atividades. Por quê?

Porque a roupa branca transmite a sensação de assepsia, calma, paz espiritual, serenidade e outros valores de elevada estirpe. Se não bastasse tudo o que foi dito até agora, vamos encontrar a razão científica do uso da cor branca na Umbanda através das pesquisas de Isaac Newton.

Este grande cientista do século XVII provou que a cor branca contém dentro de si todas as demais cores existentes.

Portanto, a cor branca tem sua razão de ser na Umbanda, pois temos que lembrar que a religião que abraçamos é capitaneada por orixás, sendo que Oxalá, que tem a cor branca como representação, supervisiona os orixás restantes. Assim como a cor branca contém dentro de si todas as demais cores, a irradiação de Oxalá contém dentro de sua estrutura cósmico-astral todas as demais irradiações (Oxóssi, Ogum, Xangô, etc).

A implantação desta cor em nossa religião não foi fruto de opção aleatória, mas sim pautada em seguro e inequívoco conhecimento de quem teve a missão de anunciar a Umbanda. Salve o Caboclo das Sete Encruzilhadas!!!!!

Vestuário uniforme, uma necessidade

Uma das bases trazidas pelo Caboclo das Sete Encruzilhadas, por ocasião da anunciação da Umbanda no plano físico, evento histórico ocorrido em 15 de novembro de 1908, em Neves, Niterói-RJ, é a que diz respeito a igualdade.

Sabemos que na atual sociedade, com valores deturpados ou invertidos, é comum as pessoas avaliarem umas as outras, não pelo grau de espiritualidade, moral, caráter e boas ações, mas por suas posses.

Dentro deste contexto, é corriqueiro, embora extremamente falho, valorizar ou conceituar os habitantes deste planeta tendo como base a apresentação pessoal externa do indivíduo, ao invés de se atentar para qualificativos internos. Prioriza-se bens materiais em detrimento das virtudes.

É justamente por isto que a Umbanda adotou o vestuário uniforme, para que alguns assistentes ainda enraizados em equivocados conceitos não tenham como dar vazão a seus distorcidos juízos de valor.

Assim, quem adentra por um terreiro na esperança de cura ou melhora de seus problemas, jamais terá a possibilidade de identificar no corpo mediúnico, todos com trajes iguais, eventuais ou supostas diferenças intelectuais, culturais e sociais. Não terá a oportunidade de saber se por trás daquela roupa sacerdotal encontra-se um rico empresário, um camelô, ou uma empregada doméstica.

Porque há quem vincule a eficácia de um socorro espiritual tomando por parâmetro o próprio médium através do qual a entidade se manifesta. Se o medianeiro atuasse nas sessões de caridade com trajes civis (comuns), algumas pessoas, que pensam da forma citada, passariam a tentar analisar o grau de intelectualidade, de situação financeira, social, pela qualidade do vestuário apresentada pelos médiuns. Então, sacerdotes calçando sapatos de fino couro, camisas e calças de marcas famosas, seriam facilmente identificados e preferencialmente procurados. Outros tantos, humildes na sua apresentação, seriam colocados em segundo plano.

Na Umbanda, sopro divino que a todos oxigena, o personalismo ou destaque individual é algo que jamais deverá existir. Somos meros veículos de manifestação da espiritualidade superior e, por isso, devemos sempre nos mostrar coletivamente, sem identificações pessoais ou rótulos. Somos elos iguais de mesma força e importância neste campo de amor e caridade denominado Umbanda.

Os que chegam aos centros para darem passes, sem tomarem banho ou trocarem de roupa, estão ainda impregnados de cargas fluídico-magnéticas negativas, que, por conseguinte, interferem no campo áurico e perispiritual dos médiuns, simplesmente acabam pela imposição ou dinamização das mãos passando ao assistente toda ou parte daquela energia inferior que carregam.

Na Umbanda, o uniforme do médium, ou está no vestiário do terreiro e portanto dentro do cinturão de defesa dele, ou está em casa sendo lavado ou passado, longe do contato direto com as forças deletérias.

As vestes

As vestes na Umbanda são geralmente brancas, sempre muito limpas, já que este é um dos motivos pelos quais se troca de roupa para os trabalhos. Nunca se deve trabalhar com as roupas do corpo, ou já vir vestido de casa com as roupas brancas. O suor causa uma sensação de desconforto e traz uma má concentração e intranquilidade ao médium (sem contar, é claro, com a desagradável situação de uma pessoa que vai tomar passes ou consultar-se, e ficar sentindo o cheiro do suor do médium, que está sempre próximo nos trabalhos).

O branco é de caráter refletor, já que é a somatória de todas as cores e funciona, aliado a outras coisas, como uma espécie de escudo contra certos choques menores de energias negativas que são dirigidas ao médium. Serve, também, para identificar os médiuns dentro de uma casa de trabalhos muito grande. Além disso, é uma cor relaxante, que induz o psiquismo à calma e à tranquilidade.

A roupa branca (roupa de santo)

É a vestimenta para a qual devemos dispensar muito carinho e cuidado, idênticos ao que temos para com nossos orixás e guias. As roupas devem ser conservadas limpas, bem cuidadas, assim como as guias (fios de contas), não se admitindo que um médium, após seus trabalhos, deixe suas roupas e guias no terreiro, esquecidas. Quando a roupa fica velha, estragada, jamais o médium deverá dar ou jogar fora. Ela deverá ser despachada, pois trata-se de um instrumento de trabalho do médium.

Na nossa casa, nas sessões de Umbanda, os homens utilizam calça e jaleco, e as mulheres utilizam o balandrau. Nas demais sessões, as mulheres podem usar também jaleco e calça.

Pano de cabeça (torço/ojá): É feito a partir de um pano chamado ojá (a palavra significa "faixa de pano"), de tamanho variável. Existem vários formatos de torço, que podem ter significados diferentes. Por exemplo: o torço com duas pontas (orelhas) significa Orixá feminino, enquanto o torço com uma ponta só simboliza Orixá masculino.

Serve tanto para proteger a coroa do médium contra as energias mais pesadas, como também representa um sinal de respeito dentro de um determinado ritual.

Toalha branca (pano da costa): Trata-se de um pano branco em formato de toalha (retangular), podendo ser contornado ou não com renda, fina ou grossa, de tamanho aproximado de 0,50 x 0,80 m. Entre outras coisas, é utilizado para cobrir a cabeça dos médiuns quando estes incorporam Obaluaiê.

Outras roupas

Em alguns casos, os guias podem solicitar alguma peça de roupa para que usem durante os trabalhos. Podem ser:

Pretos velhos: toalhas, batas, saia, calça, etc.

Exus: roupas, lenços, chapéus, joias, capas, etc.

Caboclos: cocares, faixas, penas, tiras de couro, etc.

Crianças: bonés, roupas, laços, toalhas, etc.

Estas peças de roupa serão autorizadas pela dirigente ou pelo guia chefe da casa.

Pés descalços

O solo, chão, representa a morada dos ancestrais, e quando estamos descalços tocando com os pés no chão estamos tento um contato com esses antepassados.

Costumamos tirar os calçados em respeito ao solo do terreiro, pois seria como se estivéssemos trazendo sujeira da rua para dentro de nossas casas.

É também uma forma de representar a humildade e simplicidade do rito umbandista.

Além disso, atuamos como para-raios naturais, e ao recebermos qualquer energia mais forte, automaticamente ela se dissipa no solo. É uma forma de garantir a segurança do médium para que ele não acumule e leve determinadas energias consigo.

Em alguns terreiros é permitido usar calçados (mas calçados que são usados apenas dentro do terreiro).

Cabe ressaltar que a origem desse costume, nos cultos de origem afro-brasileira, é outra; os "pés descalços" eram um símbolo da condição de escravo, de coisa; lembremos que o escravo não era considerado um cidadão, pois ele estava na mesma categoria do gado bovino, por exemplo.

Quando liberto, a primeira medida do negro (quando fosse possível) era comprar sapatos, símbolo de sua liberdade e, de certa forma, inclusão na sociedade formal. O significado da "conquista" dos sapatos era tão profundo que, muitas vezes, eles eram colocados em lugar de destaque na casa (para que todos vissem).

Ao chegar ao terreiro, contudo, transformado magicamente em solo africano, os sapatos, símbolo para o negro de valores da sociedade branca, eram deixados do lado de fora.

Eles estavam (magicamente) na África e não mais no Brasil.

No solo africano (dos terreiros), eles retornavam (magicamente) à sua condição de guerreiros, sacerdotes, príncipes, caçadores, etc.

Brincos, pulseiras, bijuterias

Certamente tal tema deixará de "cabelos em pé" parte da coletividade feminina que atua como médium nos vários templos de Umbanda.

É cientificamente comprovado que dentre as matérias tangíveis encontradas em nosso planeta, os metais (ouro, prata, bronze) constituem-se em substâncias de grande poder magnético atrativo (capacidade de atrair, conduzir e/ou condensar em seu corpo energias dos mais diferentes níveis e tipos).

O importante é que, com esta informação em mente, é bem fácil deduzir o que pode ocorrer a um médium que se apresenta como um autêntico cabide de bijuterias ambulante.

É fato que nos trabalhos mediúnico-espirituais, estando incorporados ou não, quase sempre enfrentamos forças de baixo teor vibratório (kiumbas, formas-pensamento negativas etc) que acompanham e turbam a vida de muitas pessoas. Estas, ao serem conduzidas ou procurarem o auxílio de um templo umbandista, para verem dissipadas as causas e os efeitos de tais assédios, apresentam seu campo áurico (Aura - campo energético) e perispiritual (corpo astral) completa ou parcialmente contaminados pelos fluidos hostis das forças supracitadas.

Não obstante, os obsessores serem doutrinados e/ou detidos e encaminhados a prisões astrais, e as formas-pensamento serem desintegradas durante todo o trabalho de assepsia espiritual, resíduos magnéticos destas individualidades tendem a agregar-se aos metais mais próximos, inundando-os com fluidos nocivos, neste caso, os metais que o intermediário utiliza.

Muitos podem estar se perguntando qual o papel das entidades espirituais nesta situação. Bem, elas fazem a parte que lhes compete, cruzando e defumando as guias dos médiuns, solicitando somente o uso de vestimenta branca (cor branca - função refletora/repulsora de eletromagnetismo nocivo), banhos de mar e cachoeira, banhos com ervas, defumações especiais no templo, e uma série de outras providências salutares ao seu "aparelho".

No entanto, será que há preocupação em se fazer a assepsia de brincos, pulseiras, cordões e outras bijuterias, como colocá-las em um recipiente de barro com água e sal grosso? É claro que não!! O que acontece então? Paulatinamente tais adereços vão sendo encharcados por cargas densamente negativas que acabam por jorrar no próprio médium.

Na Umbanda possuímos recursos não só repressivos, mas também preventivos para lidarmos com certas circunstâncias. Não custa nada ao médium, principalmente do sexo feminino, antes de começar o labor caritativo, tirar e guardar os metais que ora utiliza, evitando com isto eventuais efeitos danosos a sua constituição espírito-física.

Obs: Os únicos adereços que podem ser usados nas sessões são os indicados pelas entidades e as alianças de casamento, noivado ou compromisso.

Anjos da guarda

Você sabe a importância dos anjos da guarda na Umbanda?

Bem, os anjos de guarda nos protegem e acompanham a cada dia. Esse acompanhamento também está nas horas de trabalho (sessões). Sim, porque estamos numa corrente espiritual em que espíritos sem luz e perturbados, confusos, enfim, vêm contra nós. Os orixás, guias, entidades nos protegem, mas a presença do anjo da guarda antes e depois da incorporação é por demais importante.

Um exemplo, normalmente quando uma pessoa sofre um trabalho de demanda, um trabalho contra o bem-estar dela, o primeiro reflexo que se nota é o enfraquecimento de seu anjo da guarda, tornando-o distante e deixando a pessoa vulnerável.

É comum que os guias/entidades do terreiro, quando se veem a frente de uma pessoa com demanda, venham a pedir um "fortalecimento para o anjo de guarda", ou seja, um reforço para restaurar os laços entre você e seu anjo da guarda. Esse reforço consiste em trazê-lo mais próximo de você, com mais força para te proteger contra os *ataques* da demanda.

E para os médiuns?

Com toda a certeza, para os médiuns, os anjos da guarda são tão importantes quanto os próprios orixás e entidades.

Quando o médium vai incorporar, para que o Orixá/entidade se aproxime, o anjo de guarda permite a passagem para ocorrer a incorporação. Quando o Orixá/entidade está incorporado no médium, o anjo da guarda permanece ao lado, pois o médium está protegido por energias do Orixá ou entidade que está ali.

Quando há o processo de desincorporação, o anjo da guarda aproxima-se mais, para manter o equilíbrio do médium.

Portanto, os médiuns devem ficar atentos para não oferecer resistência na hora da desincorporação desse Orixá/entidade, pois há uma hora certa em que o Orixá deve deixar a matéria e o anjo da guarda se aproximar, não deixando a matéria desprotegida.

O seu anjo da guarda sempre anda com você em qualquer lugar que você esteja, pronto para lhe proteger; embora você não o veja.

O que chamamos de intuição, muitas vezes é a manifestação de nosso anjo da guarda que procura sempre o melhor para nós (aquela voz na cabeça que diz, não faça isso, não vá por esse caminho).

O nosso anjo da guarda é aquele que nos protege a todo instante de nossas vidas. Por isso, devemos manter acesa uma vela com um copo d'água ao lado em um local alto, e fazer orações ao anjo da guarda regularmente, pedindo sempre que nos guie pelos caminhos certos da vida e que nos proteja.

Para quem acredita é muito fácil sentir, ouvir e presenciar a manifestação dos anjos em nossa vida dando inspiração para algo que ocorrerá em nossos dias, mas para pessoas que não acreditam que os anjos existam é totalmente difícil manter o anjo próximo dele, pois esse pensamento negativo e destrutivo em relação ao anjo o enfraquece e acaba por distanciá-lo.

O céu não tem entradas, lá não precisamos bater; pois, chegando ao fim da jornada, sempre há alguém para nos receber.

Seu anjo da guarda te chama!

Quando o médium fica meio em transe após a incorporação, alguns dirigentes colocam a mão sobre o coração do médium e dizem:

"Fulano, seu anjo da guarda te chama!"

Esta era uma prática comum antigamente (não há como datar

precisamente) de benzedeiras. Elas utilizavam esta frase como uma pequena oração para pessoas que não se achavam plenamente conscientes por vários motivos (mediunizadas, epilepsia, desmaio).

Tal prática talvez tenha sido trazida para a nossa amada Umbanda por alguma preta velha, já que é de pleno conhecimento nosso que muitas delas foram exímias benzedeiras.

O anjo da guarda é visto como o mentor de nossa razão, de nossa consciência. Desta forma este é um chamado ao restabelecimento da consciência com implicações magísticas.

Ao fazer referência ao nosso anjo da guarda, chamando-nos de volta ao domínio das faculdades no corpo físico após o transe mediúnico, ocorre uma espécie de invocação a nós mesmos.

Fios de contas

Conhecidas também como "cordão de santo", "colar de santo" ou "guias", são ritualisticamente preparadas, ou seja, imantadas, de acordo com a tônica vibracional de quem as irá utilizar (médium e entidade) e conforme o objetivo a que se destinam.

São compostas de certo número de elementos (contas de cristal ou louça, búzios, lágrimas de Nossa Senhora, dentes, palha da costa, etc) distribuídos em um fio (de aço, náilon ou fibra vegetal), obedecendo a uma numerologia e uma cromologia adequada; ou ainda, de acordo com as determinações de uma entidade em particular.

As contas de louça lembram, por sua composição, a mistura de água e barro, material usado para criar o mundo e os homens, por isso são as mais usadas.

Para que servem?

Têm poder de elevação mental. Se utilizadas durante um trabalho espiritual, têm função de servir como ponto de atração e identificação da vibração principal e/ou falange em particular, atuante naquele trabalho, servindo assim como elemento facilitador da sintonia para o médium incorporado. Elas nos auxiliam em nossas incorporações, pois estas atraem a "energia" particular de cada entidade, captando e emitindo bons fluidos, formando assim um círculo de vibrações benéficas ao redor do médium que as usa.

Servem como para-raios. Se há uma carga grande, ao invés desta carga chegar diretamente no médium, ela é descarregada nas guias, e se estas não aguentarem, rebentam.

Podem ser utilizadas pelo médium, para "puxar" uma determinada vibração, de forma a lhe proporcionar alívio em seus momentos de aflição.

Que fios de conta devo utilizar?

Ao ser batizado na Umbanda, o filho de santo recebe as guias de seus orixás de cabeça. Ao fazer as demais iniciações, vai recebendo as guias correspondentes.

A seguir, conforme o desenvolvimento do médium, as entidades do médium poderão pedir que se confeccionem suas guias de trabalho.

Existem também as guias "especiais", como, por exemplo, a "guia de sete linhas", a "guia de aço", cuja necessidade e cores serão determinadas pelo guia chefe da casa.

Devemos entender que a proteção maior encontra-se na guia de Oxalá, normalmente a primeira a ser consagrada ao médium, feita basicamente para nossa proteção.

As guias devem ser tratadas pelos médiuns com todo carinho e o máximo de respeito, pois elas representam o orixá.

Cuidados no manuseio e uso

São elementos ritualísticos pessoais, individuais e intransferíveis, devendo ser manipulados e utilizados somente pelo médium a quem se destinam.

Deve-se observar que cada indivíduo e cada ambiente possuem um campo magnético e uma tônica vibracional própria e individual. A manipulação das guias por outras pessoas, ou ainda, seu uso, em ambientes ou situações negativas ou discordantes com o trabalho espiritual, fatalmente acarretará uma "contaminação" ou interferência vibracional.

Pelos motivos expostos, o uso de guias pertencentes ou recebidas de outras pessoas, é uma pratica normalmente desaconselhável a um médium.

O pai/mãe de santo, pai/mãe pequenos ou ogãs podem eventualmente ceder sua guia para uso de algum médium durante uma sessão específica, caso encontre-se sem sua própria guia.

Enquanto estamos usando as guias devemos observar algumas recomendações:

Não se alimentar (exceto em ritual).

Não ingerir bebidas alcoólicas (exceto em ritual).

Não manter relação sexual.

Não ir ao banheiro.

Não tomar banho.

Em qualquer destes casos, deve-se retirar a guia e guardar, ou entregá-la para o pai/mãe de santo, pai/mãe pequenos ou ogãs para que tomem conta delas.

Como vimos, as guias são elementos ritualísticos muito sérios e como tal devem ser respeitados e cuidados. Seu uso deve se restringir ao trabalho espiritual, ao ambiente cerimonial (terreiro) e aos momentos de extrema necessidade por parte do médium. Utilizar a guia em ambientes ou situações dissonantes do trabalho espiritual, ou por mera vaidade e exibicionismo, é no mínimo um desrespeito para com a vibração a qual representam.

Devem ser sempre limpas e guardadas no terreiro ou em algum lugar longe do alcance e visão dos curiosos. Lembre-se que as guias são objetos sagrados e como tal devem ser tratadas.

Um detalhe importante é de tempos em tempos descarregarmos nossas guias com água do mar ou da chuva, e depois energizá-las com amaci, buscando sempre o aconselhamento de um dos dirigentes sobre como proceder.

Águas

Sua utilidade é variada. Serve para os banhos de amacis, para cozinhar, para lavar as guias, para descarregar os maus fluidos, para o batismo. Dependendo de sua procedência (mares, rios, chuvas e poços) terá um emprego diferente nas obrigações. A água poderá concentrar uma vibração positiva ou negativa, dependendo do seu emprego.

A água é um fator preponderante na Umbanda. Ela mata, cura, pune, redime, enfim, ela está presente em todas as ações e reações no orbe terráqueo, basta exemplificar com as lágrimas, que são água demonstrando sentimento, quer seja positivo ou negativo. Sabemos que três quartas partes do globo, do planeta que habitamos, são cobertas por água; 86,9% do corpo humano é composto de água ou carboidratos; mais ou menos 70% de tudo que existe na Terra leva água, tornando-se desta forma o fator predominante da vida no planeta. Por esta razão, ela é utilizada na quartinha, no copo de firmeza de anjo de guarda.

Ás vezes, um guia indica: coloque um copo com água do mar ou água com sal atrás da porta.

Qual é o porquê disto?

Porque a água tem o poder de absorver, acumular ou descarregar qualquer vibração, seja benéfica ou maléfica. Nunca se deve encher de água o copo até a boca porque ela crepitará. Ao rezar-se uma pessoa com um copo de água, todo o malefício, toda a vibração negativa dela passará para a água do copo, tornando-a embaciada; caso não haja mal algum, a água ficará fluidificada. Nunca se deve acender vela para o anjo da guarda, para cruzar o terreiro, para jogar búzios, enfim, sem ter um copo de água do lado. A água que se apanha na cachoeira, é água batida nas pedras, nas quais vibra, crepita e livra-se de todas as impurezas, assim como a água do mar, batida contra as rochas e as areias da praia, também acontece o mesmo, por isso nunca se apanha água do mar quando estiver sem ondas.

A água da chuva, quando cai é benéfica, pura, porém, depois de cair no chão, torna-se pesada, pois atrai a si as vibrações negativas do local.

Por esse motivo nunca se deve pisar em bueiros das ruas, porque as águas da chuva, passando pelos trabalhos nas encruzilhadas, carregam para os bueiros toda a carga e a vibração dos trabalhos; convém notar que os bueiros mais próximos da encruzilhada são os mais pesados, porém não isenta de carga, embora menos intensa, os demais bueiros da rua.

A importância da água pode ser traduzida numa única palavra: "VIDA!" Sem água (Coaba) a vida é impossível.

A água está presente em praticamente todos os trabalhos de Umbanda e sua função é importantíssima.

Por seu poder de propiciar vida ela atrai a vida à sua volta, seja material ou espiritual.

As águas utilizadas para descarrego têm funcionamento parecido com a fumaça, sendo que a fumaça carrega as energias consigo, similar ao vento, e a água absorve estas energias.

As águas em copos nas obrigações significam energia vital, e nos copos junto às velas de anjo da guarda ou atrás das portas de entrada têm a finalidade de atrair para si as energias que por ali passam, atraídas pela luz ou passando pela porta.

Os copos de água utilizados para estes fins (anjo de guarda ou atrás das portas) devem ser descarregadas pelo menos de sete em sete dias, senão ficarão saturadas e perderão seu poder de absorção. Esta descarga deve ser feita em água corrente (na pia com a bica aberta, por exemplo), pois simboliza movimento, necessário para transportar as energias absorvidas por ela.

Conhecemos e fazemos uso em rituais de água de procedência de dez campos sagrados.

Todas podem ser utilizadas em banhos, assim, além de portadoras de seus próprios axés, serve de veículo para o axé dos demais componentes do banho.

Em especial, a mayonga é feita usando-se sete destas águas, dependendo do Orixá da Iaô, e no assentamento de Oxalá da casa, enche-se o pote (quartilhão, porrão...) com todas as dez águas citadas.

Estas águas devem preferencialmente ser recolhidas e armazenadas, utilizando-se potes de louça branca virgem, e só utilizadas para esse fim, por filhos de Oxalá ou Iabás.

Algumas águas não podem e não devem ser armazenadas por muito tempo, "água parada apodrece".

Banhos

Um pequeno histórico sobre o uso dos banhos

Em qualquer época, nos centros e terreiros de Umbanda, os banhos têm sido de grande importância na fase de iniciação espiritual; por isso, torna-se necessário o conhecimento do uso das ervas, raízes, cascas, frutos e plantas naturais.

O banho é a renovação do corpo e da alma, pois quando o corpo se sente bem e se acha refeito do cansaço, a alma fica também apta a vibrar harmoniosamente. Os antigos hebreus já usavam as abluções, que não deixavam de ser banhos sagrados. Moisés, o grande legislador hebreu, impôs o uso do banho aos seus seguidores. O batismo nas águas ministrado por São João Batista, no Rio Jordão, era um banho sagrado. O batismo nas águas é o primeiro banho purificador do ser humano nos dias de hoje, pois as crianças são batizadas ainda pequenas.

Os banhos sempre foram um potente integrante do sentimento religioso, haja vista os povos da Índia milenar serem levados a banhar-se nas águas do rio sagrado, o Ganges, cumprindo assim parte de um ritual que, para eles, é indispensável e sagrado.

Há em toda a época antiga um rio sagrado, no qual os povos iam se banhar para purificar-se física ou mentalmente. Na África, a água é tida como de grande poder de força e de magia. Vemos até hoje nos candomblés as águas de Oxalá. Águas nos potes e tigelas, além de mirongas com água e axé. E quem nunca viu ou ouviu falar em lavar com água de cheiro as ESCADARIAS DO SENHOR DO BONFIM, em Salvador na Bahia?

Para nossos índios, hoje os caboclos da Umbanda, o banho de rio era alegria, prazer, lazer, satisfação e descarga. O rio Paraíba é um rio sagrado para os tupinambás. Nele os índios faziam seus rituais secretos.

Tipos de banhos

Basicamente existem dois tipos de banho, de descarga/limpeza e de energização/fixação.

Banhos de descarga. É o mais conhecido, e como o próprio nome diz o banho de descarga (ou descarrego) serve para descarregar e limpar o corpo astral, eliminando a precipitação de fluidos negativos (inveja, ódio, olho grande, irritação, nervosismo). Suprime os males físicos externamente, adquiridos de outrem ou de locais onde estiverem os médiuns. Este banho pode ser utilizado por qualquer pessoa, desde que seguindo as recomendações das entidades/guias espirituais ou do seu pai ou mãe de santo.

Estes banhos servem para livrar o indivíduo de cargas energéticas negativas. Conforme vivemos, vamos passando por vários ambientes, trocamos impressões com todo tipo de indivíduo e, como estamos num planeta atrasado em evolução espiritual, a predominância do mal e de energias negativas são abundantes. Todos estes pensamentos, ações, vão criando larvas astrais, miasmas, que vão se aderindo à aura das pessoas. Por mais que nos vigiemos, ora ou outra caímos com o nosso nível vibratório e imediatamente estamos entrando nesta faixa vibratória.

Banho de descarga com ervas. Quando feito com ervas, estas devem ser colhidas por pessoas capacitadas para tal, em horas e condições exigidas, entretanto, podem ser usadas também as adquiridas no comércio (frescas), desde de que quem for usá-las as conheça.

Banhos com essências também devem ser utilizados com cuidado, pois contêm muita vibração e devem ser administrados somente por pessoas capacitadas.

O banho de descarga mais usado é feito com ervas positivas, variando de acordo com os fluidos negativos acumulados que uma pessoa está carregando, e de acordo com os orixás que a pessoa traz em sua cabeça. O banho de descarga com ervas deve ser tomado após o banho rotineiro, de preferência com sabão da costa, sabão neutro ou sabão de coco.

Um banho de descarga não deve ser jogado brutalmente pelo corpo e sim suavemente, com o pensamento voltado para as falanges que vibram naquelas ervas ali contidas. Ao tomarmos o banho de descarrego podemos também entoar um ponto cantado, chamando os guias que vibram com aquelas ervas ali maceradas.

Ao terminarmos o banho de descarga, devemos recolher as ervas e "despachá-las" em algum local de vibração da natureza, como, por exemplo, num rio (rio abaixo), no mar, numa mata, ou até mesmo em água corrente.

Hoje em dia há banhos de descarga que são comprados prontos, mas não são recomendados, pois muitos não são preparados com o rigor que deveriam ser. Para preparar um banho, devemos colher as ervas certas, caso contrário, não há efeito positivo e/ou completo.

Após um banho de descarga, é aconselhável que se tome algum banho de energização, com ervas de Oxalá, ou com as ervas do Orixá do médium.

Banho de sal grosso. Este é o banho mais comumente utilizado, devido à sua simplicidade e eficiência. O sal grosso é excelente condutor elétrico e "absorve" muito bem os átomos eletricamente carregados de carga negativa, que chamamos de íons. Como em tudo há a sua contraparte etérica, a função do sal é também tirar energias negativas aderidas na aura de uma pessoa. Então este banho é eficiente neste aspecto, já que a água em união como o sal "lava" toda a aura.

O preparo deste banho é bem simples, basta, após um banho normal, banhar-se de uma mistura de um punhado de sal grosso, em água morna ou fria. Este banho é feito do pescoço para baixo, não lavando os dois chacras superiores (coronário e frontal).

Após o banho, manter-se molhado por alguns minutos (uns três minutos) e enxugar-se sem esfregar a toalha sobre o corpo, apenas secando o excesso de umidade. O melhor é não se enxugar, mas vai de cada um.

Algumas pessoas, neste banho, pisam sobre carvão vegetal ou mineral, já que eles absorverão a carga negativa.

Este banho é apenas o banho introdutório para outros banhos ritualísticos, isto é, depois do banho de descarrego faz-se necessário tomar um banho de energização, já que além das energias negativas, também se descarregaram as energias positivas, ficando a pessoa desenergizada.

Este banho não deve ser realizado de maneira intensiva (todos os dias ou uma vez por semana, por exemplo), pois ele realmente tira a energia da aura, deixando-o muito vulnerável.

Existem pessoas que usam a água do mar, no lugar da água e sal grosso.

Banhos de energização. São recomendados para ativar e afinizar as forças dos orixás protetores de cabeça e do anjo da guarda.

Seus principais efeitos são ativar e revitalizar as funções psíquicas, para uma melhor incorporação; melhorar a sintonia com as entidades.

Este banho reativa os centros energéticos e refaz o teor positivo da aura. É um banho que devemos usar quando vamos trabalhar normalmente nas sessões. Também podemos usá-lo regularmente, independente de trabalharmos ou não como médiuns.

Preparação dos banhos (preceito)

Os banhos de ervas devem ser preparados por pessoas especializadas dentro dos terreiros ou por você mesmo(a), com a orientação de seu zelador de santo (pai de santo).

Nos candomblés quem colhe as ervas é o mão de Ofã, ou Olossain, que antes de entrar na mata saúda Ossãe (Orixá das ervas e folhas) e oferece-lhe um cachimbo de barro, mel, aguardente e moedas. Esse sacerdote que se dedica às folhas, nos cultos de nação, é o Babalossaim e ele usa seus dotes para cura, para a preparação de amacis e feitura de santo no Candomblé.

Na Umbanda, os pais e mães de santo têm o conhecimento do uso das ervas e do preparo delas.

Acenda uma vela branca e ofereça ao seu anjo de guarda. Ponha água (de preferência mineral) dentro da bacia juntamente com a erva e macere-a até extrair o sumo. Deixe descansar a mistura, dependendo da "dureza", por algumas horas (flores, brotos e folhas), até por dias (caules, cipós e raízes). Durante este processo, é importante que o filho de fé ou cante algum ponto correspondente, ou ao menos esteja concentrado e vibrando positivamente.

Retire o excesso das folhas da bacia; tome seu banho de asseio normal; depois o de descarrego, se indicado; e, depois, tome o banho com o amaci, lavando bem a cabeça, a nuca, o frontal e os demais chacras (o banho deverá permanecer no corpo). Vista uma roupa branca. Procure se recolher por uns trinta (30) minutos, mentalizando seu Orixá.

Detalhes com que se preocupar nos banhos em que se usam ervas

Ao adentrar numa mata para colher ervas ou mesmo num jardim, saudamos sempre Ossãe, que é responsável pelas folhas.

Antes de colhermos as ervas, toquemos levemente a terra, para que descarreguemos nossas mãos de qualquer carga negativa, que é levada para o solo.

Não utilizar ferramentas metálicas para colher. Dê preferência em usar as próprias mãos, já que o metal faz com que diminua o poder energético das ervas.

Normalmente usamos folhas, flores, frutos, pequenos caules, cascas, sementes e raízes para os banhos, embora dificilmente usemos as raízes de uma planta, pois estaríamos matando-a.

Colocar as ervas colhidas em sacos plásticos, já que são elementos isolantes, pois até chegarmos em casa, estaremos passando por vários ambientes.

Lavar as ervas em água limpa e corrente. Os banhos ritualísticos devem ser feitos com ervas frescas, isto é, não se demorar muito para usá-las, pois o Prana contido nelas vai se dispersando e perde-se o efeito do banho.

A quantidade de ervas, que irão compor o banho, são uma, ou três, ou cinco, ou sete ervas diferentes e afins com o tipo de banho.

Não usar aqueles banhos preparados e vendidos em casas de artigos religiosos, já que normalmente as ervas já estão secas. Não se sabe a procedência nem a qualidade das ervas, nem se sabe em que lua foi colhida, além de não ter serventia alguma, é apenas sugestivo o efeito.

Banhos feitos com água quente devem ser feitos por meio da infusão e não fervimento da água e ervas, isto é, esquenta-se a água até quase ferver, apaga-se o fogo, deposita-se as ervas e abafe com uma tampa, mantenha esta imersão por uns dez minutos antes de usar.

Os banhos não devem ser feitos nas horas abertas do dia (06 horas, 12 horas ou meio-dia, 18 horas e 24 horas ou meia-noite), pois as horas abertas são horas "livres" onde todo o tipo de energia "corre". Só realizamos banhos nestas horas, normalmente os descarregos com ervas, quando uma entidade prescrever (normalmente um exu).

Não se enxugar, esfregando a toalha no corpo, apenas retire o excesso de umidade, já que o esfregar cria cargas elétricas (estática) que podem anular parte ou todo o banho.

Após o banho, é importante saber desfazer-se dos restos das ervas. Retiramos os restos das ervas que ficaram sobre o nosso corpo, juntamos com o que ficou no chão, e despachamos em algum local de vibração da natureza como, por exemplo, num rio (rio abaixo), no mar, numa mata, ou até mesmo em água corrente.

Outros banhos

Além destes banhos preparados, podemos contar com outros tipos de banhos, que podem ter algum efeito, dependendo da maneira que os encaremos.

Banhos naturais: Não são apenas os banhos preparados que são usados para descarga/energização, os banhos naturais são excelentes. Por exemplo: os banhos de cachoeira, de mar, de água de mina, de chuva (axé de Nanã), de rio.

São banhos que realizamos em locais de vibração da natureza onde as energias são abundantes. Neste caso, não precisamos nos preocupar em não molhar os chacras superiores (coronal e frontal). Claro que devemos para isto buscar locais livres da poluição.

Dentre eles podemos destacar:

Banhos de chuva: O banho de chuva é uma lavagem do corpo associada à Nanã; uma limpeza de grande força, uma homenagem a este grande Orixá.

Banhos de mar: Ótimos para descarrego e para energização, principalmente sob a vibração de Yemanjá.

Podemos ir molhando os chacras à medida que vamos adentrando no mar, pedindo licença para o povo do mar e para mamãe Yemanjá. No final, podemos dar um bom mergulho de cabeça, imaginando que estamos deixando todas as impurezas espirituais e recarregando os corpos de sutis energias. Ideal se realizado em mar com ondas e sob o sol.

Banhos de cachoeira: Com a mesma função do banho de mar, só que executado em águas doces. A queda d'água provoca um excelente "choque" em nosso corpo, restituindo as energias, ao mesmo tempo que limpamos toda a nossa alma. Saudemos, pois mamãe Oxum e todo povo d'água. Ideal se tomado em cachoeiras localizadas próximas de matas e sob o sol.

Cuidados: Nenhum banho deve ser jogado sobre a cabeça, exceto os de ervas ou essências de Oxalá ou dos orixás que compoem a Tríade da Coroa do médium. Os demais banhos devem ser tomados sempre do pescoço até os pés. (Exceto sob determinação específica de um guia, e mesmo neste caso devemos confirmar se entendemos corretamente o solicitado.)

Há banhos para todos os orixás e entidades e sempre que tiver dúvida consulte-os ou consulte um dos dirigentes da casa sobre o banho a ser tomado.

Muitos banhos têm dia e hora para tomar, portanto consulte um dos dirigentes da casa se tiver dúvidas.

Defumação

A defumação é essencial para qualquer trabalho num terreiro de Umbanda. É também uma das coisas que mais chamam a atenção de quem vai pela primeira vez assistir a um trabalho.

Em geral, a defumação na Umbanda é sempre acompanhada de pontos cantados específicos para defumação.

Histórico sobre a defumação

Desde os tempos imemoriais, dos homens das cavernas, que a queima de ervas e resinas é atribuída à possibilidade da modificação ambiental através da defumação. Na Umbanda, como em outras religiões, seitas e dogmas, também se usa esse expediente, que tem a função principal de limpar e equilibrar o ambiente de trabalho de acordo com a necessidade.

Há 4.000 anos havia uma rota de comércio onde se cruzavam as culturas mais antigas do Mediterrâneo e África, e foi bem no meio desta rota que nasceu a maior civilização da época: o Egito.

A antiga civilização do Egito era devotada em direcionar os sentidos ao divino. O uso das fragrâncias era muito restrito. As fragrâncias dos óleos eram usadas como perfumes, na medicina e para uso estético e, ainda, para a construção nos rituais. Isto confirma que no Egito se utilizava o incenso desde os tempos antigos.

Quando o Egito se fez um país forte, seus governantes importaram incenso, sândalo, mirra e canela de terras distantes. Os faraós se orgulhavam em oferecer às deusas e aos deuses enormes quantidades de madeiras aromáticas e perfumes de plantas, queimando milhares de caixas desses materiais preciosos.

Todas as manhãs as estátuas eram untadas pelos sacerdotes com óleos aromáticos.

Sem dúvida, o incenso egípcio mais famoso foi o kyphi, que se queimava durante as cerimônias religiosas para dormir, aliviar a ansiedade e iluminar os sonhos.

Os sumérios ofereciam bagas de junípero como incenso à deusa Inanna. Mais tarde, os babilônios continuaram um ritual queimando esse suave aroma nos altares de Ishtar.

Tudo indica que o junípero foi o incenso mais utilizado. Eram usadas outras plantas também, madeira de cedro, pinho, cipreste, mirto, cálamo entre outras que eram oferecidas às divindades.

O que é defumação?

Ao queimarmos as ervas, liberamos em alguns minutos de defumação todo o poder energético aglutinado em meses ou anos absorvido do solo da terra, da energia dos raios de sol, da Lua, do ar, além dos próprios elementos constitutivos das ervas. Deste modo, projeta-se uma força capaz de desagregar miasmas astrais que dominam a maioria dos ambientes humanos, produto da baixa qualidade de pensamentos e desejos, como raiva, vingança, inveja, orgulho, mágoa.

Existem, para cada objetivo que se tem ao fazer-se uma defumação, diferentes tipos de ervas que associadas permitem energizar e harmonizar pessoas e ambientes, pois, ao queimá-las, produzem reações agradáveis ou desagradáveis no mundo invisível. Há vegetais cujas auras são agressivas, repulsivas, picantes ou corrosivas, que põem em fuga alguns desencarnados de vibração inferior. Os antigos magos, graças ao seu conhecimento e experiência incomuns, sabiam combinar certas ervas de emanações tão poderosas, que traçavam barreiras intransponíveis aos espíritos intrusos ou que tencionavam turbar-lhes o trabalho de magia.

Apesar das ervas servirem de barreiras fluídico-magnéticas para os espíritos inferiores, seu poder é temporário, pois os irmãos do plano astral de baixa vibração são atraídos novamente por nossos pensamentos e atos turvos, que nos deixam na mesma faixa vibratória inferior (Lei de Afinidades). Portanto, vigilância quanto ao nível dos pensamentos e atos.

Existem dois tipos de defumação; a defumação de descarrego e defumação lustral.

Defumação de descarrego. Certas cargas pesadas se agregam ao nosso corpo astral durante nossa vivência cotidiana, ou seja, pensamentos e ambientes de vibração pesada, rancores, invejas, preocupações. Tudo isso produz (ou atrai) certas formas-pensamento que se aderem à nossa aura e ao nosso corpo astral, bloqueando sutis comunicações e transmissões energéticas entre os ditos corpos.

Além disso, os lares e os locais de trabalho podem ser alvos de espíritos atrasados, que penetram nesses ambientes e espalham fluidos negativos.

Para afastar definitivamente estas entidades do nosso convívio, teremos primeiro que mudar em atos, gestos e pensamento, afastando de nossas mentes aquela corrente que nos liga a estes seres.

A defumação serve para afastar seres do baixo astral, e dissipar larvas astrais que impregnam um ambiente, tornando-o pesado e de difícil convivência para as pessoas que nele habitam.

Pois bem, a defumação tem o poder de desagregar estas cargas, através dos elementos que a compoem, pois interpenetra os campos astral, mental e a aura, tornando-os novamente "libertos" de tal peso para produzirem seu funcionamento normal.

Por esse motivo, Deus entregou a Ossãe as ervas que seriam usadas para destruir tais fluidos e afastar estes espíritos.

Comece varrendo o lar ou o local de trabalho, e acendendo uma vela para o seu anjo de guarda. Depois, levando em uma das mãos um copo com água, comece a defumar o local da porta dos fundos para a porta da rua.

Defumação lustral. Além de afastar alguns resquícios que porventura tenham ficado depois da defumação de descarrego, ela atrai para estes ambientes correntes positivas dos orixás, caboclos e pretos velhos, que se encarregarão de abrir seus caminhos.

Acenda uma vela para o seu anjo de guarda. Levando um copo com água, comece a defumar sua casa ou o seu local de trabalho, da porta da rua para dentro.

Não esqueça que a defumação lustral deverá ser feita depois do descarrego.

Turíbulos. São recipientes de metal ou barro usados para queimar o incenso ou ervas.

Na Umbanda, usam-se nas giras ou sessões públicas. Para a queima das ervas usam-se normalmente o carvão vegetal. Lembrando sempre que o carvão vegetal deve estar em brasa e nunca em chamas.

A quantidade de incenso que se deseja queimar deve ser proporcional ao tamanho da sala e ao número de pessoas presentes. Para isso, somente através da experimentação descobriremos a quantidade certa.

No caso da defumação, é melhor pecar pela escassez, pois assim poderemos ir adicionando um pouco mais conforme a fumaça for diminuindo, do que acrescentar e sufocar pelo excesso (e isso pode ser até perigoso).

Ervas

Sem erva não tem axé.

Está aí a regra número um nos cultos de origem afro.

Se a mata possui uma alma além do mistério, tal mistério está na folha, que a mantém viva pela respiração, que a caracteriza pela cor e aparência, que sombreia seu solo, permitindo, através do frescor, a propensão à semeadura.

"Kosi ewe, kosi Orisa", diz um velho provérbio nagô: "sem folha não há Orixá", que pode ser traduzida por "não se pode cultuar orixás sem usar as folhas", define bem o papel das plantas nos ritos.

Ewe

O termo folha (ewe) tem aqui dois sentidos: o literal, que se refere àquela parte dos vegetais que todos nós conhecemos; e o figurado, que se refere aos mistérios e encantamentos mais íntimos dos orixás.

Mas o que isto tem a ver com o Orixá? É que o culto aos deuses nagôs se ergue a partir de três ewes: o conhecimento, o trabalho e o prazer, um amálgama de concentração e descontração passível apenas de ser vivido, jamais de ser entendido em sua largueza e profundidade.

Ewe do conhecimento. É aquele que manipula os vegetais, conhece suas propriedades e as reações que produzem quando se juntam. É também aquele que conhece os encantamentos, sem os quais as energias, para além da química, não se desprendem dos vegetais.

Ewe do trabalho. É aquele que, na disciplina e aparente banalidade do cotidiano da comunidade de terreiro, vai "catando as folhas" lançadas aqui e ali, pela observação silenciosa e astuciosa, com as quais vai construindo seu próprio conhecimento. Sem o mínimo de "folhas" necessárias não se caminha sozinho. Só se dá "folha" a quem é digno e sabe guardar, a quem trabalha, a quem é presente. Só cata "folha" quem tem a sagacidade de entender a linguagem dos olhares.

Ewe do prazer. É aquele que produz boa comida, boa conversa, boa música e boa dança, todas quatro povoadas de folhas e "folhas" para quem tem olhos de ver. O Orixá só vive se for alimentado, só agradece pela comunhão, só se mostra pela dança, só se apresenta pela alegria da música e só fala por ewe. Sem ewe não se entende os orixás.

"NÃO EXISTE ORIXÁ SEM FORÇA DA NATUREZA"

O banho de ervas

O banho de ervas, até como tratamento, não é de religião alguma, é da própria natureza. Se na Umbanda o utilizam é porque os próprios espíritos desencarnados que se apresentam como pretos velhos, caboclos, crianças, conhecem esses princípios e os utilizam largamente. Seus princípios iniciáticos estão relacionados a eles, mas não pode ser esse o motivo da não utilização correta e digna da energia vegetal também pelos espíritas.

As ervas detêm grande quantidade de axé (energia mágico-universal, sagrada) que, bem combinadas entre si, detêm forte poder de limpeza da aura e produzem energia positiva.

Um banho com o axé das ervas dos orixás age sobre a aura eliminando energias negativas, produzindo energias positivas.

Um banho de ervas reúne as ervas adequadas a cada caso, agindo diretamente sobre esses distúrbios, eliminando os sintomas provocados pelo acúmulo de energias negativas.

Medicinas como a ayurvédica (hindu), a chinesa, a tibetana, o xamanismo, a medicina alopática e a homeopatia fazem uso desses recursos naturais há tempos. O uso correto e ético opera verdadeiros "milagres da natureza".

Podemos usar a energia da natureza como auxílio no tratamento de depressão, insônia, ansiedade, angústia e uma série de doenças crônicas.

Com bom senso e, é claro, com o acompanhamento médico necessário, tratando o espírito e o corpo (já que as doenças se propagam do perispírito para o corpo físico), nós todos podemos crescer como médiuns e espíritos mais conscientes e, por isso mesmo, mais abertos e livres.

Saudimentos e descarregos

As ervas também são usadas na forma de ramas e galhos que são "batidos" nas pessoas, residências e até mesmo objetos, com o objetivo de desprender as cargas negativas e larvas astrais que possam estar aderidas a estes.

Quando feito numa residência deve ser feito batendo as folhas nos cantos opostos de cada cômodo, fazendo um "X" no cômodo. Começa-se do cômodo mais interno para o mais externo do imóvel.

Quando feito em uma pessoa ou objeto, faz-se em cruz na ordem: frente, costas, lado direito e lado esquerdo.

As folhas depois de usadas devem ser partidas e despachadas junto a algum lugar de vibração da natureza, de preferência direto sobre o solo.

Ervas dos orixás

De forma geral, toda erva, toda folha, pertence à Ossãe! Segundo a mitologia africana, Yansã, achando isso injusto, usou seus ventos para espalhar as ervas e desse modo cada Orixá poderia apanhar as que lhe interessasse. Contudo, o conhecimento sobre o uso de cada uma delas pertence somente a Ossãe!

Ossãe é a folha em si mesma, seus mistérios, seus ingredientes que podem salvar ou matar, acalmar ou enlouquecer, elucidar ou alucinar. Ossãe é o movimento da inteligência humana, é o âmago das ciências médicas com suas "folhas" sintéticas, seus aparatos que vão muito além das possibilidades dos sentidos. Por isso se canta ao se colher folhas na mata, para propiciar nas folhas o que os olhos não veem, para lembrar que a mistura de folhas escolhidas é fruto de um ato pensado.

A mata aos olhos do nagô é um convite à reflexão e a purificação e não um objeto de manipulação. Não se entra na mata sem antes pedir licença e presenteá-la, pois a mata é, antes de tudo, um deus vivo e com vontade própria, aliado com o resto da natureza.

Só se encontra na mata aquilo que a mata mostra, portanto é preciso conversar, dialogar, entrar num acordo. Não se entra na mata em vão, não se pega mais folhas do que o preciso, não se caça o desnecessário, não se acende vela, não se usa vasilha que não seja feita de folha, não se destrói, não se suja, não se maltrata.

A importância de Ossãe é tal que nenhuma cerimônia pode ser realizada sem sua interferência.

O poder das ervas segundo o espirito André Luiz – do livro *Nosso Lar*

"Comecei o trabalho procurando esclarecer os espíritos perturbados que se mantinham ligados ao doente. Mas tinha muita dificuldade, pois estava muito abatido. Lembrei o quanto seria bom ter a colaboração de Narcisa e tentei. Concentrei-me em profunda oração a Deus e, nas vibrações da prece, me dirigi a ela pedindo socorro. Contei-lhe, em pensamento, o que estava acontecendo comigo, informando minhas intenções de ajudar e insisti para que não deixasse de me socorrer.

Foi então que aconteceu o que eu não esperava. Depois de 20 minutos, mais ou menos, quando eu ainda não havia terminado minha prece, alguém me tocou de leve no ombro. Era Narcisa, que me atendia sorrindo:

– *Ouvi seu apelo, meu amigo, e vim ao seu encontro. Fiquei muito feliz.*

A mensageira do bem olhou o quadro, compreendeu a gravidade da situação e disse:

– *Não temos tempo a perder.*

Antes de qualquer coisa, aplicou passes de alívio ao doente, isolando-o das formas escuras, que se afastaram imediatamente.

Em seguida, me chamou decidida:

– *Vamos à natureza.*

Acompanhei-a sem vacilar e ela, notando meu espanto, disse:

– *Não é só o homem que emite e recebe fluidos. As forças naturais fazem o mesmo nos vários reinos em que se subdividem. Para o caso do nosso doente, precisamos das árvores. Elas vão nos ajudar com eficiência.*

Admirado com a nova lição, segui com ela em silêncio.

Quando chegamos a um local onde havia árvores enormes, Narcisa chamou alguém, com palavras que não pude entender. Logo em seguida, oito entidades espirituais atendiam ao chamado. Muito surpreso, vi Narcisa perguntar onde poderia encontrar mangueiras e eucaliptos. De posse da informação dos amigos, que eram totalmente estranhos para mim, a enfermeira explicou:

– *Estes irmãos que nos atenderam são trabalhadores do reino vegetal.*

E, diante da minha surpresa, concluiu:

– *Como você vê, não existe nada inútil na casa de Deus. Em toda parte, há quem ensine se houver quem precise aprender e onde surge uma dificuldade, surge também a solução. O único infeliz na obra divina é o espírito irresponsável que se condenou às trevas da maldade.*

Em alguns minutos, Narcisa preparou certa substância com as

emanações do eucalipto e da mangueira, e durante toda a noite aplicamos aquele remédio ao doente, pela respiração comum e pelos poros. Ele melhorou muito. Pela manhã, logo cedo, o médico afirmou muito surpreso: Ele teve uma reação incrível esta noite! Um verdadeiro milagre da natureza".

Velas

Dentro da magia universal, as velas foram sempre utilizadas na maior parte dos rituais em que se precisa realizar algum contato com forças superiores ou inferiores, isto, claro, dependendo da moral de quem vai se utilizar das forças mágicas, já que magia não pode ser distinta de forma específica em branca ou negra, pois estes aspectos são facetas interiores daquele que pretende mobilizar certas forças cósmicas.

Não temos uma noção exata de quando se iniciou o uso das velas religiosamente, mas seja em uma vela feita em parafina, cera, ou uma lamparina, esta chama possui calor e luz, e faz assim chamar a nossa atenção para irmos de encontro com o nosso íntimo, buscarmos respostas e entrarmos em sintonia com os seres que nos são afins.

A maioria de nós já fez um primeiro ritual com velas, por volta dos três anos de idade. Lembra-se dos seus primeiros aniversários? Soprar as velas do bolo e fazer um pedido? Este costume da infância baseia-se em dois princípios mágicos muito importantes: a concentração e o uso de um símbolo para focalização.

Em termos simples quer dizer que se você quer que algo aconteça, precisa primeiro se concentrar (fazer o pedido) e então associar o seu desejo mágico ao ato simbólico de soprar as velas. A força de sua vontade faz o sonho realizar-se. Técnicas análogas são usadas na magia e no ritual das velas.

A casa do sonho de qualquer arquiteto, o livro de sucesso de qualquer escritor, e a obra-prima de qualquer pintor foi primeiro concebida na imaginação, na mente do artista. Assim, todo ato cumprido, todo resultado perfeito do trabalho mágico é primeiro praticado e finalizado na mente do mago. Os atos rituais que se seguem são destinados a agir como agentes solidificadores para concretizar uma forma de pensamento projetada e enviada pela mente de quem acende a vela. Em essência, o ritual age como o impulso que traz o pensamento, desde a imaginação completada até a manifestação física no plano material.

A chama da vela é a conexão direta com o mundo espiritual superior, sendo que a parafina atua como a parte física da vela ou símbolo da vontade, e o pavio a direção.

As velas vieram para a Umbanda por influência do catolicismo.

Nos terreiros, há sempre alguma vela acesa, são ponto de convergência para que o umbandista fixe sua atenção e possa assim fazer sua rogação ou agradecimento ao espírito ou Orixá a quem dedicou.

Ao iluminá-las, homenageia-se, reforçando uma energia que liga, de certa forma, o corpo ao espírito.

A função da vela, que já foi definida como o mais simples dos rituais, é, no seu sentido básico, simplesmente repetir uma mensagem, um pedido.

Passo fundamental no ritual de acender velas. O pensamento mal direcionado, confuso ou disperso pode canalizar coisas não muito positivas ou simplesmente não funcionar. Diz um provérbio chinês: "Cuidado com o que pede, pois poderá ser atendido". A pessoa se concentra no que deseja e a função da chama é repetir, por reflexo, no astral, a vontade e o pedido do interessado. Existem diversos fatores dentro da magia no tocante ao número de velas a serem acesas e outros detalhes.

O ato de acender uma vela deve ser um ato de fé, de mentalização e concentração para a finalidade que se quer. É o momento em que o médium faz uma "ponte mental", entre o seu consciente e o pedido ou agradecimento à entidade, Ser ou Orixá, em que estiver afinizando.

Muitos médiuns acendem velas para seus guias, de forma automática e mecânica, sem nenhuma concentração. É preciso que se tenha consciência do que se está fazendo, da grandeza e importância (para o médium e entidade), pois a energia emitida pela mente do médium englobará a energia ígnea (do fogo) e juntas viajarão no espaço para atender a razão da queima desta vela.

Sabemos que a vida gera calor e que a morte traz o frio. Sendo uma chama de vela cheia de calor, ela tem amplo sentido de vida, despertando nas pessoas a esperança, a fé e o amor.

Quem usar suas forças mentais com ajuda da "magia" das velas, no sentido de ajudar alguém, irá receber em troca uma energia positiva; mas, se inverter o fluxo de energia, ou seja, se o seu pensamento estiver negativado (pensamentos de ódio, vingança, etc) e o utilizar para prejudicar qualquer pessoa o retorno será infalível, e as energias de retorno serão sempre maiores, pois voltarão com as energias de quem as recebeu.

A intenção de acendermos uma vela gera uma energia mental no cérebro; e é essa energia que a entidade irá captar em seu campo vibratório. Assim, mais uma vez podemos dizer que: nem sempre a quantidade está relacionada diretamente à qualidade, a diferença estará na fé e mentalização do médium.

Desta forma, é inútil acreditar que podemos "comprar favores" de uma entidade, negociando com um valor maior de quantidade de velas. Os espíritos captam, em primeiro lugar, as vibrações de nossos sentimentos, quer acendamos velas ou não!

Seria bom se ao menos semanalmente acendêssemos uma vela branca (ou sete dias) para nosso anjo de guarda. É uma forma de mantermos um "laço íntimo", de aproximação.

Em contrapartida, aconselhamos que caso se deseje acender velas para um ente querido, já desencarnado, faça-se em um lugar mais apropriado (cruzeiro das almas do terreiro, cemitério, igreja) e não dentro de vossas casas; isto porque, ao mentalizarmos o desencarnado, estamos entrando em sintonia com ele, fazendo a ponte mental até ele, deixando este espírito, literalmente, dentro de nossas casas. O que não seria o correto, pois estaríamos fazendo com que fique mais "preso" ao mundo carnal, atrasando assim a sua evolução espiritual. Agora ao fazermos isso em um local apropriado, estes locais já possuem "equipes de socorristas" e doutrinadores, os quais irão ajudá-lo na compreensão e aceitação de seu desencarne (morte).

A cera natural, vinda das abelhas, é impregnada dos fluidos existentes nas flores, em grande quantidade. Este elemento, vindo da natureza, é utilizado na prática do bem e do mal, como matéria-prima poderosa para somar-se aos teores dos pensamentos, tornando eficaz o trabalho e o objetivo ao qual se propõe.

Comparada a uma bateria, uma pilha natural, a cera sempre foi utilizada em larga escala na magia.

É considerada, na espiritualidade, como uma das melhores oferendas por ter, em sua formação, os quatro elementos da natureza ativos, desprendendo energia. O fogo da chama, a terra e água (através da cera), o ar aquecido queimando resíduos espirituais.

Tipos de velas

Existem de várias formas, tamanhos e cores, mas qualquer uma delas será aceita se oferecida de coração puro.

Tamanhos. Existem no mercado, além das velas de tamanho comum, as de 1 hora, 3 horas, 7 horas, 3 dias, 7 dias e 21 dias.

Decorações. Existem também velas decoradas para batizados, com decalques, cobertas de pó dourado, prateado, etc.

Materiais. Basicamente são de cera ou parafina, sendo que as melhores velas são as de cera.

Recomendações espirituais.

Nunca usar velas quebradas. As velas usadas para um objetivo nunca devem ser usadas de novo, mas devem ser deixadas queimar. A cada novo objetivo, novas velas.

Uma coisa é essencial, e essa coisa é o silêncio. A magia das velas requer concentração e você não poderá se concentrar com o ruído de fundo perturbando seus pensamentos.

Acenda sempre a vela mais alta primeiro. Caso sejam cores variadas acenda sempre a vela branca antes de todas as outras.

Desejos de bem comum em que as velas são acesas por várias pessoas, como em um casamento, festa de final de ano ou festas coletivas poderão ser acesas uma vela com a luz da outra.

Velas acendidas para alcançar desejos individuais, mesmo que estejamos em grupos deverão ser acesas cada qual com seu fósforo.

Antes de acendê-la, segure-a entre as mãos e mentalize precisamente o que deseja. A vela, ao ser impressa com o seu desejo, torna-se um receptáculo desse desejo.

Depois que sua vela terminou de queimar, atire os restos no lixo.

Nunca utilize restos de velas que atenderam a um determinado pedido seu para fazer velas para outras pessoas e vice-versa.

Quando acender uma vela, use sempre fósforo, nunca isqueiro, a ação de "riscar" o fósforo é simbólica.

Nunca assopre a vela, ela deve ser apagada com os dedos, polegar e indicador, você pode umedecer os dedos com saliva.

Fumo e bebida

A Umbanda é muito criticada pelo fato de suas entidades usarem o fumo e as bebidas nas sessões. Os detratores se aproveitam para taxar as entidades de atrasadas ou primitivas.

Fumo

O segredo e a utilização desses elementos por parte de nossas entidades, o modo como a fumaça é dirigida (magia) tem o seu eró (segredo) e não é como muitos utilizam, para alimentar a vaidade, o vício e a ignorância.

O fumo é a erva mais tradicional da terapêutica psicoespiritual praticada em nossa religião. Originário do mundo novo, os nativos fumavam o tabaco picado e enrolado em suas próprias folhas, ou na de outras plantas, conhecendo o processo de curar e fermentar o fumo, melhorando o gosto e o aroma.

Durante o período físico em que o fumo germina, cresce e se desenvolve, arregimenta as mais variadas energias do solo e do meio ambiente, absorvendo calor, magnetismo, raios infravermelhos e ultravioletas do sol, polarização eletrizante da lua, éter físico, sais minerais, oxigênio, hidrogênio, luminosidade, aroma, fluidos etéreos, cor, vitaminas, nitrogênio, fósforo, potássio e o húmus da terra. Assim, o fumo condensa forte carga etérea e astral que, ao ser liberada pela queima, emana energias que atuam positivamente no mundo oculto, podendo desintegrar fluidos adversos à contextura perispiritual dos encarnados e desencarnados.

O charuto e o cachimbo, ou ainda o cigarro, utilizados pelas entidades filiadas ao trabalho de Oxalá são tão somente defumadores individuais. Lançando a fumaça sobre a aura, os plexos ou feridas, os espíritos vão utilizando sua magia em benefício daqueles que os procuram com fé.

Os solos com textura mais fina, com elevado teor de argila, produzem fumos mais fortes, como os destinados a charutos ou fumos de corda, enquanto os solos mais arenosos produzem fumos leves, para a fabricação de cigarros.

No fabrico dos charutos, as folhas, após o processo de secagem, são reunidas em manocas de 15 a 20 folhas e submetidas a fermentação, destinada a diminuir a percentagem de nicotina, aumentar a combustividade do fumo e uniformizar a sua coloração.

Os tipos de fumo mais utilizados na confecção dos charutos brasileiros são: Brasil-Bahia, Virgínia, Sumatra e Havana.

Nos trabalhos umbandistas, a cigarrilha de odor especial é muito utilizada pelas pombo-giras e caboclas.

Os cigarros são utilizados para fins mais materiais, normalmente relacionados com negócios financeiros.

Os charutos de fumo grosseiro e forte são peculiares à magia dos exus, enquanto os charutos de fumo de melhor qualidade são usados por caboclos.

Já os pretos velhos dão preferência aos cachimbos, nos quais usam diversos tipos de mistura de ervas, como o alecrim, a alfazema e outros, além de utilizarem cigarros de palha, impregnando assim os elementos com a sua própria força espiritual, transformando o tradicional "pito" em um eficiente desagregador de energias negativas. Desta maneira, como o defumador, o charuto ou o cachimbo são instrumentos fundamentais na ação mágica dos trabalhos umbandistas executados pelas entidades. A queima do tabaco não traz nenhum vício tabagista, como dizem alguns, representando apenas um meio de descarrego, um bálsamo vitalizador e ativador dos chacras dos consulentes.

Vemos assim que, como ensinou um pai velho, "na fumaça está o segredo dos trabalhos da Umbanda".

Geralmente os guias não tragam a fumaça, utilizando-a apenas para "defumar" o ambiente e as pessoas através das baforadas, apenas enchem a boca com a fumaça e a expelem sobre o consulente ou para o ar.

A função principal é defumar aqueles que chegam até a entidade. Algumas entidades deixam de lado o fumo se a casa for defumada e mantiver sempre aceso algum defumador durante os trabalhos.

Bebidas

O álcool tem emprego sério na Umbanda. Quando tomado aos goles, em pequenas quantidades, proporciona uma excitação cerebral ao médium, liberando-lhe grande quantidade de substâncias ativadoras cerebrais, acumuladas como reserva nos plexos nervosos (entrelaçamento de muitas ramificações de nervos), que são aproveitadas pelos guias para poderem trabalhar no plano material.

Deste modo, quando o médium ingere pequena quantidade da bebida, suas ideias e pensamentos brotam com mais e maior intensidade. É também uma forma em que a entidade se aproveita deste momento para ter maior "liberdade de ação".

Os exus são os que mais fazem uso da bebida. Isto se dá ao fato de estas linhas utilizarem muito de energias etéricas, extraídas de matéria (alimentos, álcool, etc), para manipulação de suas magias, para servirem como "combustível" ou "alimento", encontrando então, uma grande fonte desta energia na bebida.

Estas linhas estão mais próximas às vibrações da Terra (faixas vibratórias), onde ainda necessitam destas energias, retiradas da matéria, para poder realizar seus trabalhos e magias!

O marafo também é usado para limpar/descarregar pontos de pemba ou pólvora usados em descarregos.

O álcool, por sua volatibilidade, tem ligação com o ar e pode ser usado para retirar energias negativas do médium.

Já o álcool consumido pelo médium também é dissipado no trabalho, ficando em quantidade reduzida no organismo.

O perigo nestes casos é o animismo, ou seja, o médium consumir a bebida em grandes quantidades por conta própria e não na quantidade que o guia acha apropriada. Nestes casos, pode ser que o guia vá embora e deixe o médium sob os efeitos da bebida que consumiu sem necessidade.

Menores de idade

Se o médium for menor de idade, não se deve permitir que o guia use o fumo e a bebida quando incorporado. Trata-se de respeitar as leis vigentes e evitar que o nome da Umbanda seja associado a possíveis processos judiciais.

O mais indicado seria inclusive ter uma autorização dos responsáveis pelo menor para que ele possa participar dos trabalhos, especificando, inclusive (se possível), seus horários de início e término.

O fumo e a bebida são indispensáveis?

Podemos sim não utilizar fumo e bebida. Estes elementos são ferramentas dos guias para os trabalhos que podem não ser utilizadas. Haverá uma diminuição da eficiência e rapidez do trabalho, mas ele será realizado também, mais devagar e de forma mais trabalhosa. Será como utilizar apenas as mãos para um determinado trabalho, possível, mas mais trabalhoso. É uma opção do médium, caso não possa ou não queira fumar e beber, o guia respeitará sua decisão.

Pode neste caso solicitar apenas que sejam feitas oferendas com estes elementos, ou que um copo com sua bebida seja deixado próximo a ele quando estiver trabalhando incorporado.

Pontos cantados

Os pontos cantados são uma das primeiras coisas que afloram para quem vai a um terreiro de Umbanda pela primeira vez. Os pontos cantados são, dentro dos rituais de Umbanda, um dos aspectos mais importantes para se efetuar uma boa gira.

Uma das formas encontradas para a reaproximação do homem com o divino foi a música, na qual se exprime o respeito, a obediência e o amor ao Pai Maior. Desta forma, os cânticos tornaram-se um atributo socio-religioso, comum a todas as religiões, e cada uma delas, com suas características próprias, exteriorizavam sua adoração, devoção e servidão aos desígnios do Plano Astral Superior.

Os pontos cantados servem para impregnar certas energias e desimpregnar outras, de acordo com o ponto, uma vez que cada linha representa uma imagem, traduz um sentimento inerente à vibração daquela entidade que o canta ou que o traz, existindo por trás deles uma frequência toda especial que se modifica de acordo com a linha espiritual.

Os Pontos Cantados de Umbanda, ou seja, os cânticos entoados nos templos umbandistas têm finalidades sequer imaginadas pelos consulentes, e mesmo por muitos médiuns, estando longe de serem apenas para alegrar ou distrair pela música. São, na verdade, capazes de movimentar as forças sutis da natureza e mesmo atrair certas entidades espirituais.

São cânticos invocando as entidades, marcando o início de sua incorporação ou desincorporação, para criar formas mágicas para determinados trabalhos, para abrir e fechar sessões no terreiro, para pedir forças espirituais, para afastar espíritos maus, para pedir maleime (perdão) e outras diversas finalidades.

Expressam, de maneira sublime, uma mensagem, uma emoção, um sentimento, uma imagem, um alerta. Como podemos observar ao ouvi-los, além de ativarem o misterioso fogo renovador da fé e do puro misticismo, movimentam uma linguagem metafísica em que cada um entende, segundo seu alcance, várias mensagens. Os pontos cantados são verdadeiras preces, quando bem cantados, em cujas letras realmente há imagens positivas, que elevam o tônus vibracional (energético) de todos, facilitando a atuação das entidades espirituais em determinados médiuns e mesmo nos consulentes.

Procure entoar os pontos cantados adequadamente, sentindo-os e não apenas cantando-os. Sinta-os em sua alma e verá, surpreso, como você canta bem, como você está bem. O ponto cantado é o caminho vibratório por onde "anda" a gira. É o verbo sagrado, portanto entoe-os adequadamente, harmoniosamente.

Juntamente com o som dos atabaques forma-se uma corrente magnética, e quando nos concentramos para o início de uma incorporação, somos envolvidos por esses sons mágicos, que nos permitem incorporar.

Outro ponto interessante a comentar são os pontos, normalmente curtos, que quando entoados de forma harmônica e repetitiva, tornam-se uma "oração mântrica", tendo um efeito muito poderoso quando vibrado do modo correto.

O elemento melódico das músicas africanas destaca-se, no decorrer das cerimônias privadas, no momento dos sacrifícios, oferecimentos e louvores dirigidos às divindades frente aos pejís. São cantos sem acompanhamento de tambores e o ritmo fica ligeiramente marcado pelo bater das palmas. A melodia é rigorosamente submetida às acentuações tonais da linguagem iorubá.

Os dois elementos, ritmo e melodia, encontram-se associados no decorrer do xirê público, quando os sons dos atabaques são acompanhados por cantos.

Os pontos cantados e seus fundamentos

A Umbanda, desde sua anunciação, recepcionou este processo místico, mítico e religioso da expressão humana. Nos vários terreiros espalhados pelas terras de Pindorama (nome indígena do Brasil), observamos com fé, respeito e alegria os vários pontos cantados ou curimbas, como queiram, sendo utilizados em labores de cunho religioso ou magístico.

Na realidade, os pontos cantados são verdadeiros mantras, preces, rogativas, que dinamizam forças da natureza e nos fazem entrar em contato íntimo com as potências espirituais que nos regem. Existe toda uma magia e ciência por trás das curimbas que, se entoadas com conhecimento, amor, fé e racionalidade, provoca, através das ondas sonoras, a atração, coesão, harmonização e dinamização de forças astrais sempre presentes em nossas vidas.

A Umbanda é capitaneada por sete forças cósmicas inteligentes, que são as principais e que, por influência dos pretos velhos, receberam os nomes de orixás, sendo que a irradiação ou linha de Oxalá precede todas as demais, razão pela qual as comanda. Todas estas irradiações têm seus pontos cantados próprios, com palavras-chave específicas e a justaposição de termos magísticos, de forma que o responsável pela curimba deve ter conhecimento do fundamento esotérico (oculto) da canção.

Em algumas ocasiões, determinadas pessoas até com boas intenções, mas sem conhecimento, "puxam" pontos em horas não apropriadas e sem nenhuma afinidade com o trabalho ora realizado. Tal fato pode causar transtornos à eficácia do que está sendo feito, uma vez que pode atrair forças não afetas àquele labor, ou ainda despertar energias contrárias ao trabalho espiritual.

Quanto à origem, os pontos cantados dividem-se em Pontos de Raiz (enviados pela espiritualidade) e Pontos Terrenos (elaborados por pessoas diretamente). Os Pontos de Raiz ou espirituais jamais podem ser modificados, pois se constituem em termos harmoniosa e metricamente organizados, ou seja, com palavras colocadas em correlação exata, que fazem abrir determinados canais de interação físico-astral, direcionando forças para os mais diversos fins (sempre positivos).

No que concerne aos Pontos Terrenos, a espiritualidade os aceita, desde que pautados na razão, bom senso e fé de quem os compõe.

Importante. O ponto cantado nunca deve ser interrompido no meio, principalmente por terceiras pessoas. Os comentários sobre o ponto riscado ou sobre a inconveniência do ponto cantado deverão ser postos ou feitos por quem de direito, após o término dos mesmos.

Vimos pelo acima exposto que as curimbas, por serem de grande importância e fundamento, devem ser alvo de todo cuidado, respeito e atenção por parte daqueles que as utilizam, sendo ferramenta poderosa de auxílio aos pretos velhos, caboclos, exus e demais espíritos que atuam dentro da Corrente Astral de Umbanda.

Pontos riscados

Entendendo o que são pontos riscados na Umbanda

A Umbanda tem muitas coisas que podem passar despercebidas, mas que têm extrema importância para o ritual tão maravilhoso voltado a caridade dessa religião divina, e uma dessas coisas são os pontos riscados.

Mas o que seriam pontos riscados, quais os seus significados, qual a sua representação? Abaixo vamos colocar resumidamente um pouco dessa demonstração de várias coisas para todos os umbandistas. Pensando da forma do ser humano, do ser físico, poderemos colocar da seguinte forma: Uma pessoa tem identificações no caminhar de sua vida, identificações documentadas que representam o ser alguém. Usando como exemplo o nascimento de uma pessoa, logo teremos a sua primeira identificação documentada, que seria a sua certidão de nascimento e, a partir daí, carteiras de estudante, de motorista, certidão de casamento, carteira de identidade (RG), CPF, entre outras identificações da pessoa. Quando se chega em um local em que não se é reconhecido fisicamente, apresenta-se a documentação para que se possa ser visto como o "ser eu", e não ser confundido com um outro alguém.

Na Umbanda, dentro de uma gira, na chegada de uma entidade de luz incorporada em um médium, o ponto riscado faz com que a entidade se faça reconhecida, ou seja, é a identificação da entidade de luz para seus consulentes. Para assim ser demonstrado que quem está ali é realmente uma entidade de luz e não um espírito sem luz tentando enganar o consulente e o próprio médium. Esses pontos riscados são constituídos de riscos e símbolos gráficos, e as entidades de luz se servem deles para tal identificação. Eles normalmente são traçados ou riscados em tábuas ou no próprio chão.

Essas ditas tábuas podem ser de madeira ou até mesmo de mármore, e os pontos riscados são feitos com uma espécie de giz que na Umbanda se dá o nome de Pemba. Essas pembas podem ser de várias cores, e a entidade usa a cor determinante à linha que trabalha e ao Orixá que a rege.

Essas entidades se utilizam de símbolos como: sóis, estrelas, luas, flechas, arcos, lanças, triângulos, folhas, raios, ondas, cruzes entre outros.

Pode não parecer, mas os pontos riscados são os instrumentos dos mais poderosos dentro da Umbanda, pois, uma vez sem ele, nada se pode ser feito com segurança, uma vez que é com a pemba que se tem o poder de fechar, trancar e abrir os terreiros conforme for a exigência determinada do trabalho que será praticado.

É também através do ponto riscado que uma determinada entidade de luz demonstra sua graduação hierárquica, bem como toda a falange de trabalhadores, e que suas ordens trabalham em prol da caridade e auxílio num trabalho que foi determinado ou pedido por alguém que necessita de uma ajuda espiritual.

Os pontos riscados demonstram se a entidade é um preto velho, um caboclo, um exu ou qual é a entidade presente. Essa demonstração é dada através da grafia, dos símbolos utilizados, e ainda por esse meio pode-se identificar qual é o caboclo, ou o preto velho ou qualquer entidade de luz manifestada no médium.

Os pontos riscados são extensos códigos registrados, firmados e sediados no plano espiritual, e cada um deles têm sua função específica. Normalmente, somente os pais de santos, realmente preparados, ou a entidade firmada, que sabem identificar com certeza e segurança qual entidade de luz riscou o ponto, da mesma forma dizer com segurança qual falangeiro de Orixá está na incorporação no momento a trabalho da caridade.

Através do ponto riscado pode-se dizer e confirmar a identificação da falange da entidade, também seus poderes e suas atividades. Cada linha e traço tem seu significado e muita importância no ponto riscado pela entidade, portanto não pode ser riscado por alguém não preparado, sem conhecimento devido, ou por alguém que não seja a entidade de luz atuante. Se não for dessa forma, o que será feito não passará de riscos e rabiscos sem a menor importância para as regras da religião de Umbanda, para a segurança de suas giras e demonstração de suas entidades.

Conforme dito acima, os pontos riscados são traçados pelas pembas, que são uma espécie de giz. Elas são confeccionadas com calcário e têm forma cônica arredondada e diversas cores. A pemba é considerada na Umbanda um elemento puro, e por essa pureza é um dos poucos elementos que pode tocar na cabeça do médium, sendo ela utilizada para as lavagens de cabeça, assim como em banhos de descarrego, entre outras coisas.

Pemba

A pemba tem como matéria prima o calcário, rochas sedimentares, composto de ferro, argila, cálcio, calcita, fluorita, entre outros minérios naturais. É verdade também que a pemba usada hoje não é a mesma usada pelos mais antigos, a qual era importada da África e a matéria prima era o caulim. Ambas têm formato oval para facilitar a utilização.

A pemba é também um dos elementos mais utilizados dentro da Umbanda, pois é necessário utilizá-la em praticamente todos os rituais. Pode ser usada para pontos riscados, cruzamentos, imantações, descarrego, energizações, condensar energias, consagrar objetos e etc.

A pemba é um dos elementos que ligam o mundo espiritual ao mundo material, através das quais os guias de luz se utilizam para realizar os seus trabalhos e firmarem suas energias dentro do terreiro ou onde necessitarem.

Também é utilizada em rituais importantíssimos como: curas, benzimentos, batizado, amaci, cruzamento de capitão, cruzamento de ogã, feitura de pai pequeno, feitura de pai de santo, casamentos, coroas, abertura e encerramentos de trabalhos espirituais, aberturas de terreiros entre outros.

A pemba é tão importante que são feitas referências a ela na Umbanda como "Lei de Pemba", que é a Lei Divina, "filho de pemba", que é filho de Deus. Devemos respeitar e utilizar essa ferramenta importantíssima com cautela e zelo.

Os atabaques

O som é a primeira relação com o mundo, desde o ventre materno. Abre canais de comunicação que facilitam o tratamento. Além de atingir os movimentos mais primitivos, a música atua como elemento ordenador, que organiza a pessoa internamente.

A história dos tambores

Os tambores começaram a aparecer pelas escavações arqueológicas do período neolítico. Um tambor encontrado na escavação na Morávia foi datado de 6.000 a.C. Tambores têm sido encontrados na antiga Suméria com a idade de 3.000 a.C. Na Mesopotâmia, foram encontrados pequenos tambores datados de 3.000 a.C. Tambores com peles esticadas foram descobertos dentre os artefatos egípcios, há 4.000 a.C. Os primeiros tambores provavelmente consistiam em um pedaço de tronco de árvore oco. Estes troncos eram cobertos nas bordas com peles de alguns répteis e eram percutidos com as mãos, então começou-se a usar peles mais resistentes e apareceram as primeiras baquetas. O tambor com duas peles veio mais tarde, assim como a variedade de tamanho.

O atabaque é de origem árabe e foi introduzido na África por mercadores que entravam no continente através dos países do norte, como o Egito.

Atabaques ou Ilus

São três os atabaques em um terreiro; Rum, Rumpi e Lê. O Rum é o atabaque maior, com som mais grave, e é o responsável por puxar o toque do ponto que está sendo cantado. No Rum ficam os Alabê, Ogã, ou Ogã de Sala, como é conhecido por todos, sendo o Ogã o responsável pelos toques. O Rumpi seria o segundo atabaque maior, tendo como importância responder ao atabaque Rum, e o Lê é o terceiro atabaque onde fica o Ogã que está iniciando ou aprendiz que acompanha o Rumpi. O Rum também é responsável para dobrar ou repicar o toque para que não fique um toque repetitivo.

Cambono

O começo na vida de um cambono deve ser considerado um marco em sua história na religião. O que vestir no primeiro dia? Como será dançar no ritual? Com quem irei ficar nos trabalhos? Como devo me proceder com os pais ou mães de santo? Como devo me proceder com os guias chefes da casa? São tantas as dúvidas que giram na cabeça de um cambono que as vezes o cambono se esquece qual é o verdadeiro papel dele na religião, o real porquê de ele estar ali.

Tentarei explicar do início o como fazer, o porquê fazer e o quando fazer. As experiências aqui descritas me foram ensinadas pelas entidades a quem servi e se referem as regras dos templos que eu trabalhei. Elas podem variar de casa para casa e não têm a intenção de ser a verdade em hipótese alguma e sim apenas uma referência para o neófito no cumprimento de sua missão.

Ser chamado para trabalhar como cambono logo no primeiro dia que pisar em um terreiro é raro, mas acontece. Lembrando que o cambono é geralmente o primeiro estágio que um médium passa dentro de um terreiro. Ou em alguns casos o cambono pode ser parente do pai/mãe de santo e este é teoricamente obrigado a trabalhar como cambono no terreiro.

O cambono é o primeiro estágio pelo qual o neófito passa dentro de um terreiro de Umbanda com responsabilidades dentro da casa, com as entidades e os consulentes. A roupa que o cambono deve utilizar nos trabalhos varia de casa para casa, mas o básico é a roupa branca. Em alguns terreiros é necessário fazer uma roupa que a própria casa fornece ao novo cambono. Em outros terreiros, a roupa deve ser branca e observar a cor do guia do trabalho. A melhor coisa a fazer é tentar se informar com a direção da casa sobre qual a melhor roupa para utilizar nos trabalhos.

Um outro ponto que o cambono se preocupa é com quem ele irá ficar dentro da gira. Geralmente o cambono ajudará as próprias entidades que o trouxeram para dentro da corrente. Em alguns casos, será determinado para o cambono auxiliar outras entidades que este então não conhecia. Tudo depende dos guias chefes da casa, mas, qualquer que seja a opção, o cambono deve respeitar e aceitar a sua vida como um cambono.

Ser cambono é um estágio na sua vida espiritual. Quase todos os grandes médiuns primeiro aprenderam a ser cambonos para depois serem médiuns. Sempre ouvi que um bom cambono será um bom médium. Acho que isso resume a vida de cambono.

Quanto melhor você for, quanto mais você se dedicar e estiver atento, mais você servirá, mais preparado você estará para se tornar um médium de passe, um médium de atendimento. Salvo em alguns casos que o neófito tem que passar por outros estágios para se tornar um médium de passe. A hora da dança, abertura da gira de algumas casas, também é um grande tormento na cabeça do novo cambono, mas tudo isso são detalhes que se aprendem com a duplicação e com a repetição do movimento. É muito comum não entender o que está acontecendo na gira, no padê, na defumação, nos pontos, no bate-cabeça e em outros detalhes que o cambono executa, mas sem saber o porquê disso ou daquilo. A melhor opção é relaxar e dar tempo ao tempo. Tentar identificar quem na corrente tem o conhecimento que necessita e ir atrás, buscar o conhecimento.

Um bom começo é conhecer o estatuto social que rege o terreiro ao qual você irá ou já estará fazendo parte. Este estatuto traz as normas e as diretrizes que a casa segue sob as orientações dos guias chefes da casa. É muito importante conhecer tais normas e ficar por dentro da conduta certa que se deve ter em cada terreiro. Uma coisa importante que o neófito tem que entender é que por mais que o terreiro seja uma casa filantrópica sem fins lucrativos, o terreiro precisa de recursos financeiros para se manter. Aluguéis, despesas com manutenção, papelaria, documentos, contador e demais despesas têm que ser pagas como qualquer empresa que busca lucro, mesmo o terreiro não buscando o lucro. As pessoas confundem lucro com subsistência. A entidade filantrópica a qual você fará ou já faz parte depende de dinheiro para continuar a funcionar. O novo cambono deverá assumir a sua contribuição mensal com o terreiro do qual estiver fazendo parte.

Um outro ponto importante é o novo cambono tentar entender qual a hierarquia material e espiritual a qual o terreiro está sujeito. Buscar conhecer os pais e mães de santo (BabalOrixá e YalOrixá), os pais pequenos e mães pequenas (Babaquequere e Yaquequere), os ogãns do terreiro, os dirigentes espirituais do terreiro, os dirigentes materiais do terreiro, a respeito das contribuições que o cambono deverá assumir, não só em espécie (dinheiro), mas também em material de limpeza, velas, defumadores, bebidas, comidas, a limpeza do terreiro (geralmente cada casa tem uma escala de limpeza a ser cumprida) e outros detalhes aos quais o neófito geralmente não está atento quando entra para uma gira de um terreiro. É importante saber que a comunidade do terreiro está lá para se ajudar em tudo o que diz respeito a manutenção do templo. Entender o seguinte: Geralmente o terreiro é formado por um local que será dedicado ao culto, este terreiro é dirigido por um pai ou mãe de santo que tem como missão ajudar as pessoas necessitadas. Você como um cambono necessita de um espaço para estar recebendo os seus guias, desenvolver a sua espiritualidade e cumprir a sua missão. Então entenda que o terreiro também será seu local sagrado de orações e devoções e por isso você deve zelar por ele e também colaborar com a manutenção da casa.

Passando os detalhes "administrativos" vamos começar a explanar um pouco sobre cada passo na gira de Umbanda e como o cambono deve se comportar.

Curimba ou atabaques (tambores)

A curimba ou atabaques (que significa conjunto de tambores), é o ponto responsável por fazer a energia se movimentar em um terreiro. É na curimba que será definida qual energia trazer para determinando guia. É papel do Ogãn (tocador do tambor, maestro dos orixás) tocar o ponto certo para cada entidade que será saudada ou trabalhada na casa. É ele quem faz os espíritos (entidades) baixarem no terreiro e incorporarem em seus guias. É na curimba que serão equilibradas todas as energias para que o trabalho transcorra da melhor maneira possível. É na curimba que se movimenta a energia, se movimenta o axé. Normalmente a curimba é formada por no mínimo três tambores, um grande (rum), um médio (rumpi) e um menor (lê), que, juntos, cada um em sua toada, emanam toda a energia que os guias e orixás necessitam para um ótimo trabalho.

A forma mais tradicional de se cumprimentar a curimba é muito parecida com a de cumprimentar o Conga. Chega-se em frente a curimba, dá-se uma volta em torno do próprio corpo e deita-se no chão com os braços abertos para a frente, virado para a curimba. Ali se pede aos guias, que logo estarão incorporados, as suas bênçãos e proteção e que o trabalho transcorra muito bem. Aqui um ponto importante: não se deve tocar de forma alguma o couro do tambor com as mãos, pois o couro foi tratado especialmente para o tambor para o Ogãn poder trabalhar a sua energia. Se quiser cumprimentar os tambores com as mãos toque na parte de madeira, mas nunca no couro.

Todos estes pontos de energia são comuns na maioria das casas de Umbanda. Algumas têm apenas o Conga, outras têm muito mais do que estes pontos, mas estes são os principais e todos eles estão interligados para que a energia da casa seja a melhor possível. Alguns pontos são para limpar possíveis energias negativas e outros estão disponíveis para nos trazer energia e para renovar o nosso axé.

Pontos de energia da casa

Todos os terreiros de Umbanda (pelo menos os que se prezam) têm os seus pontos de energia. Cada terreiro é formado geralmente por ordem de uma ou mais entidades e estas entidades dizem aos fundadores do terreiro quais serão os pontos de energia necessários para o bom funcionamento da casa, os chamados assentamentos.

A cangira ou tronqueira ou casinha do Exu

A cangira ou tronqueira, ou casinha do Exu, é onde está firmado o Exu da casa, geralmente neste local preparado com alguns objetos pertencentes e significantes enterrados no chão. Geralmente ali estão colocadas as imagens dos guardiães da esquerda (exus, pombo-giras, exus-mirins) que foram cruzadas e solicitadas pelas entidades. Neste local é oferendado o padê e o marafo, comidas e bebidas ritualísticas do Exu a fim de saciar a sua fome e sua sede. Com um exu na cangira bem tratado não entram forças negativas para dentro do terreiro, o que poderia atrapalhar os trabalhos espirituais da casa. O padê geralmente é oferendado no início dos trabalhos espirituais.

O novo cambono deve saber saudar o Exu da casa de acordo com as normas da casa. A saudação mais praticada nos terreiros é da seguinte forma: Chega-se à cangira, cruza-se os dedos das mãos com as palmas viradas para baixo e diz "Larôie Exu, Laroie Exu Mojuba", que significa: "Seguido de suas preces para um bom trabalho e proteção".

A porteira do terreiro

Entende-se por porteira do terreiro a linha delimitadora da área de trabalhos espirituais e a área da assistência (consulentes). Normalmente esta área está separada por uma cortina, cerca, mureta ou outros objetos delimitadores. Estas porteiras representam a separação do mundo profano para o mundo sagrado. Nelas também são enterrados objetos e aparatos significativos dos guias chefes da casa para que a energia do local seja resguarda e mantida. Nesta porteira o novo cambono deve pedir licença todas as vezes que por ela passar, pedindo a Oxalá que dê licença para poder entrar em contato com o sagrado.

O Conga (altar)

É no Conga (altar) onde são colocadas todas as imagens referentes aos orixás e aos guias espirituais do terreiro. Nele também é colocado o assentamento dos orixás patronos do terreiro. Em baixo do Conga normalmente se enterra objetos e aparatos referentes aos orixás que protegem e guardam a casa. Neste ponto estará a força maior do terreiro, a força de todos os guias que ali trabalham e são cultuados. É o ponto, não o mais importante porque todos são importantes, principal de um terreiro de Umbanda. É ali que o guia chefe vem firmar o seu ponto, é ali que ele deposita o seu axé para todos os necessitados. É neste local que o cambono deve ter o maior respeito, fazer suas orações e agradecimentos, fazer a sua vigília, acender suas velas votivas, enfim, é no Conga que se deve ter a maior devoção. O cumprimento no Conga deve ser feito da seguinte maneira: deita-se no chão com a cabeça voltada para o Conga e as mãos no chão acima da cabeça direcionadas também ao Conga, agradece-se a permissão de estar ali naquele momento, pede-se proteção aos orixás e pede-se que os problemas sejam resolvidos e que o trabalho seja bem proveitoso. Geralmente este ritual é precedido de uma volta em torno do próprio corpo em pé em frente ao Conga.

Antes da gira

Uma das minhas maiores dúvidas no início da minha vida como neófito era o que eu deveria e poderia fazer antes do trabalho e o que eu não deveria fazer. Coisas como não brigar, beber demais, comer demais e outros exageros devem ser evitados. Cada um tem o seu motivo. Brigar é um pouco óbvio. Você vai trabalhar a sua espiritualidade, vai trabalhar a caridade, irá mudar a energia de seu corpo para poder receber uma entidade, então deve procurar não se chatear, ficar tranquilo, relaxar a sua mente. Beber demais é um assunto muito complicado. O guia que virá trabalhar com você precisará de você inteiro, com a cabeça concentrada no trabalho, então deve-se evitar a bebida antes do trabalho. Comer demais vai te deixar empanturrado, cansado, sonolento, o guia precisará demais da sua energia corpórea, você precisará estar bem. Não é aconselhável depois de comer dois pratos de uma suculenta feijoada ir trabalhar com o seu guia. Entenda que estas coisas são exageros humanos e não que isto te causará algum dano espiritual durante o trabalho. Alguns dizem para não fazer sexo antes das giras, eu não vejo nenhum problema, desde que não atrase a gira.

Com o tempo cada um vai desenvolvendo o seu próprio ritual antes da gira. Vou colocar dois exemplos que eu vivo. Geralmente, como o nosso trabalho é no sábado, eu tento reservar o sábado só para as atividades espirituais. Acordo tranquilo, me alimento tranquilamente, vou atrás de algumas ervas para banho (tento sempre buscar alguma erva condizente com o guia que irei trabalhar na gira). Na hora de preparar o banho, eu lavo as ervas, macero as ervas no pilão dos pretos velhos, nisso já vou fazendo minhas orações. Nesse tempo, limpo a cangira e faço o padê para o Exu que me guia e me protege, enquanto isso o banho deu uma esfriada com as ervas, faço o banho, me arrumo e vou para o terreiro. Ritual simples, porém que adotei à minha realidade. O importante é entrar no terreiro com a cabeça concentrada, com a sua energia boa, trazendo boas vibrações. Importante buscar chegar no terreiro sempre 30 minutos antes da gira começar, para começar tranquilo e sem correrias.

Amaci, cruzamento e deitada (camarinha)

O Amaci é a iniciação dos filhos da casa para entrarem no mundo dos trabalhos da Umbanda. Ou seja, é um ritual destinado aos filhos que já trabalham na corrente mediúnica há um tempo, pois o Amaci tem a finalidade de preparar o médium para receber as energias vibrantes do terreiro, além de proporcionar uma limpeza de sua aura, como também confirmar as entidades e orixás que o acompanham.

UMBANDA PARA INICIANTES

O ritual consiste em um banho de ervas específicas que serão determinadas de acordo com cada médium iniciante. É feito um preparado de ervas maceradas de um determinado Orixá ou orixás, conforme a confirmação da coroa do filho.

Dessa forma, o Amaci é a primeira confirmação do vínculo do médium com a Umbanda, bem como com seus orixás; com a casa de Umbanda e com o Sacerdote de Umbanda, visto que é este que dará esse banho no médium e, com isso, colocará a mão na sua cabeça (ori).

Além dessa iniciação, o Amaci é feito também anualmente na Sexta-feira Santa, com a finalidade de fortalecer a aura espiritual do médium; repondo as energias que foram trabalhadas durante o ano de caridade e trabalhos ritualísticos.

Para ser feito o Amaci, deve-se fazer o preceito alguns dias (isto é combinado com a casa), em que o médium evita o consumo de álcool; relações sexuais e manter uma alimentação mais leve. Tudo isto é definido de acordo com cada casa de Umbanda, para que o corpo do médium esteja limpo para receber as vibrações de forma positiva.

Após a lavagem da coroa do médium, as ervas devem permanecer em sua cabeça (ori) por algum tempo, o qual é também definido pela casa, para que possa fortalecer o elo com as entidades e orixás.

Cruzamento

A Umbanda é uma religião cheia de mistérios. Muitas vezes o médium, quando inicia sua caminhada nessa religião, faz os movimentos, os preceitos e cumpre com as tradições sem saber o motivo daquilo. Faz porque os outros também fazem.

O ato de cruzar, de fazer uma cruz, é pegar algo que não está sagrado e torná-lo sagrado. Ao se cruzar um objeto, está-se ligando-o a quem lhe rege pelo alto, embaixo, direita e esquerda e está-se transmitindo uma força a ele, carregando-o de axé, força e poder. O mesmo ao cruzar a entrada do terreiro ou de outro solo sagrado: está-se pedindo licença ao alto, embaixo, direita e esquerda, a quem guarda esse lugar (e aqui temos orixás, guardiões e espíritos protetores ligados aquele lugar).

Quando falamos de algo sagrado, temos o dever de cruzar o solo e pedir licença ao lado sagrado de quem receberá esse conhecimento, para que esse lado sagrado se abra para ouvir o que será dito. Devemos também pedir licença ao Pai Obaluaiê que é o Senhor das Passagens.

Algumas formas de fazer o cruzamento

Ao fazer o sinal da cruz em si mesmo, estará abrindo em si o seu próprio lado sagrado interior para, ao rezar ou se dirigir às divindades ou a Deus, por exemplo, o faça do lado sagrado ou interno da oração. Dessa forma, ao fazer sua oração, faça-a em voz baixa ou silenciosa, pois quando se está no lado sagrado ou interno da oração, não há necessidade de falar alto;

Quando se faz o sinal da cruz diante de uma divindade, abre-se o lado sagrado individual para que não se percam as vibrações divinas que serão emanadas ao se aproximar e ficar diante das divindades em postura de respeito e reverência.

Você pode fazer o sinal da cruz diante de uma situação perigosa ou sobrenatural e terrível. Quando fizer isso, saiba que está fechando todas as passagens de acesso ao seu próprio lado interior, evitando que o mal entre em você e se instale no seu espírito e na sua vida.

Quando abençoar uma pessoa, cruze o ar. Assim estará abrindo uma passagem nele para que o seu lado sagrado envie suas vibrações ao lado sagrado da pessoa à sua frente.

Ao cruzar o solo diante dos pés de alguém, o indivíduo estará abrindo uma passagem para o lado sagrado dela.

Se cruzar uma pessoa, abrirá uma passagem nela para que seu lado sagrado se exteriorize diante dela e passe a protegê-la.

Cruzar um objeto é abrir uma passagem para o interior oculto e sagrado dele, para que ele, através desse lado, seja um portal sagrado que tanto absorverá vibrações negativas como irradiará vibrações positivas.

Ao cruzar o solo de um santuário, estará abrindo uma passagem para entrar nele através do seu lado sagrado e oculto, pois se entrar sem cruzá-lo na entrada estará entrando nele pelo seu lado profano e exterior.

Por fim, e não menos importante, quando cruzar deve-se dizer: "Eu saúdo o seu alto, o seu embaixo, a sua direita e a sua esquerda e peço-lhe em nome do meu Pai Obaluaiê que abra o seu lado sagrado para mim".

Deitada

A Umbanda é uma só, mas dentro de cada terreiro existe um universo inteiro. Cada casa tem suas tradições, seus costumes, suas crenças... E claro, seus próprios fundamentos.

A deitada (também chamada de camarinha) é um destes rituais que pode ser praticado de diversas formas dependendo da casa, mas traz em si um fundamento muito bonito que é firmar a energia do Orixá na cabeça de quem vai se deitar.

Todo o procedimento é feito para chamar o axé dos orixás das forças da natureza, condensar e então firmar na cabeça do médium (ou ori) aquela energia. Para isso, começa-se fazendo uma oferenda para os orixás aos quais se deitará. Frutas, flores, ervas, tudo é adicionado como um presente para o Orixá que nos trará seu axé. E para iniciar os trabalhos é lavada a cabeça do médium com o Amaci.

O Amaci

É o banho mais conhecido pelas pessoas que começam a frequentar os centros de Umbanda e somente deve ser indicado por uma entidade espiritual ou pelo guia chefe do terreiro, pai/mãe de santo, zelador(a) do terreiro, babalaô ou chefe de culto. É derramado da cabeça aos pés, sendo pois preparado de acordo com o Orixá do médium.

Normalmente quando o filho está em dúvida de quem seja seu pai ou mãe de cabeça, usa-se um Amaci de Oxalá, o qual rege a cabeça de todos nós, pois todos somos filhos de Oxalá.

O banho de ervas (Amaci) age como um neutralizador de correntes negativas, e como um energizador, dando a pessoa força suficiente, para que ela possa sair do estado em que se encontra.

O Amaci é o macerado extraído de diversas ervas e flores que trazem em si a vibração do Orixá que se quer deitar. Cada Orixá imprimiu sua força em uma planta ou erva diferente, e quando são juntadas estas ervas e tirados seus sumos, tais elementos da natureza são trazidos de maneira magística, para que, estando em conjunto, possam trazer o axé do Orixá para aquele líquido. Feita a maceração com um ritual em oração, o líquido é rezado e se torna abençoado na energia do Orixá.

É esse amaci que será derramado diretamente na cabeça do médium, para que toda essa boa energia do Orixá entre diretamente em seu chacra coronário. Para preservar este axé, cobre-se a cabeça com o pano de cabeça e, em seguida, procede-se ao que dá nome ao ritual, à deitada em si.

Ali, deitado durante um tempo, o axé dos orixás vai se firmar diretamente em nossa cabeça. É deitado na esteira, com a mente tranquila e o coração calmo, que a verdadeira energia do Orixá se revela em cada um de nós.

Com o passar do tempo, o silêncio absoluto que fazemos acalma os sentidos e só o nosso corpo fluídico começa a se manifestar. A energia dos orixás é serena, e precisa de um coração também sereno para surgir.

Então, a grande magia acontece: ali, deitados, só você e seus orixás, as ideias surgem, o corpo físico se restabelece... os problemas que até então eram imensos, intransponíveis, se mostram cada vez menores, passageiros frente à sensação de completude e de comunhão infinita com o sagrado que só o axé do Orixá pode trazer.

Nada pode ser mais bonito do que ter uma experiência capaz de te trazer um estado superior de consciência que lhe traz a paz da comunhão. A deitada não é na esteira, mas no colo do Orixá para quem você está deitando.

Quando se deita para as sete linhas é ainda mais bonito, já que você entrega sua cabeça para que todos os orixás sejam seus guias na jornada espiritual da Umbanda.

E, claro, ao se levantar da esteira, é natural que o médium esteja mais do que "virado" no Orixá, porque a sua energia vital está impregnada do axé do Orixá. É quando o Orixá dança sua dança ancestral, a dança de movimentos cadenciados que trazem para o corpo o arquétipo de cada Orixá. É aí que a força de Iansã, a paz de Oxalá, o poder de Xangô ou a beleza de Oxum, que até então estavam agindo só no mental do médium, saem para o mundo físico em forma de dança.

Em muitas tradições, para encerrar os trabalhos, o Sacerdote de Umbanda chama o guia de frente do médium, ou um guia de direita, que se manifesta para fechar com chave de ouro com a mensagem de que toda energia, toda cura que foi executada ali tem um compromisso com a prática do bem e da caridade.

Quando é terminado o trabalho, o médium está limpo energeticamente e carregado de todo bom axé que só um Orixá pode trazer para sua coroa. É como se fosse uma "bateria" que está carregada ao máximo de energia, pronta para oferecer sua força para o médium por muito tempo.

Como a "bateria" está completamente carregada, nada melhor do que tomar cuidado para que sua energia dure o máximo possível, não é? Para isso, o sacerdote pede um preceito de alguns dias, em que o médium se resguarda como uma forma de evitar que o médium deixe esvair todo o axé que recebeu e mantenha consigo esta boa energia o máximo de tempo possível.

Daí para frente é só aproveitar a oportunidade e deixar que os orixás permitam ver a vida com melhores olhos e seguir na prática do bem e da caridade para sermos sempre merecedores deste axé.

Orixá ancestral, o que é isso?

Uma dúvida, e a que mais incomoda os umbandistas é sobre seu Orixá. Orixá ancestral não é o mesmo que Orixá de frente ou adjuntó. O Orixá ancestral está ligado à nossa ancestralidade e é aquele que nos recepcionou assim que, gerados por Deus, fomos atraídos pelo seu magnetismo divino.

Todos somos gerados por Deus e somos fatorados por uma de suas divindades, que nos magnetiza em sua onda fatoradora e nos distingue com sua qualidade divina.

Uns são distinguidos com a qualidade congregadora e são fatorados pelo Trono da Fé. Se forem machos, é o Orixá Oxalá que assume a condição de seu Orixá ancestral. Mas, se forem fêmeas, aí é a Orixá Oiá que assume sua ancestralidade.

Uns são distinguidos com a qualidade agregadora e são fatorados pelo Trono do Amor. Se forem machos é o Orixá Oxumarê que assume a condição de seu Orixá ancestral. Mas, se forem fêmeas, aí é a Orixá Oxum que assume suas ancestralidades.

Uns são distinguidos com a qualidade expansiva e são fatorados pelo Trono do Conhecimento. Se forem machos é o Orixá Oxóssi que assume a condição de seu Orixá ancestral. Mas, se forem fêmeas, aí é a Orixá Obá que assume suas ancestralidades.

Uns são distinguidos com a qualidade equilibradora e são fatorados pelo Trono da Razão. Se forem machos é o Orixá Xangô que assume as suas ancestralidades. Mas, se forem fêmeas, aí é a Orixá Egunitá que assume suas ancestralidades.

Uns são distinguidos com a qualidade ordenadora e são fatorados pelo Trono da Lei. Se forem machos é o Orixá Ogum que assume suas ancestralidades. Mas, se forem fêmeas, aí é a Orixá Iansã que assume suas ancestralidades.

UMBANDA PARA INICIANTES

Uns são distinguidos com a qualidade evolutiva (transmutadora) e são fatorados pelo Trono da Evolução. Se forem machos é o Orixá Obaluaê que assume suas ancestralidades. Mas, se forem fêmeas, aí é a Orixá Nanã que assume suas ancestralidades.

Uns são distinguidos com a qualidade geradora e são fatorados pelo Trono da Geração. Se forem machos é o Orixá Omulu que assume suas ancestralidades. Mas, se forem fêmeas, aí é a Orixá Iemanjá que assume suas ancestralidades.

Observem que não estamos nos referindo ao espírito que "encarnou" no plano material, e sim ao ser que acabou de ser gerado por Deus e foi atraído pelo magnetismo de uma de suas divindades, que, por serem unigênitas (únicas geradas), transmitem naturalmente a qualidade que são em si mesmas aos seus "herdeiros", aos quais imantam com seus magnetismos divinos e dão aos seres uma ancestralidade imutável, pois é divina e jamais ela deixará de guiá-los porque a natureza íntima de cada um será formada na qualidade que o distinguiu, fatorando-o.

Alguém pode reencarnar mil vezes, e sob as mais diversas irradiações, que nunca mudará sua natureza íntima. Agora, a cada encarnação ele será regido por um Orixá de frente (que o guiará enquanto viver na carne) e será equilibrado por outro Orixá que será o auxiliar (o adjuntó) desse Orixá de frente ou da "cabeça". Usamos o termo "Orixá da cabeça" porque ele regerá a encarnação do ser e o influenciará o tempo todo, pois está de "frente" para ele. Sim, o Orixá da cabeça está à nossa frente nos atraindo mentalmente para seu campo de ação e para o seu mistério, o qual absorveremos e desenvolveremos algumas faculdades regidas por ele. Já o Orixá adjuntó, este é um equilibrador do ser e atuará através do seu emocional, ora estimulando-o, ora apassivando-o, pois só assim o ser não se descaracterizará e se tornará irreconhecível dentro do seu grupo familiar ou tronco hereditário, regido pelo seu Orixá ancestral.

A dúvida dos "médiuns" e dos umbandistas se explica pela precariedade dos métodos divinatórios usados para identificar o Orixá da cabeça e seu adjuntó. Daí, vemos pessoas reclamarem que a cada babalOrixá ou ialOrixá que consultaram, cada um deu um Orixá diferente a cada consulta, criando uma confusão e levando ao descrédito. Esta queixa é muito comum e não são poucos os médiuns que estão confusos porque uma consulta diz que é filho desse Orixá e outra consulta diz que é filho de outro Orixá.

Nós dizemos isto: na ancestralidade, todo ser macho é filho de um Orixá masculino e todo ser fêmea é filha de um Orixá feminino.

Na ancestralidade, Orixá masculino só fatora seres machos e os magnetiza com sua qualidade, fatorando-os de forma tão marcante que o Orixá feminino que o secunda na fatoração só participa como apassivadora de sua natureza masculina. O inverso acontece com os seres fêmeas, nas quais o Orixá masculino só participa como apassivador dessa sua natureza feminina.

Portanto, no universo da ancestralidade dos seres machos, há sete orixás masculinos, e na dos seres fêmeas, sete orixás femininos.

Há sete naturezas masculinas e sete naturezas femininas tão marcantes que é impossível ao bom observador não vê-las nas pessoas.

Saibam que, mesmo que o Orixá de cabeça ou de frente seja, digamos, a Orixá Iansã, ainda assim, por trás dessa regência, poderemos identificar a ancestralidade se observarem bem o olhar, as feições, os traços, os gestos a postura, pois estes sinais são oriundos da natureza íntima do ser, apassivada pela regência da encarnação, mas não anulada por ela. Certo? O mesmo se aplica ao Orixá adjuntó, pois podemos identificá-lo nos gestos e nas iniciativas das pessoas, já que é através do emocional que ele atua.

Outra forma de identificação é através do Guia de Frente e do Exu Guardião dos Médiuns. Mas esta identificação exige um profundo conhecimento do simbolismo dos nomes usados por eles para se identificarem.

Além disso, nem sempre o Guia de Frente ou o Exu Guardião se mostram, pois preferem deixar isto para o guia e o Exu de Trabalho.

Saber interpretar corretamente o simbolismo é fundamental. Certo? Então, que todos entendam isto:

Orixá ancestral é aquele que magnetizou o ser assim que ele foi gerado por Deus, e o distinguiu com sua qualidade original e natureza íntima, imutável e eterna.

Orixá de frente é aquele que rege a atual encarnação do ser e o conduz numa direção na qual o ser absorverá sua qualidade e a incorporará às suas faculdades, abrindo-lhes novos campos de atuação e crescimento interno.

Orixá adjuntó é aquele que forma par com o Orixá de frente, apassivando ou estimulando o ser, sempre visando seu equilíbrio íntimo e crescimento interno permanente.

O que são oferendas e ebós?

O que são as oferendas e ebós da Umbanda? Existem muitas dúvidas e mitos a respeito, se fazem bem ou mal a nossa espiritualidade e se resolvem os problemas.

Muitas pessoas perguntam o que vem a ser uma oferenda ou um ebó na Umbanda. Em resumo são a mesma coisa com diferentes objetivos. Uma oferenda é a soma da energia de cada elemento entregue a entidade ou Orixá para trabalhar espiritualmente resolvendo seus problemas.

Trata-se de oferecer a determinadas entidades ou orixás da Umbanda alimentos, flores, bebidas e objetos de culto para que realizem no plano espiritual o "conserto" daquilo que está atrapalhando a sua vida.

São vários os tipos de trabalhos espirituais, oferendas e ebós que podem ser feitos na Umbanda, e de maneira alguma atrapalham sua vida ou causam mal a quem quer que seja, pois são feitos com espíritos de luz na linha branca da Umbanda, SEM sacrifícios de animais.

As principais oferendas e ebós

Oferendas de agradecimento

Quando em momentos de necessidade oramos e recebemos ajuda dos orixás e entidades regentes, costumamos fazer promessas ou retribuir de alguma forma. Pode ser uma oferenda na natureza ou algum auxílio aos necessitados. Compartilhando nosso sucesso e dizendo de forma simbólica que sem aquele auxílio não teríamos conseguido, por isso somos gratos.

Oferendas de pedido de ajuda

Em forma de vela acesa ou visita de oração a um ponto de grande poder natural, como um pico ou campo aberto. Os orixás, como forças da natureza, são espíritos hierarquizados que agem diretamente na esfera terrestre, estão nos campos e pontos energéticos da superfície terrestre, em todo nosso redor. Os poderes divinos e a comunicação com os planos superiores estão nos pontos altos, até mesmo numa cobertura de um prédio onde possam ser feitas oferendas pedindo ajuda para todos os fins, como afastar pessoas, trazer o amor de volta, amarração de amor, trabalhos espirituais de prosperidade e muito mais.

Oferendas para recuperar o que foi perdido

Visa a devolução do que pode ter sido tirado de nós por magia negativa ou até por nosso próprio descuido com a vida espiritual. Por meio de pensamentos ou ações espirituais de energias negativas, as pessoas podem tirar de nós desde o ânimo para levantar de manhã até a saúde física ou dinheiro. Uma oferenda propicia a espiritualidade, o poder de ajudar a recuperar objetos, bens materiais até mesmo o eixo de sua vida.

Oferendas de purificação

Geralmente é feita em locais próximos à água corrente ou em matas. Alguns fazem em cemitérios, mas sem o controle espiritual de uma mãe de santo isso pode se reverter em energias negativas muito pesadas. Estes lugares funcionam como "ralos energéticos" e absorvem os maus fluidos, mas a água e as matas têm o poder reciclador, enquanto no cemitério a energia ruim absorvida pode ficar retida e prejudicar quem não estiver preparado, pois é um local que acumula muita tristeza e pesar. Estas oferendas devem ser feitas sempre que sentirmos a sobrecarga espiritual, mas somente com acompanhamento da mãe de santo.

Oferendas aos orixás e entidades regentes

A fim de obter ajuda para realizar aquilo de melhor para nós, nossos "amigos espirituais" sempre vão requerer nosso comprometimento e fé e, algumas vezes, isto pode vir em forma de uma oferenda a pedido de nosso Orixá ou entidade regente. Médiuns devem fazer frequentemente uma oferenda ritual a seus orixás, assim como devem fazer também para seus guias espirituais mais próximos, geralmente o Caboclo, o Preto Velho e o Exu ou Pombo-gira Regente.

Existem duas formas de oferendas que podemos fazer: voto e promessa

O voto é quando fazemos a oferenda antes de obter o favor que desejamos. Então preparamos a "comida de santo" e a arriamos pedindo o que precisamos em nossas vidas. Estamos dando um "voto de confiança" para a entidade ou Orixá (força) que estamos oferendando.

Já a promessa, é o ato de oferendar ou "pagar a promessa" depois de uma causa obtida. Dizemos que você peça em pensamento ou em oração que algo ocorra na sua vida, por exemplo, um novo emprego. Quando conseguir o emprego, faz-se necessário pagar a promessa, ou seja, oferendar a força que te concedeu (ajudou a obter) o novo emprego.

"As diversidades da Umbanda nos impulsionam a evoluir."

Osmar Barbosa

As umbandas dentro da Umbanda

Após pouco mais de cem anos de fundação da Umbanda pelo Caboclo das Sete Encruzilhadas, essa religião cresceu e se diversificou, dando origem a diferentes vertentes que têm a mesma essência por base: a manifestação dos espíritos para a caridade.

O surgimento dessas diferentes vertentes é consequência do grau com que as características de outras práticas religiosas e/ou místicas foram absorvidas pela Umbanda em sua expansão pelo Brasil, reforçando o sincretismo que a originou e que ainda hoje é sua principal marca.

Embora essa classificação tenha sido elaborada por mim (não é fruto de um consenso entre os umbandistas e nem é adotada por outros estudiosos da religião), ela revela-se uma forma útil de condensar as diferentes práticas existentes, possibilitando um melhor estudo.

Umbanda Branca e Demanda

Outros nomes. É também conhecida como: Alabanda; Linha Branca de Umbanda e Demanda; Umbanda Tradicional; Umbanda de Mesa Branca; Umbanda de Cáritas; e Umbanda do Caboclo das Sete Encruzilhadas.

Origem. É a vertente fundamentada pelo Caboclo das Sete Encruzilhadas, por Pai Antônio e Orixá Malê, através do seu médium, Zélio Fernandino de Moraes (10/04/1891 – 03/10/1975), surgida em São Gonçalo, RJ, em 16/11/1908, com a fundação da Tenda Espírita Nossa Senhora da Piedade.

Foco de divulgação. O principal foco de divulgação dessa vertente é a Tenda Espírita Nossa Senhora da Piedade.

Orixás. Considera que Orixá é um título aplicado a espíritos que alcançaram um elevado patamar na hierarquia espiritual, os quais representam, em missões especiais, de prazo variável, o alto chefe de sua linha. É pelos seus encargos comparável a um general: ora incumbido da inspeção das falanges, ora encarregado de auxiliar a atividade de centros necessitados de amparo, e, nesta hipótese, fica subordinado ao guia geral do agrupamento a que pertencem tais centros. Acredita que existam 126 orixás, distribuídos em 06 linhas espirituais de trabalho. Os altos chefes de cada uma dessas seis linhas recebem o nome de um Orixá nagô, embora não sejam entendidos como nas tradições africanas, existindo uma forte vinculação deles aos santos católicos.

Linhas de trabalho. Considera a existência de sete linhas de trabalho: de Oxalá (incluindo os espíritos que se apresentam como crianças), de Iemanjá, de Ogum, de Oxóssi, de Xangô, de Iansã e de Santo ou das Almas (que inclui as almas recém-desencarnadas, os exus coroados, os exus batizados e as entidades auxiliares).

Entidades. Os trabalhos são realizados principalmente por caboclos(as), pretos(as) velhos(as) e crianças e não há giras para boiadeiros, baianos, ciganos, malandros, exus e pombo-giras.

Ritualística. A roupa branca é a única vestimenta usada pelos médiuns durante as giras e encontra-se o uso de guias, imagens, fumo, defumadores, velas, bebidas e pontos riscados nos trabalhos, porém os atabaques não são utilizados nas cerimônias.

Livros doutrinários. Esta vertente usa os seguintes livros como principais fontes doutrinárias: *O livro dos espíritos; O livro dos médiuns; O evangelho segundo o espiritismo;* e *O Espiritismo, a magia e as sete linhas de Umbanda*.

Umbanda Kardecista

Outros nomes. É também conhecida como: Umbanda de Mesa Branca; Umbanda Branca; e Umbanda de Cáritas.

Origem. É a vertente com forte influência do espiritismo, geralmente praticada em centros espíritas que passaram a desenvolver giras de Umbanda junto com as sessões espíritas tradicionais. É uma das mais antigas vertentes, porém não existe registro da data e do local inicial em que começou a ser praticada.

Foco de divulgação. Não existe um foco principal de divulgação dessa vertente na atualidade.

Orixás. Nesta vertente não existe o culto aos orixás nem aos santos católicos.

Linhas de trabalho. Nesta vertente não é utilizada essa forma de agrupar as entidades.

Entidades. Os trabalhos de Umbanda são realizados apenas por caboclos(as), pretos(as) velhos(as) e, mais raramente, crianças.

Ritualística. A roupa branca é a única vestimenta usada pelos médiuns durante as giras e não são encontrados o uso de guias, imagens, fumo, defumadores, velas, bebidas e atabaques.

Livros doutrinários. Esta vertente usa os seguintes livros como principais fontes doutrinárias: *O livro dos espíritos*; *O livro dos médiuns*; *O evangelho segundo o espiritismo*; *O céu e o inferno*; e *A gênese*.

Umbanda Mirim

Outros nomes. É também conhecida como: Aumbandã; Escola da Vida; Umbanda Branca; Umbanda de Mesa Branca; e Umbanda de Cáritas.

Origem. É a vertente fundamentada pelo Caboclo Mirim através do seu médium Benjamin Gonçalves Figueiredo (26/12/1902 – 03/12/1986), surgida no Rio de Janeiro, RJ, em 13/03/1924, com a fundação da Tenda Espírita Mirim.

Foco de divulgação. Os principais focos de divulgação dessa vertente são: a Tenda Espírita Mirim (matriz e filiais); e o Primado de Umbanda, fundado em 1952.

Orixás. Nesta vertente não existe o culto aos santos católicos, e os orixás foram reinterpretados de maneira totalmente distinta das tradições africanas, não havendo nenhuma vinculação com elas. Considera a existência de nove orixás: Oxalá, Ogum, Oxóssi, Xangô, Obaluaiê, Iemanjá, Oxum, Iansã e Nanã.

Linhas de trabalho. Considera a existência de sete linhas de trabalho: de Oxalá, de Iemanjá (que inclui Iemanjá, Oxum, Iansã, Nanã), de Ogum, de Oxóssi, de Xangô, do Oriente (que agrupa as entidades orientais) e de Yofá (que agrupa os pretos velhos e as pretas velhas).

Entidades. Os trabalhos são realizados principalmente por caboclos(as), pretos(as) velhos(as) e crianças e não há giras para exus e pombo-giras, uma vez que estes últimos não são considerados trabalhadores da Umbanda e sim da Quimbanda.

Ritualística. A roupa branca com pontos riscados bordados é a única vestimenta usada pelos médiuns durante as giras e encontra-se o uso de fumo, defumadores e a imagem de Jesus Cristo nos trabalhos, porém as guias, velas, bebidas, atabaques e demais imagens não são usadas nas cerimônias, havendo o uso de termos de origem tupi para designar o grau dos médiuns nelas.

Livros doutrinários. Esta vertente usa os seguintes livros como principais fontes doutrinárias: *Okê, Caboclo*; *O livro dos espíritos*; *O livro dos médiuns*; e *O evangelho segundo o espiritismo*.

Umbanda Popular

Outros nomes. É também conhecida como: Umbanda Cruzada; e Umbanda Mística.

Origem. É uma das mais antigas vertentes, fruto da umbandização de antigas casas de macumbas, porém não existe registro da data e do local inicial em que começou a ser praticada. É a vertente mais aberta a novidades, podendo ser comparada, guardadas as devidas proporções, com o que alguns estudiosos da religião identificam como uma característica própria da religiosidade das grandes cidades do mundo ocidental na atualidade, em que os indivíduos escolhem, como se estivessem em um supermercado, e adotam as práticas místicas e religiosas que mais lhes convêm, podendo, inclusive, associar aquelas de duas ou mais religiões.

Foco de divulgação. Não existe um foco principal de divulgação dessa vertente na atualidade, uma vez que não existe uma doutrina comum em seu interior. Entretanto, é a vertente mais difundida em todo o país.

Orixás. Nesta vertente encontra-se um forte sincretismo dos santos católicos com os orixás, associados a um conjunto de práticas místicas e religiosas de diversas origens adotadas pela população em geral, tais como: rezas, benzimentos, simpatias, uso de cristais, incensos, patuás e ervas para o preparo de banhos de purificação e chás medicinais. Considera a existência de dez Orixás: Oxalá, Ogum, Oxóssi, Xangô, Obaluaiê, Iemanjá, Oxum, Iansã, Nanã e Ibejis. Em alguns lugares também são cultuados mais dois Orixás: Ossãe e Oxumarê.

Linhas de trabalho. Existem três versões para as linhas de trabalho nesta vertente. Na mais antiga, são consideradas a existência de sete linhas de trabalho: de Oxalá (que inclui as crianças), de Iemanjá (que inclui Iemanjá, Oxum, Nanã), de Ogum, de Oxóssi, de Xangô (que inclui Xangô e Iansã), do Oriente (que agrupa as entidades orientais) e das Almas (que agrupa os pretos velhos e as pretas velhas). Na intermediária, também são consideradas a existência de sete linhas de trabalho: de Oxalá, de Iemanjá (que inclui Iemanjá, Oxum, Nanã), de Ogum, de Oxóssi, de Xangô (que inclui Xangô e Iansã), das Crianças e das Almas (que agrupa os pretos velhos e as pretas velhas).

Na mais recente, são consideradas como linha de trabalho cada tipo de entidade: de caboclos(as), de pretos(as) velhos(as), de crianças, de baianos(as), etc.

Entidades. Os trabalhos são realizados por diversas entidades: caboclos(as), pretos(as) velhos(as), crianças, boiadeiros, baianos(as), marinheiros, sereias, ciganos(as), exus, pombo-giras, exus-mirins e malandros(as).

Ritualística. Embora a roupa branca seja a vestimenta principal dos médiuns, essa vertente aceita o uso de roupas de outras cores pelas entidades, bem como o uso de complementos (tais como capas e cocares) e de instrumentais próprios (espada, machado, arco, lança). Nela encontra-se o uso de guias, imagens, fumo, defumadores, velas, bebidas, cristais, incensos, pontos riscados e atabaques nos trabalhos.

Livros doutrinários. Esta vertente não possui um livro específico como fonte doutrinária.

Umbanda Omolocô

Outros nomes. É também conhecida como Umbanda Traçada.

Origem. É fruto da umbandização de antigas casas de Omolocô, porém não existe registro da data e do local inicial em que começou a ser praticada. Começou a ser fundamentada pelo médium Tancredo da Silva Pinto (10/08/1904 – 01/09/1979) em 1950, no Rio de Janeiro, RJ.

Foco de divulgação. Os principais focos de divulgação dessa vertente são: os noves livros escritos por Tancredo da Silva Pinto; as tendas criadas por seus iniciados; e o livro *Umbanda Omolocô*, escrito por Caio de Omulu.

Orixás. Nesta vertente encontra-se um forte sincretismo dos orixás com os santos católicos, sendo que aqueles estão vinculados às tradições africanas, principalmente as do Omolocô. Considera a existência de nove Orixás: Oxalá, Ogum, Oxóssi, Xangô, Obaluaiê, Iemanjá, Oxum, Iansã e Nanã.

Linhas de trabalho. Considera como linha de trabalho cada tipo de entidade: de caboclos(as), de pretos(as) velhos(as), de crianças, de baianos, etc.

Entidades. Os trabalhos são realizados por diversas entidades: falangeiros de orixás, caboclos(as), pretos(as) velhos(as), crianças, boiadeiros, baianos(as), marinheiros, sereias, ciganos(as), exus, pombo-giras e malandros(as).

Ritualística. Embora a roupa branca seja a vestimenta principal dos médiuns, essa vertente aceita o uso de roupas de outras cores pelas entidades, bem como o uso de complementos (tais como capas e cocares) e de instrumentais próprios (espada, machado, arco, lança). Nela encontra-se o uso de guias, imagens, fumo, defumadores, velas, bebidas, cristais, incensos, pontos riscados e atabaques nos trabalhos. Nesta vertente também são utilizadas algumas cerimônias de iniciação e avanço de grau semelhantes à forma como são realizadas no Omolocô, incluindo o sacrifício de animais.

Livros doutrinários. Esta vertente usa os seguintes livros como principais fontes doutrinárias: *A origem de Umbanda*; *As mirongas da Umbanda*; *Cabala umbandista*; *Camba de Umbanda*; *Doutrina e ritual de Umbanda*; *Fundamentos da Umbanda*; *Impressionantes cerimônias da Umbanda*; *Tecnologia ocultista de Umbanda no Brasil*; e *Umbanda: guia e ritual para organização de terreiros*.

Umbanda Almas e Angola

Outros nomes. É também conhecida como Umbanda Traçada.

Origem: É fruto da umbandização de antigas casas de Almas e Angola, porém não existe registro da data e do local em que começou a ser praticada.

Foco de divulgação. Não existe um foco principal de divulgação dessa vertente na atualidade, uma vez que não existe uma doutrina comum em seu interior.

Orixás. Nesta vertente encontra-se um forte sincretismo dos orixás com os santos católicos, sendo que aqueles estão vinculados às tradições africanas, principalmente as do Almas e Angola. Considera a existência de nove orixás: Oxalá, Ogum, Oxóssi, Xangô, Obaluaiê, Iemanjá, Oxum, Iansã e Nanã.

Linhas de trabalho. Considera a existência de sete linhas de trabalho: de Oxalá, do Povo d'Água (que inclui Iemanjá, Oxum, Nanã e Iansã), de Ogum, de Oxóssi, de Xangô, das Beijadas (que agrupa as crianças) e das Almas (que inclui Obaluaiê e agrupa os pretos velhos e as pretas velhas).

Entidades. Os trabalhos são realizados por diversas entidades: falangeiros de Orixá, caboclos(as), pretos(as) velhos(as), crianças, boiadeiros, baianos(as), marinheiros, exus e pombo-giras.

Ritualística. Embora a roupa branca seja a vestimenta principal dos médiuns, essa vertente aceita o uso de roupas de outras cores pelas entidades, bem como o uso de complementos (tais como capas e cocares) e de instrumentais próprios (espada, machado, arco, lança). Nela encontra-se o uso de guias, imagens, fumo, defumadores, velas, bebidas, cristais, incensos, pontos riscados e atabaques nos trabalhos. Nesta vertente também são utilizadas algumas cerimônias de iniciação e avanço de grau semelhantes à forma como são realizadas no Almas e Angola, incluindo o sacrifício de animais.

Livros doutrinários. Esta vertente não possui um livro específico como fonte doutrinária.

Umbandomblé

Outros nomes. É também conhecida como Umbanda Traçada.

Origem. É fruto da umbandização de antigas casas de Candomblé, notadamente as de Candomblé de Caboclo, porém não existe registro da data e do local em que começou a ser praticada. Em alguns casos, o mesmo pai de santo (ou mãe de santo) celebra tanto as giras de Umbanda quanto o culto do Candomblé, porém em sessões diferenciadas por dias e horários.

Foco de divulgação. Não existe um foco principal de divulgação dessa vertente na atualidade.

Orixás. Nesta vertente existe um culto mínimo aos santos católicos, e os orixás são fortemente vinculados às tradições africanas, principalmente as da nação Ketu, podendo inclusive ocorrer a presença de outras entidades no panteão que não são encontrados nas demais vertentes da Umbanda (Oxalufan, Oxaguian, Ossãe, Obá, Ewá, Logum-Edé, Oxumarê).

Linhas de trabalho. Considera como linha de trabalho cada tipo de entidade: de caboclos(as), de pretos(as) velhos(as), de crianças, de baianos, etc.

Entidades. Os trabalhos são realizados por diversas entidades: falangeiros de orixás, caboclos(as), pretos(as) velhos(as), crianças, boiadeiros, baianos(as), marinheiros, sereias, ciganos(as), exus, pombo-giras e malandros(as).

Ritualística. Embora a roupa branca seja a vestimenta principal dos médiuns, essa vertente aceita o uso de roupas de outras cores pelas entidades, bem como o uso de complementos (tais como capas e cocares) e de instrumentais próprios (espada, machado, arco, lança). Nela encontra-se o uso de guias, imagens dos orixás na representação africana, fumo, defumadores, velas, bebidas e atabaques nos trabalhos. Nesta vertente também são utilizadas algumas cerimônias de iniciação e avanço de grau semelhantes à forma como são realizadas nos Candomblés, incluindo o sacrifício de animais, podendo ser encontrado, também, curimbas cantadas em línguas africanas (banto ou iorubá).

Livros doutrinários. Esta vertente não possui um livro específico como fonte doutrinária.

Umbanda Eclética Maior

Outros nomes. Não possui.

Origem. É a vertente fundamentada por Oceano de Sá (23/02/1911 – 21/04/1985), mais conhecido como Mestre Yokaanam, surgida no Rio de Janeiro, RJ, em 27/03/1946, com a fundação da Fraternidade Eclética Espiritualista Universal.

Foco de divulgação. Os principais focos de divulgação dessa vertente são a sede da fraternidade e suas regionais.

Orixás. Nesta vertente existe uma forte vinculação dos orixás aos santos católicos, sendo que aqueles foram reinterpretados de maneira totalmente distinta das tradições africanas, não havendo nenhuma vinculação com elas.

Considera a existência de pelo menos nove Orixás: Oxalá, Ogum, Ogum de Lei, Oxóssi, Xangô, Xangô-Kaô, Iemanjá, Ibejis e Yanci, sendo que um deles não existe nas tradições africanas (Yanci) e alguns deles seriam considerados manifestações de um Orixá em outras vertentes (Ogum de Lei/Ogum e Xangô-Kaô/Xangô).

Linhas de trabalho. Considera a existência de sete linhas de trabalho fortemente associadas a santos católicos: de São Jorge (Ogum), de São Sebastião (Oxóssi), de São jerônimo (Xangô), de São João Batista (Xangô-Kaô), de São Custódio (Ibejês), de Santa Catarina de Alexandria (Yanci) e São Lázaro (Ogum de Lei).

Entidades. Os trabalhos são realizados principalmente por caboclos(as), pretos(as) velhos(as) e crianças.

Ritualística. A roupa branca é a vestimenta usada pelos médiuns durante as giras e encontra-se o uso de uma cruz, um quadro com o rosto de Jesus Cristo, velas, porém, os atabaques, as guias, as bebidas e fumo não são utilizados nas cerimônias.

Livros doutrinários. Esta vertente usa os seguintes livros como principais fontes doutrinárias: *Evangelho de Umbanda*; *Manual do instrutor eclético universal*; *Yokaanam fala à posteridade*; e *Princípios fundamentais da doutrina eclética*.

Aumbhandã

Outros nomes. É também conhecida como: Umbanda Esotérica; Aumbhandan; Conjunto de Leis Divinas; Senhora da Luz Velada; e Umbanda de Pai Guiné.

Origem: É a vertente fundamentada por Pai Guiné de Angola através do seu médium Woodrow Wilson da Matta e Silva, também conhecido como Mestre Yapacani (28/06/1917 – 17/04/1988), surgida no Rio de Janeiro, RJ, em 1956, com a publicação do livro *Umbanda de todos nós*. Sua doutrina é fortemente influenciada pela teosofia, pela astrologia, pela cabala e por outras escolas ocultistas mundiais. É baseada no instrumento esotérico conhecido como Arqueômetro, criado por Saint Yves D'Alveydre, com o qual se acredita ser possível conhecer uma linguagem oculta universal que relaciona os símbolos astrológicos, as combinações numerológicas, as relações da cabala e o uso das cores.

Foco de divulgação. Os principais focos de divulgação dessa vertente são: os noves livros escritos por Matta e Silva; e as tendas e ordens criadas por seus discípulos.

Orixás. Nesta vertente não existe o culto aos santos católicos, e os orixás foram reinterpretados de maneira totalmente distinta das tradições africanas, não havendo nenhuma vinculação. Considera a existência de sete Orixás: Orixalá, Ogum, Oxóssi, Xangô, Iemanjá,

Yori, Yorimá, sendo que dois deles não existem nas tradições africanas (Yori e Yorimá).

Linhas de trabalho. Considera a existência de sete linhas de trabalho, que recebem o nome dos Orixás: de Oxalá, de Iemanjá, de Ogum, de Oxóssi, de Xangô, de Yori (que agrupa as crianças) e de Yorimá (que agrupa os pretos velhos e as pretas velhas).

Entidades. Os trabalhos são realizados somente por caboclos(as), pretos(as) velhos(as), crianças e exus, sendo que estes últimos não são considerados trabalhadores da Umbanda e sim da Quimbanda.

Ritualística. A roupa branca é a vestimenta usada pelos médiuns durante as giras e encontra-se o uso de guias feitas de elementos naturais, um quadro com o rosto de Jesus Cristo, fumo, defumadores, velas, bebidas, cristais e tábuas com ponto riscado nos trabalhos, porém os atabaques não são utilizados nas cerimônias.

Livros doutrinários. Esta vertente usa os seguintes livros como principais fontes doutrinárias: *Doutrina secreta da Umbanda*; *Lições de Umbanda e Quimbanda na palavra de um preto velho*; *Mistérios e práticas da lei de Umbanda*; *Segredos da magia de Umbanda e Quimbanda*; *Umbanda de todos nós*; *Umbanda do Brasil*; *Umbanda: sua eterna doutrina*; *Umbanda e o poder da mediunidade*; e *Macumbas e Candomblés na Umbanda*.

Umbanda Guaracyana

Outros nomes. Não possui.

Origem. É a vertente fundamentada pelo Caboclo Guaracy através do seu médium Sebastião Gomes de Souza (1950), mais conhecido como Carlos Buby, surgida em São Paulo, SP, em 02/08/1973, com a fundação da Templo Guaracy do Brasil.

Foco de divulgação. Os principais focos de divulgação dessa vertente são os Templos Guaracys do Brasil e do exterior.

Orixás. Nesta vertente não existe o culto aos santos católicos, e os orixás foram reinterpretados em relação às tradições africanas, havendo entretanto uma ligação com elas. Considera a existência de dezesseis orixás, divididos em quatro grupos, relacionados aos quatro elementos e aos quatro pontos cardeais: Fogo/Sul (Elegbara, Ogum, Oxumarê, Xangô), Terra/Oeste (Obaluaiê, Oxóssi, Ossãe, Obá), Norte/Água (Nanã, Oxum, Iemanjá, Ewá) e Leste/Ar (Iansã, Tempo, Ifá e Oxalá).

Linhas de trabalho. Considera como linha de trabalho cada tipo de entidade: de caboclos(as), de pretos(as) velhos(as), de crianças, de baianos, etc.

Entidades. Os trabalhos são realizados por diversas entidades: caboclos(as), pretos(as) velhos(as), crianças, boiadeiros, baianos(as), marinheiros, ciganos(as), exus e pombo-giras.

Ritualística. Roupas coloridas (na cor do Orixá) são a vestimenta usada pelos médiuns durante as giras e encontra-se o uso de guias, fumo, defumadores, velas e atabaques nos trabalhos, porém não são utilizadas imagens e bebidas nas cerimônias.

Livros doutrinários. Esta vertente não possui um livro específico como fonte doutrinária.

Umbanda dos Sete Raios

Outros nomes. Não possui.

Origem. É a vertente fundamentada por Ney Nery do Reis (Itabuna (26/09/1929), mais conhecido como Omolubá, e por Israel Cysneiros, surgida no Rio de Janeiro, RJ, em novembro de 1978, com a publicação do livro *Fundamentos de Umbanda – Revelação religiosa*.

Foco de divulgação. Os principais focos de divulgação dessa vertente são as obras escritas por Omolubá e as tendas criadas por seus discípulos.

Orixás. Nesta vertente não existe o culto aos santos católicos, e os orixás foram reinterpretados em relação às tradições africanas. Considera a existência de doze orixás, divididos em sete raios: 1º raio, Iemanjá e Nanã; 2º raio, Oxalá; 3º raio, Omulu; 4º raio, Oxóssi e Ossãe; 5º raio, Xangô e Iansã; 6º raio, Oxum e Oxumarê; e 7º raio, Ogum e Ibejis.

Linhas de trabalho. Considera como linha de trabalho cada tipo de entidade: de caboclos(as), de pretos(as) velhos(as), de crianças, de baianos, etc.

Entidades. Os trabalhos são realizados por diversas entidades: caboclos(as), pretos(as) velhos(as), crianças, orientais, boiadeiros, baianos(as), marinheiros, ciganos(as), Pilintras, exus e pombo-giras.

Ritualística. Embora a roupa branca seja a vestimenta principal dos médiuns, essa vertente aceita o uso de roupas de outras cores pelas entidades, bem como o uso de complementos (tais como capas e cocares) e de instrumentais próprios (espada, machado, arco, lança). Nela encontra-se o uso de guias, imagens de entidades, fumo, defumadores, velas, bebidas, pontos riscados e atabaques nos trabalhos.

Livros doutrinários. Esta vertente possui os seguintes livros e periódicos como fonte doutrinária: *ABC da Umbanda: única religião nascida no Brasil*; *Almas e orixás na Umbanda*; *Cadernos de Umbanda*; *Fundamentos de Umbanda: revelação religiosa*; *Magia de Umbanda: instruções religiosas*; *Manual prático de jogos de búzios*; *Maria Molambo: na sombra e na luz*; *orixás, mitos e a religião na vida contemporânea*; *Pérolas espirituais*; *Revista seleções de Umbanda*; *Tranca Ruas das Almas: do real ao sobrenatural*; *Umbanda, poder e magia: chave da doutrina*; e *Yemanjá, a rainha do mar*.

Aumpram

Outros nomes. É também conhecida como: Aumbandhã; e Umbanda Esotérica.

Origem. É a vertente fundamentada por Pai Tomé (também chamado Babajiananda) através do seu médium, Roger Feraudy (1923 – 22/03/2006), surgida no Rio de Janeiro, RJ, em 1986, com a publicação do livro *Umbanda, essa desconhecida*. Esta vertente é uma derivação da Aumbhandã, da qual foi se distanciando ao adotar os trabalhos de apometria e ao desenvolver a sua doutrina da origem da Umbanda: considera que esta religião surgiu há 700.000 anos em dois continentes míticos perdidos, Lemúria e Atlântida, que teriam afundado no oceano em um cataclismo planetário. Nestes continentes, os terráqueos teriam vivido junto com seres extraterrestres, os quais teriam ensinado aqueles sobre o Aumpram a verdadeira lei divina.

Foco de divulgação. Os principais focos de divulgação dessa vertente são: os livros escritos por Roger Feraudy; e as tendas e fraternidades criadas por seus discípulos.

Orixás. Nesta vertente não existe o culto aos santos católicos, e os orixás foram reinterpretados de maneira totalmente distinta das tradições africanas, não havendo nenhuma vinculação com elas. Considera a existência dos sete orixás da Umbanda Esotérica (Oxalá, Iemanjá, Ogum, Oxóssi, Xangô, Yori e Yorimá) e mais Obaluaiê, o qual consideram o Orixá oculto da Umbanda.

Linhas de trabalho. Considera a existência de sete linhas de trabalho, que recebem o nome dos sete Orixás: de Oxalá, de Iemanjá, de Ogum, de Oxóssi, de Xangô, de Yori (que agrupa as crianças) e de Yorimá (que agrupa os pretos velhos e as pretas velhas).

Entidades. Os trabalhos são realizados somente por caboclos(as), pretos(as) velhos(as), crianças e exus, sendo que estes últimos não são considerados trabalhadores da Umbanda e sim da Quimbanda.

Ritualística. A roupa branca é a vestimenta usada pelos médiuns durante as giras e encontra-se o uso da imagem de Jesus Cristo, fumo, defumadores, velas, cristais e incensos nos trabalhos, porém as guias e os atabaques não são utilizados nas cerimônias.

Livros doutrinários. Esta vertente usa os seguintes livros como principais fontes doutrinárias: *Umbanda, essa desconhecida*; *Erg, o décimo planeta*; *Baratzil: a terra das estrelas*; e *A terra das araras vermelhas: uma história na Atlântida*.

Ombhandhum

Outros nomes. É também conhecida como: Umbanda Iniciática; Umbanda de Síntese; e Proto-Síntese Cósmica.

Origem. É a vertente fundamentada pelo médium Francisco Rivas Neto (1950 –), mais conhecido como Arhapiagha, surgida em São Paulo, SP, em 1989, com a publicação do livro *Umbanda: a proto-síntese cósmica*. Esta vertente começou como uma derivação da Umbanda Esotérica, porém aos poucos foi se distanciando cada vez mais dela, conforme ia desenvolvendo sua doutrina conhecida como movimento de convergência, que busca um ponto de convergência entre as várias vertentes umbandistas. Nela existe uma grande influência oriental, principalmente em termos de mantras indianos e utilização do sânscrito, e há a crença de que a Umbanda é originária de dois continentes míticos perdidos, Lemúria e Atlântida, que teriam afundado no oceano em um cataclismo planetário.

Foco de divulgação. Os principais focos de divulgação dessa vertente são: o livro *Umbanda: a proto-síntese cósmica*; a Faculdade de Teologia Umbandista, fundada em 2003; o Conselho Nacional da Umbanda do Brasil, fundado em 2005; e as tendas e ordens criadas pelos discípulos de Rivas Neto.

Orixás. Nesta vertente não existe o culto aos santos católicos, e os orixás foram reinterpretados de maneira totalmente distinta das tradições africanas, não havendo nenhuma vinculação com elas. Considera a existência dos sete orixás da Umbanda Esotérica, associados, cada um deles, a mais um Orixá, de sexo oposto, formando um casal: Orixalá-Odudua, Ogum-Obá, Oxóssi-Ossãe, Xangô-Oyá, Yemanjá-Oxumarê, Yori-Oxum, Yorimá-Nanã. Por esta associação nota-se que alguns orixás tiveram seu sexo modificado em relação a tradição africana (Odudua e Ossãe).

Linhas de trabalho. Considera a existência de sete linhas de trabalho, que recebem o nome dos orixás principais do par: de Oxalá, de Iemanjá, de Ogum, de Oxóssi, de Xangô, de Yori (que agrupa as crianças) e de Yorimá (que agrupa os pretos velhos e as pretas velhas).

Entidades. Os trabalhos são realizados somente por caboclos(as), pretos(as) velhos(as), crianças e exus, sendo que estes últimos não são considerados trabalhadores da Umbanda e sim da Quimbanda.

Ritualística. A roupa branca é a vestimenta usada pelos médiuns durante as giras de Umbanda, e a roupa preta, associada ao vermelho e branco, nas de Exu, sendo admitidos o uso de complementos por sobre a roupa dos médiuns, tais como cocares de caboclos. Nela encontra-se o uso de guias, fumo, defumadores, velas, bebidas, cristais, atabaques e tábuas com ponto riscado nos trabalhos.

Livros doutrinários. Esta vertente usa o seguinte livro como principal fonte doutrinária: *Umbanda: a proto-síntese cósmica*.

Umbanda Sagrada

Outros nomes. Não possui.

Origem. É a vertente fundamentada por Pai Benedito de Aruanda e pelo Ogum Sete Espadas da Lei e da Vida, através do seu médium Rubens Saraceni (1951 –), surgida em São Paulo, SP, em 1996, com a criação do Curso de Teologia de Umbanda. Sua doutrina procura ser totalmente independente das doutrinas africanistas, espíritas, católicas e esotéricas, pois considera que a Umbanda possui fundamentos próprios e independentes dessas tradições, embora reconheça a influências delas na religião.

Foco de divulgação. Os principais focos de divulgação dessa vertente são: o Colégio de Umbanda Sagrada Pai Benedito de Aruanda, fundado em 1999; o Instituto Cultural Colégio Tradição de Magia Divina, fundado em 2001; a Associação Umbandista e Espiritualista do Estado de São Paulo, fundada em 2004; os livros escritos por Rubens Saraceni; o Jornal de Umbanda Sagrada, editado por Alexandre Comino; o programa radiofônico Magia da Vida; e os colégios e tendas criadas por seus discípulos.

Orixás. Nesta vertente os adeptos podem realizar o culto aos santos católicos da maneira que melhor lhes convier, e os orixás são entendidos como manifestações de Deus que ocorreram sobre diferentes nomes em diferentes épocas, sendo reinterpretados de maneira totalmente distinta das tradições africanas, não havendo nenhuma vinculação com elas. Considera a existência de catorze orixás agrupados como casais em sete tronos divinos: Oxalá e Logunan (Trono da Fé); Oxum e Oxumarê (Trono do Amor); Oxóssi e Obá (Trono do Conhecimento); Xangô e Iansã (Trono da Justiça); Ogum e Egunitá (Trono da Lei); Obaluaiê e Nanã (Trono da Evolução); Iemanjá e Omulu (Trono da Geração). Os sete primeiros de cada par são chamados orixás Universais, responsáveis pela sustentação das ações retas e harmônicas, e os outros sete, orixás Cósmicos, responsáveis pela atuação corretiva sobre as ações desarmônicas e invertidas, sendo que alguns deles seriam considerados manifestações do mesmo Orixá nas tradições africanas (Obaluaiê/Omulu e Iansã/Egunitá).

Linhas de trabalho. Considera como linha de trabalho cada tipo de entidade: de caboclos(as), de pretos(as) velhos(as), de crianças, de baianos, etc.

Entidades. Os trabalhos são realizados por diversas entidades: caboclos(as), pretos(as) velhos(as), crianças, boiadeiros, baianos(as), marinheiros, sereias, povo(s) do oriente, ciganos(as), exus, pombo-giras, exus-mirins e malandros(as).

Ritualística. A roupa branca é a vestimenta usada pelos médiuns durante as giras e encontra-se o uso de guias, fumo, defumadores, velas, bebidas, atabaques, imagens e pontos riscados nos trabalhos.

Livros doutrinários. Esta vertente usa toda a bibliografia publicada por Rubens Saraceni, tendo os seguintes livros como principais fontes doutrinárias: *A evolução dos espíritos*; *A tradição comenta a evolução*; *As sete linhas de evolução*; *As sete linhas de Umbanda: a religião dos mistérios*; *Código de Umbanda*; *Doutrina e Teologia de Umbanda Sagrada*; *Formulário de consagrações umbandistas: livro de fundamentos*; *Hash-Meir: o guardião dos sete portais de luz*; *Lendas da criação: a saga dos orixás*; *O ancestral místico*; *O código da escrita mágica simbólica*; *O guardião da pedra de fogo: as esferas positivas e negativas*; *O guardião das sete portas*; *O guardião dos caminhos: a história do senhor Guardião Tranca-Ruas*; *Orixá Exu-Mirim*; *Orixá Exu: fundamentação do mistério Exu na Umbanda*; *Orixá Pombo-Gira*; *orixás: Teologia de Umbanda*; *Os arquétipos da Umbanda: as hierarquias espirituais dos orixás*; *Os guardiões dos Sete Portais: Hash-Meir e o Guardião das Sete Portas*; *Rituais umbandistas: oferendas, firmezas e assentamentos*; e *Umbanda Sagrada: religião, ciência, magia e mistérios*.

Abaixo segue a versão gráfica, simplificada, das vertentes acima descritas, de acordo com seu surgimento, bem como uma possível fonte de inter-relacionamento entre elas. As vertentes foram, ainda, relacionadas à antiga nomenclatura usada para diferenciar os tipos de Umbanda, que são:

Umbanda Branca

Agrupa as Umbandas que seguem uma doutrina mais próxima do espiritismo-catolicismo, utilizando inclusive os livros da doutrina espírita como fonte doutrinária, os médiuns se vestem apenas de branco e não há uso de atabaque, não há gira para exus, pombo-giras, malandros e quaisquer entidades quimbandeiras, e não há uso de sacrifícios de animais.

Umbanda Branca Esotérica. Caso particular das Umbandas

Brancas, pois além de possuírem as características acima, também fazem uso de práticas consideradas de cunho esotérico-ocultista (cristais, numerologia, mantras, meditação).

Umbanda Cruzada

Contração da antiga expressão Umbanda Cruzada com Quimbanda, agrupa as Umbandas nas quais, além das giras para as entidades da Umbanda, também ocorre gira para as entidades que originalmente faziam parte apenas da Quimbanda (exus, pombo-giras, malandros e outras entidades quimbandeiras), caso nos quais os médiuns eram autorizados a usar roupas escuras (especialmente a preta) para incorporar essas entidades, e era normal fecharem o Gongá com uma cortina durante o trabalho deles, sendo possível encontrar nessas Umbandas a prática do sacrifício de animais para oferendar as entidades quimbandeiras.

Umbanda Traçada

Um caso particular da Umbanda Cruzada, seu nome é uma contração da antiga expressão Umbanda Cruzada Traçada com Candomblé, pois agrupa as Umbandas Cruzadas que possuem doutrinas, ritos e práticas originários das tradições africanas, principalmente aquelas oriundas dos diversos Candomblés, sendo possível encontrar, dentro delas, a prática do sacrifício de animais para os orixás.

Umbanda Esotérica

Um caso particular da Umbanda Cruzada, seu nome é uma contração da antiga expressão Umbanda Cruzada Esotérica, pois agrupa as Umbandas Cruzadas que também fazem uso de práticas consideradas de cunho esotérico-ocultista (cristais, numerologia, mantras, meditação).

"A Umbanda é livre e te permite escolher o seu caminho espiritual"

Osmar Barbosa

Umbanda

Quando a pessoa se declara umbandista em seu ambiente familiar ou em seu ambiente profissional, ela logo será tachada de macumbeira, de feiticeira, de pai ou mãe de santo e tudo isso da forma mais pejorativa possível. Essas pessoas não estão atentas ao verdadeiro significado da palavra ou da religião umbandista. É natural então que o iniciado se sinta sozinho e perdido no meio de tanta informação nova e que parece ser de certa forma proibida. A nossa cultura e a nossa tradição tende a ser muito preconceituosa no que diz respeito ao tratamento com os espíritos, tudo isso parece ser muito oculto e proibido.

Fico me lembrando das perguntas que fiz, das dúvidas e dos medos pelos quais passei em minha iniciação. Tudo era muito estranho, sempre fui humanista por princípio e, de repente, estava deparado com o sagrado da forma mais ampla possível. Era difícil para mim entender o processo da incorporação ou até mesmo conversar com um guia incorporado. Hoje, após anos de estudo, dedicação e muito aprendizado, sou um defensor dessa religião que me liga ao Criador todas as vezes que faço meus preceitos, meus fundamentos e meus sacramentos, portanto é importante que você, que acaba de absorver esses conhecimentos, seja mais um defensor da religião de Umbanda.

Sejamos luz por onde passarmos!

Osmar Barbosa

Hino da Umbanda

Refletiu a Luz Divina
Em todo seu esplendor
Vem do reino de Oxalá
Onde há paz e amor
Luz que refletiu na terra
Luz que refletiu no mar
Luz que veio de Aruanda
Para nos iluminar

Umbanda é paz e amor
Um mundo cheio de Luz
É força que nos dá vida
E a grandeza nos conduz

Avante, filhos de fé
Como a nossa lei não há
Levando ao mundo inteiro
A bandeira de Oxalá

Levando ao mundo inteiro
A bandeira de Oxalá

Música: José Manoel Alves

A religião de Umbanda é a conexão plena entre o Eu encarnado, e o Eu espiritual. Ao exercer a Umbanda o médium deve ter consciência de que a "Mediunidade é um dom divino que divinamente devemos exercer". Feliz Umbanda para você.

Osmar Barbosa

Outros títulos lançados por Osmar Barbosa

Conheça outros livros psicografados por Osmar Barbosa. Procure nas melhores livrarias do ramo ou pelos sites de vendas na internet.
Acesse
www.bookespirita.com.br
www.compralivro.com.br

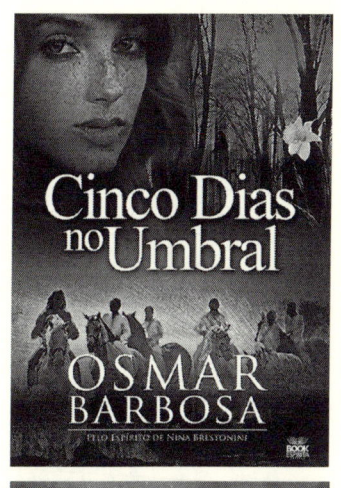

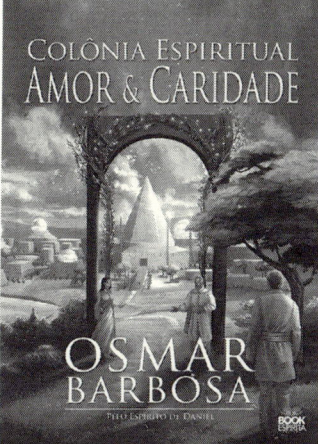

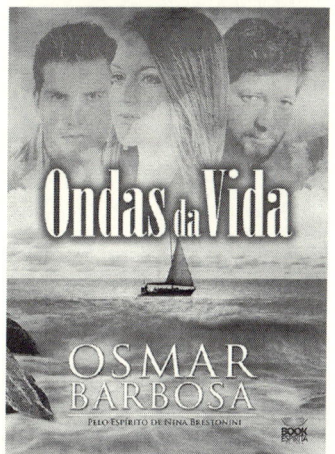

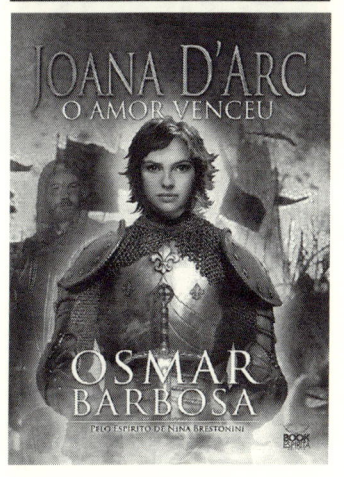

- **Cinco Dias no Umbral** — OSMAR BARBOSA (Pelo Espírito de Nina Brestonini)
- **O Guardião da Luz** — OSMAR BARBOSA (Pelo Espírito de Daniel)
- **Colônia Espiritual Amor & Caridade** — OSMAR BARBOSA (Pelo Espírito de Daniel)
- **Ondas da Vida** — OSMAR BARBOSA (Pelo Espírito de Nina Brestonini)
- **Joana D'Arc - O Amor Venceu** — OSMAR BARBOSA (Pelo Espírito de Nina Brestonini)
- **Além do Ser - A História de um Suicida** — OSMAR BARBOSA (Pelo Espírito de Nina Brestonini)

OSMAR
BARBOSA
PELO ESPÍRITO DE NINA BRESTONINI
ANTES
QUE A
MORTE NOS
SEPARE
BOOK ESPÍRITA

Osmar Barbosa
Pelo espírito Daniel
Orai
&
Vigiai

A
BATALHA
DOS
ILUMINADOS
OSMAR
BARBOSA
PELO ESPÍRITO DANIEL
BOOK ESPÍRITA

500
almas
OSMAR
BARBOSA
PELO ESPÍRITO DE NINA BRESTONINI
BOOK ESPÍRITA

OSMAR
BARBOSA
PELO ESPÍRITO LUCAS
EU SOU
EXU
BOOK ESPÍRITA

OSMAR
BARBOSA
PELO ESPÍRITO DO CIGANO RODRIGO
Gitano
AS VIDAS DO
CIGANO RODRIGO
BOOK ESPÍRITA

2ª Edição
O Amanhã
nos Pertence
OSMAR BARBOSA
Pelo espírito Nina Brestonini

Mãe,
voltei!
OSMAR BARBOSA
PELO ESPÍRITO NINA BRESTONINI

O Lado
Azul da
Vida
OSMAR
BARBOSA
PELO ESPÍRITO NINA BRESTONINI

OSMAR
BARBOSA
DEPOIS...

O
LADO
OCULTO
DA
VIDA
OSMAR
BARBOSA
PELO ESPÍRITO DE DANIEL

Entrevista
com
Espíritos
Os Bastidores do Centro Espírita
por
OSMAR
BARBOSA

Entre Nossas Vidas
OSMAR BARBOSA
Pelo Espírito de Nina Brestonini

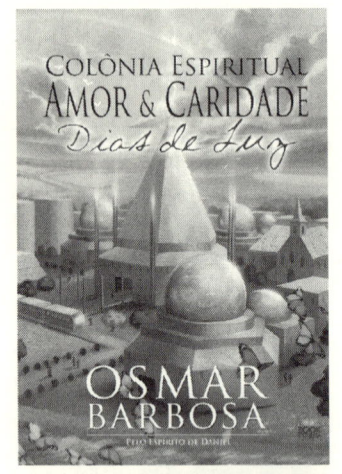

Colônia Espiritual Amor & Caridade — Dias de Luz
OSMAR BARBOSA
Pelo Espírito de Daniel

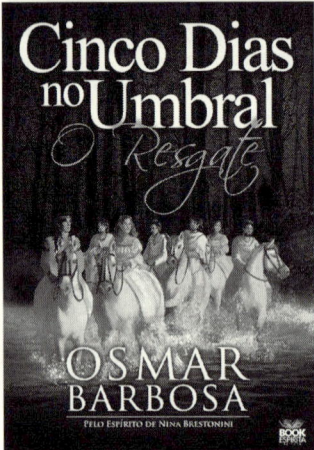

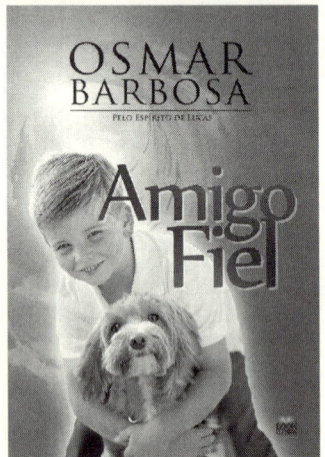

Cinco Dias no Umbral — O Resgate
OSMAR BARBOSA
Pelo Espírito de Nina Brestonini

Amigo Fiel
OSMAR BARBOSA
Pelo Espírito de Lucas

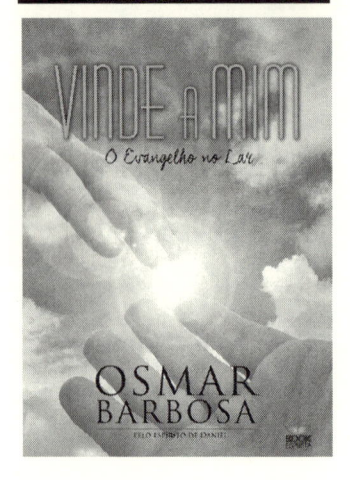

Vinde a Mim — O Evangelho no Lar
OSMAR BARBOSA
Pelo Espírito de Daniel

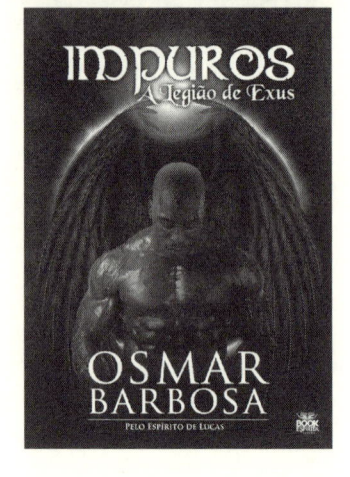

Impuros — A Legião de Exus
OSMAR BARBOSA
Pelo Espírito de Lucas

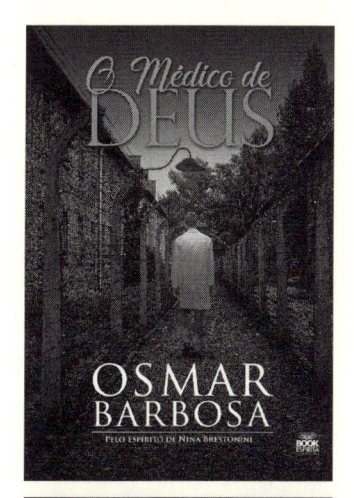

O Médico de Deus
OSMAR BARBOSA
Pelo Espírito de Nina Brestonini

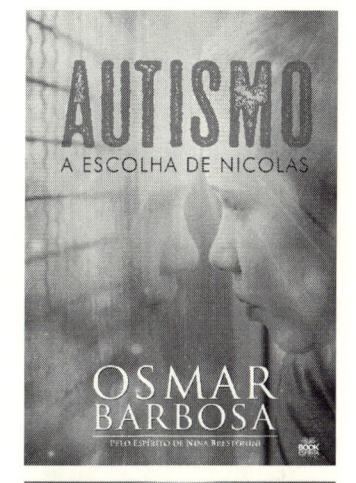

Autismo
A Escolha de Nicolas
OSMAR BARBOSA
Pelo Espírito de Nina Brestonini

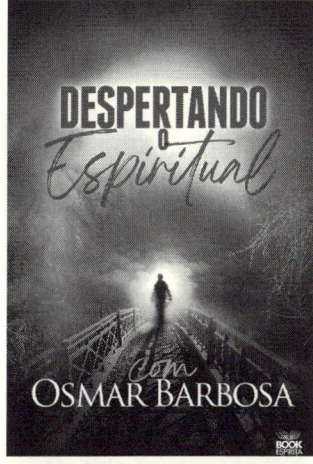

Despertando o Espiritual
com **OSMAR BARBOSA**

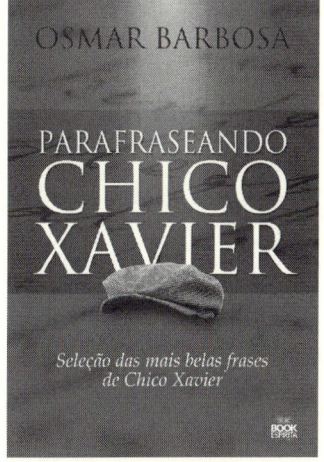

Parafraseando Chico Xavier
OSMAR BARBOSA
Seleção das mais belas frases de Chico Xavier

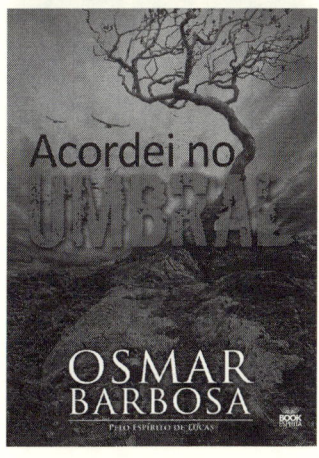

Acordei no Umbral
OSMAR BARBOSA
Pelo Espírito de Lucas

A Rosa do Cairo
ROMANCE ESPÍRITA
OSMAR BARBOSA
Pelo Espírito de Nina Brestonini

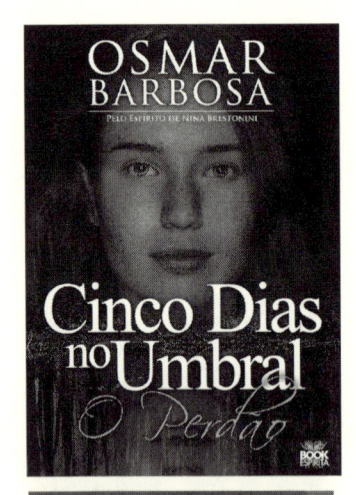

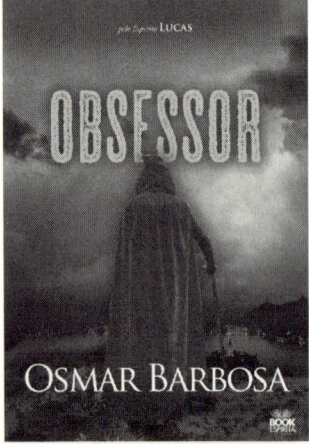

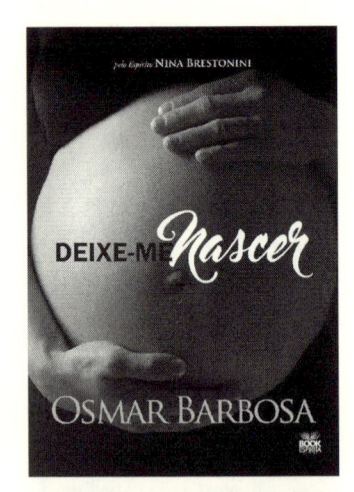

Cinco Dias no Umbral — O Perdão
OSMAR BARBOSA
pelo Espírito de Nina Brestonini

Deixe-me Nascer
pelo Espírito Nina Brestonini
OSMAR BARBOSA

OBSESSOR
pelo Espírito Lucas
OSMAR BARBOSA

A Vida depois da Morte
OSMAR BARBOSA
pelos Espíritos Nina Brestonini e Lucas

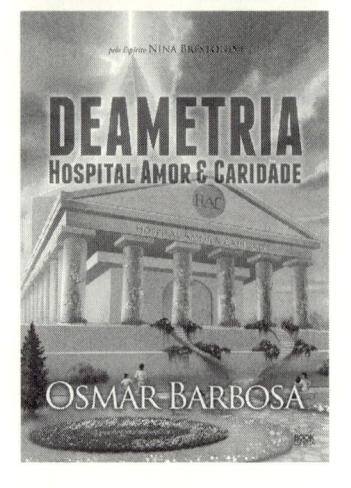

Regeneração — Uma Nova Era
pelo Espírito Jonas
OSMAR BARBOSA

DEAMETRIA — Hospital Amor & Caridade
pelo Espírito Nina Brestonini
OSMAR BARBOSA

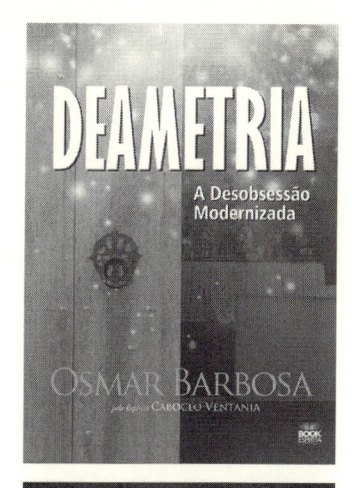

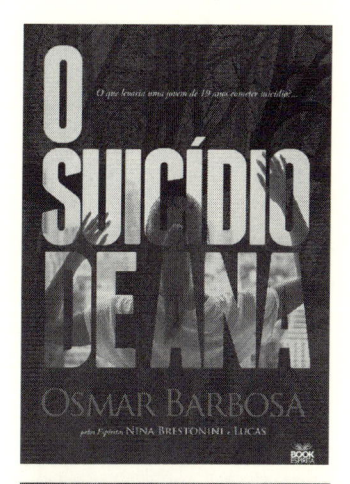

DEAMETRIA
A Desobsessão Modernizada
OSMAR BARBOSA
pelo Espírito Caboclo Ventania

O SUICÍDIO DE ANA
OSMAR BARBOSA
pelos Espíritos Nina Brestonini · Lucas

GUARDIÃO EXU
OSMAR BARBOSA
pelo Espírito Lucas

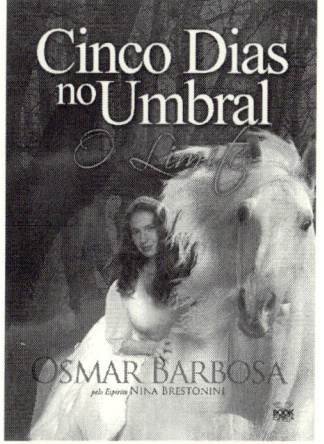

Cinco Dias no Umbral
OSMAR BARBOSA
pelo Espírito Nina Brestonini

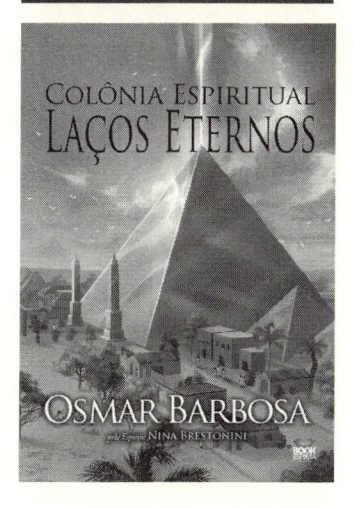

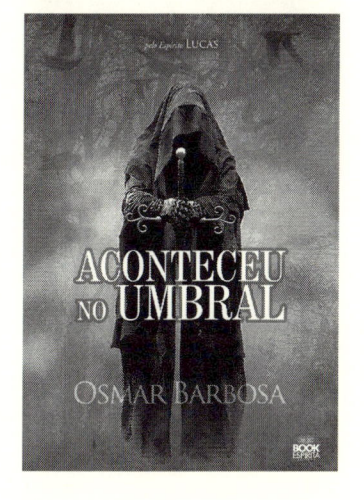

COLÔNIA ESPIRITUAL LAÇOS ETERNOS
OSMAR BARBOSA
pelo Espírito Nina Brestonini

ACONTECEU NO UMBRAL
pelo Espírito Lucas
OSMAR BARBOSA

Esta obra foi composta na fonte Century751 No2 BT, corpo 11.
Rio de Janeiro, Brasil.